Vom „Wunder von Bern" bis „Schwarz-Rot-Geil"

KATJA SCHMITZ-DRÄGER

Vom „Wunder von Bern" bis „Schwarz-Rot-Geil"

Die Berichterstattung der BILD-Zeitung
zu den Fußballweltmeisterschaften
1954, 1974 und 2006

PETER LANG
Frankfurt am Main · Berlin · Bern · Bruxelles · New York · Oxford · Wien

Bibliografische Information der Deutschen Nationalbibliothek
Die Deutsche Nationalbibliothek verzeichnet diese Publikation
in der Deutschen Nationalbibliografie; detaillierte bibliografische
Daten sind im Internet über http://dnb.d-nb.de abrufbar.

Umschlaggestaltung und Illustration:
Olaf Glöckler, Atelier Platen, Friedberg

Gedruckt auf alterungsbeständigem,
säurefreiem Papier.

ISBN 978-3-631-60516-5
© Peter Lang GmbH
Internationaler Verlag der Wissenschaften
Frankfurt am Main 2011
Alle Rechte vorbehalten.

Das Werk einschließlich aller seiner Teile ist urheberrechtlich
geschützt. Jede Verwertung außerhalb der engen Grenzen des
Urheberrechtsgesetzes ist ohne Zustimmung des Verlages
unzulässig und strafbar. Das gilt insbesondere für
Vervielfältigungen, Übersetzungen, Mikroverfilmungen und die
Einspeicherung und Verarbeitung in elektronischen Systemen.

www.peterlang.de

Inhaltsverzeichnis

1.	Einleitung	7
2.	Die BILD-Zeitung	11
2.1.	Bedeutung der BILD-Zeitung für die öffentliche Meinung	13
2.2.	Leserfang und Leserbindung: BILD als Straßenverkaufszeitung	16
2.2.1.	Emotionalisierung	17
2.2.2.	Der „externe Nutzen"	19
2.2.3.	Die Rolle des Sportteils	20
3.	Gesellschaftliche Funktionen des Mediensports	23
3.1.	Unterhaltung, Eskapismus, Identifikation	23
3.2.	Sport und nationale Identität	25
3.2.1.	Die deutsche Fußball-Nationalelf: Identifikatorisches Potenzial	28
3.2.2.	Die „Anderen"	29
4.	Die Fußball-Weltmeisterschaften in der BILD-Zeitung	31
4.1.	Wunder über Wunder: WM 1954	31
4.1.1.	Allgemeines	31
4.1.2.	BILD-Berichterstattung	33
4.1.2.1	Drei Redakteure und Schwarz-Weiß: Umfang und Optik 1954	34
4.1.2.2	Überraschende Begeisterung: Hauptmerkmale der Berichterstattung	38
4.1.2.3	„Deutschland, Deutschland" – Wenig routinierte Eigendefinition	44
4.1.2.4	Selbstbestätigungs-Lieferanten: Die „Anderen"	51
4.2.	„Bruderkampf": WM 1974	55
4.2.1.	Allgemeines	55
4.2.2.	BILD-Berichterstattung	58
4.2.2.1	„Größte WM-Redaktion des Kontinents" – Umfang und Optik	59
4.2.2.2	Ausweitung der Kampfzone – Hauptmerkmale der Berichterstattung	61
4.2.2.3	Helden wie wir: Das Bild der Deutschen	65
4.2.2.4	Das Bild der „Anderen"	73
4.3.	„Schwarz-Rot-Geil": WM 2006	80
4.3.1.	Allgemeines	80
4.3.2.	BILD-Berichterstattung	83
4.3.2.1	Umfang und Optik	84
4.3.2.2	Hauptcharakteristika	86
4.3.2.3	„Unsere schöne WM": Deutschland und die Deutschen	92
4.3.2.4	Pointierte Häme: Die „Anderen"	104
5.	Auswertung	110
6.	Schlussbetrachtung	113
	Literaturverzeichnis	116

1. Einleitung

Bei der BILD-Zeitung handelt es sich um ein polarisierendes Phänomen – kaum eine Zeitung ist so erfolgreich, kaum eine hat so viel und so harsche Kritik auf sich gezogen. Aufgrund ihres immensen Bekanntheitsgrades und ihres umstrittenen Charakters ist ihr in zahlreichen Publikationen durchaus entsprechende Aufmerksamkeit zuteil geworden. Bei näherem Hinsehen zeigen sich allerdings große Lücken: Ein großer Teil der Veröffentlichungen ist journalistischer Art und genügt trotz seiner Verdienste wissenschaftlichen Ansprüchen kaum.[1] Ferner stammen die meisten Beiträge aus den Jahren um 1967/68 und befassen sich vor allem mit dem zeitgenössischen Stand der Dinge, so dass allein hinsichtlich des Zeitraums ein großer Teil ausgeklammert bleibt. Die zwei vorhandenen wissenschaftlichen Monographien zum Axel Springer Verlag von Gudrun Kruip und Hans Dieter Müller, in denen auch die BILD-Zeitung behandelt wird, beschränken sich beide auf die 1950er und 1960er Jahre[2], es existiert jedoch keine eigenständige Geschichte der BILD-Zeitung selbst. Ihre frühe Phase war lange Zeit trotz der bereits in den 1950er Jahren beginnenden enormen Auflagensteigerungen kaum erforscht[3] - einen Beitrag zur Schließung der Lücke hat unlängst Karl Christian Führer in seiner Monografie zur Hamburger Medienlandschaft 1930-1960 geleistet.[4] Tatsächlich verwundert die bis dato weitgehende geschichtswissenschaftliche Vernachlässigung der Boulevardzeitung, die fast so lange besteht wie die Bundesrepublik, und deren gigantischer Erfolg nahelegt, dass vielleicht gerade dieses Blatt über hierzulande verbreitete Haltungen, Normen und Sagbarkeitsregeln in gewissem Rahmen Aufschluss geben kann.

Die Auseinandersetzung mit dem Erfolgsrezept des Blattes stieß zunächst vor allem im Bereich der Sprach- und Kommunikationswissenschaft zunehmend auf Interesse.[5] Im Vordergrund steht in den einschlägigen Publikationen die „Emotionalisierung" als Hauptinstrument zu „Leserfang" und „Leserbindung", die sich in Themenauswahl und Sprache nieder-

---

[1] Darunter sind beispielsweise die Werke Günter Wallraffs zu nennen. Auch Jochen Duderstadt tut seine polemische Absicht in seinem Aufsatz „Die Kommentare der BILD-Zeitung" explizit kund. In: liberal, Heft 5, Jg. 17 (1975). S. 368. Aus dieser Zeit behandeln die meisten Beiträge über BILD Größe, Meinungsmacht oder manipulative Techniken, oft aus linker Perspektive. Eine kritische Aufsatzsammlung zum Axel Springer Verlag: Jansen/Klönne: Imperium Springer. Macht und Manipulation. Köln 1968.
[2] Hans Dieter Müller: Der Springer-Konzern. Eine kritische Studie. München 1968, sowie Gudrun Kruip: Das „Welt"-BILD des Axel Springer Verlags. Journalismus zwischen westlichen Werten und deutschen Denktraditionen. München 1999. Auch der Aufsatz von Rudolf Stöber befasst sich v. a. mit diesem Zeitraum: Axel Springer. Ein Medienunternehmer mit Fortune. In: Günter Schulz (Hrsg.): Geschäft mit Wort und Meinung. Medienunternehmer seit dem 18. Jahrhundert. München 1999.
[3] Die früheste wissenschaftliche Untersuchung der BILD-Zeitung stammt von Ekkehard Mittelberg und untersucht BILD aus linguistischer Sicht: Wortschatz und Syntax der Bild-Zeitung. Marburg 1967.
[4] Karl Christian Führer: Medienmetropole Hamburg. Mediale Öffentlichkeiten 1930-1960. Hamburg 2008. Das umfangreiche Kapitel zur Tagespresse widmet sich ausführlich dem Hause Springer und behandelt in dem Zusammenhang auch intensiv BILD und ihr Erfolgskonzept des Erregungsjournalismus. Vgl. auch Karl Christian Führer: Erfolg und Macht von Axel Springers „Bild"-Zeitung in den 1950er-Jahren, in: Zeithistorische Forschungen/Studies in Contemporary History, Online-Ausgabe, 4 (2007). URL: www.zeithistorischeforschungen.de/16126041-Fuehrer-3-2007.
[5] Besonders zu nennen Hartmut Büscher: Emotionalität in Schlagzeilen der Boulevardpresse. Theoretische und empirische Studien zum emotionalen Wirkungspotential von Schlagzeilen der BILD-Zeitung im Assoziationsbereich „Tod". Frankfurt/Main 1996; Cornelia Voss: Textgestaltung und Verfahren der Emotionalisierung in der BILD-Zeitung. Frankfurt/Main 1999; sowie der nahezu einzige diachronische Vergleich von Stefan Schirmer: Die Titelseiten der BILD-Zeitung im Wandel. Eine Inhaltsanalyse unter Berücksichtigung von Merkmalen journalistischer Qualität. München 2001.

schlägt. Diese stellt auch Ausgangspunkt und thematische Klammer der vorliegenden Arbeit dar, einer qualitativen Untersuchung der Berichterstattung der BILD-Zeitung zu den Fußball-Weltmeisterschaften 1954, 1974 und 2006 mit Fokus auf der Produktion und Vermittlung nationaler Gefühle: Sowohl Sport als auch nationale Identität sind per se emotional besetzte Themengebiete, die zudem Anknüpfungspunkte für verstärkt emotional aufgeladene Berichterstattung bieten. Aus gutem Grund war Sport in BILD über Jahrzehnte das einzige Ressort mit festen Platzrechten[6] und stets stark vertreten.

Da dem Sportressort in BILD eine so exponierte Bedeutung zukommt, vermute ich, dass es in der einschlägigen Berichterstattung um mehr geht als den rein sportlichen Wettkampf und seine Ergebnisse. Der Frage, ob der Sport nicht nur dem Publikum als emotionales Ventil und Identifikationsfolie dient, sondern auch dem Blatt als optimales Vehikel, um Gefühle und weltanschauliche Positionen zu transportieren, möchte ich am Beispiel ausgewählter Fußball-Weltmeisterschaften nachgehen.[7]

Diese bieten sich grundsätzlich zum einen aufgrund der dominanten Stellung des Fußballs in der Bundesrepublik an[8], zum anderen weil das internationale Turnier den Blick auf die Ebene nationaler Gefühle ermöglicht. Gerade hinsichtlich des Springer-Blatts BILD mit seiner vereinfachten und emotionalisierten Darstellungsweise dürfte die Frage, inwieweit solche in Form eines „Wir" generiert wurden oder gar eine Art ‚Volkscharakter' behauptet wurde, interessant sein. Aufmerksamkeit verdient darüber hinaus die Frage, wie sich die Darstellung in diesem relativ großen Zeitraum veränderte – mit sich wandelnden politischen und gesellschaftlichen Rahmenbedingungen und Problemstellungen, journalistischen Möglichkeiten und Trends, sowie wachsendem Abstand zur nationalsozialistischen Vergangenheit, die in jedem Entwurf einer eventuellen kollektiven Identität stets mitgedacht werden muss.

Die verhältnismäßig großen Abstände stellen ein Kriterium für die Auswahl der drei untersuchten Turniere dar. Konkret ist das „Wunder von Bern", das zuweilen gar zum Moment der inneren Staatsgründung der Bundesrepublik stilisiert wurde[9], eine unumgängliche Größe im Zusammenhang von Fußball und nationalen Gefühlen. Hier wird unter anderem zu untersuchen sein, wie BILD als auf Verkäuflichkeit bedachtes Massenblatt in der NS-thematisierungsscheuen ersten Hälfte der 1950er Jahre mit den bekannten, auch zeitgenössisch als solche empfundenen, nationalistischen Entgleisungen umging, und ob die Aufladung mit nationalgeschichtlicher Bedeutung schon damals begann. Die Weltmeisterschaft

---

6 Abgesehen von der seit Ende der 1990er Jahre zur Politikseite umgewidmeten Seite 2.
7 Bisherige Untersuchungen des BILD-Sportteils u. a. Lothar Quanz: Der Sportler als Idol. Sportberichterstattung, Inhaltsanalyse und Ideologiekritik am Beispiel der ‚Bild'-Zeitung. Gießen 1974; Marie-Luise Klein/Gertrud Pfister: Goldmädel, Rennmiezen und Turnküken. Die Frau in der Sportberichterstattung der BILD-Zeitung. Berlin 1985, kommunikationswissenschaftlich Manuela Köstner: Köstner, Manuela: Werte, Moral und Identifikation im Sportressort. Eine vergleichende Inhaltsanalyse der Süddeutschen Zeitung mit der Bild Zeitung. Pulheim 2005.
8 Früher als minderwertiges Spiel gegenüber der deutschen Turnkultur betrachtet, gewann er erst später, um 1900-1920 an Bedeutung und stach als moderner Sport das Turnen schließlich an Popularität aus. Vgl. Krüger, Michael: Fußball in Deutschland: Von der „Fußlümmelei" zum nationalen Kulturereignis Nr. 1, WM 2006. In: Ders./Bernd Schulze (Hrsg.): Fußball in Geschichte und Gesellschaft. Tagung der dvs-Sektionen Sportgeschichte und Sportsoziologie vom 29.9.-1.10.2004 in Münster. Hamburg 2006. S. 9-20, hier S. 12-13.
9 Die hoch gegriffene These des Moments der ‚inneren Staatsgründung der Bundesrepublik' kam allerdings erst im Vorfeld des 40. Jubiläums des Berner Finales auf, vertreten u.a. von Arthur Heinrich sowie Joachim Fest. Nach: Rudolf Oswald: Das „Wunder von Bern" und die deutsche Fußball-Volksgemeinschaft 1954. In: Johannes Paulmann: Auswärtige Repräsentationen. Deutsche Kulturdiplomatie nach 1945. Köln 2005. S. 87-103, hier S. 97. Inzwischen mehrfach widersprochen, u. a. von Oswald, ebenda, sowie Thomas Raithel: Fußballweltmeisterschaft 1954. Sport – Geschichte – Mythos. München 2004. S. 115-119.

1974 interessiert als die erste in der Bundesrepublik ausgetragene, ferner trafen dort das erste und einzige Mal die Nationalmannschaften beider deutscher Staaten aufeinander. Die DDR gewann das Spiel durch das legendäre „Sparwasser-Tor", die Bundesrepublik wurde zum zweiten Mal Weltmeister. Wie BILD beides bewertete, auch vor dem Hintergrund der argwöhnisch betrachteten neuen Ostpolitik, kann gegebenenfalls Aufschluss über vorherrschende Muster der Identitätsbildung im geteilten Deutschland geben.[10] Schließlich rumorte während der gesamten Weltmeisterschaft 2006, in einer Bugwelle von Veröffentlichungen zu Fußball einerseits und nationaler Selbstbeweihräucherung andererseits, der sogenannte „neue Patriotismus" durch die Medienlandschaft, angeführt von der „Schwarz-Rot-Geil"-Kampagne der BILD-Zeitung. Bei diesen drei Turnieren muss es aus Gründen des Umfangs bleiben, obwohl auch andere Weltmeisterschaften unter den genannten Aspekten interessant wären. Insbesondere die WM 1990, vor dem Hintergrund der herrschenden Wiedervereinigungseuphorie, dürfte hierbei ebenfalls von Relevanz sein - einige der jüngst erschienenen Studien zum Zusammenhang zwischen Fußball und nationaler Identität haben diese auch berücksichtigt.[11] In der vorliegenden Arbeit ist die Entscheidung schließlich zu Gunsten einer Weltmeisterschaft gefallen, aus der die Bundesrepublik nicht als Sieger hervorging; ferner fungierte die Bundesrepublik nunmehr das zweite Mal als Ausrichter, so dass der Vergleich zu 1974 gezogen werden kann.[12]

Ich möchte im Folgenden untersuchen, wie sich in diesem zeitlichen Dreisprung das sportjournalistische Konzept der BILD-Zeitung auch im jeweiligen medialen Umfeld entwickelt hat. In einem weiteren Schritt sollen die jeweiligen Muster nationaler Selbstpositionierung in diesem Kontext herausgearbeitet werden. Zu diesem Zweck werde ich zunächst in Kapitel 2 die Rolle der BILD-Zeitung für die öffentliche Meinung einordnen und ihre spezifischen Merkmale als Straßenverkaufszeitung vorstellen, insbesondere die Strategien zur Emotionalisierung. In Kapitel 3 reiße ich kurz die gesellschaftlichen Funktionen des Mediensports und die Möglichkeiten seiner Nutzbarmachung zum Zweck nationaler Identifikation an. Die Ergebnisse der Quellenanalyse in Kapitel 4 stellen den Hauptteil der Arbeit dar. Hier soll zu jeder der drei Weltmeisterschaften eine Art mentaler Hintergrund mit den zeitgenössisch aktuellen Themen skizziert werden, ebenso die jeweilige Situation der BILD-

---

10 Die deutsch-deutschen Sportbeziehungen waren Thema einer Ausstellung der Stiftung Haus der Geschichte der Bundesrepublik Deutschland. Zu ihrer Entwicklung, dem Wettstreit der Systeme etc. vgl. das Begleitbuch Wir gegen uns. Sport im geteilten Deutschland. Darmstadt 2009.
11 Zu erwähnen sind hierzu einige Veröffentlichungen, die auf die Weltmeisterschaft 2006 folgten - der Zusammenhang lag offenbar auf der Hand. Darunter die Aufsatzsammlung zu den Verflechtungen des Fußballs mit Politik, Medien, Wirtschaft und Kultur von Jürgen Mittag/Jörg-Uwe Nieland (Hrsg.): Das Spiel mit dem Fußball. Interessen, Projektionen und Vereinnahmungen. Essen 2007. Darin zum Thema besonders Michael Groll: Wir sind Fußball. Über den Zusammenhang zwischen Fußball, nationaler Identität und Politik. S. 177-189. Die Turniere 1954, 1974 und 1990 finden Eingang in Andrea Kolpatzik: "Die Waden der Nation". Fußballweltmeisterschaften als deutsch-deutscher Erinnerungsort. Berlin 2009. In der fachdidaktischen Handreichung von Jutta Braun und Ulrich Hagemann besonders die Einführung in Jutta Braun und René Wiese: Deutsch-deutscher Fußball im Zeitalter des Ost-West-Konfliktes. S. 11-25, sowie das Kapitel von Jörg Ziegenhagen/Deborah Mohr: Die Fußballweltmeisterschaften von 1954, 1974, 1990 und 2006 - Ausdruck gemeinsamer oder geteilter nationaler Identität? S. 91-126. In: Jutta Braun/Ulrich Hagemann (Hrsg.): Deutschland - einig Fußballland? Deutsche Geschichte nach 1949 im Zeichen des Fußballs. Berlin 2008. Die ideologischen Grundlagen betrachtet Rudolf Oswald: "Fußball-Volksgemeinschaft". Ideologie, Politik und Fanatismus im deutschen Fußball 1919-1964. Frankfurt/Main 2008. Ergänzend außerdem interessant: Gabriele Klein/Michael Meuser (Hrsg.): Ernste Spiele. Zur politischen Soziologie des Fußballs. Bielefeld 2008.
12 Interessant wären unter anderem die Anti-Schweden-Kampagne 1958, das Wembley-Tor in England 1966, der Umgang mit dem frühen Ausscheiden 1994, etc.; 1990 außerdem ein Blick auf das hasserfüllte Spiel zwischen Deutschland und den Niederlanden.

Zeitung samt Einordnung in das mediale Umfeld, bevor ich mich der eigentlichen Untersuchung der WM-Berichterstattung zuwende.

Letztere besteht jeweils aus vier Teilen, von denen der erste Umfang und Optik behandelt und dabei eine grobe quantitative Einordnung liefert, um eine gewisse Vergleichbarkeit herzustellen – schon der im Lauf der Jahre immens gewachsene Umfang der Zeitung allgemein und des Sportteils im Besonderen macht dies notwendig. In den anderen drei Teilen lege ich zunächst die Hauptmerkmale der Berichterstattung hinsichtlich inhaltlicher Ausrichtung, Emotionalisierung und, soweit erkennbar, Zielrichtung dar. Es folgt eine Analyse der Darstellung ‚Deutschlands' und der Deutschen – seien es Spieler, Zuschauer oder die Nation an sich – die der Frage nachgeht, inwieweit BILD anhand des Sports nationale Zugehörigkeiten und entsprechende Wertungen transportierte. Indikatoren liegen dabei in der angebotenen Haltung zur Nationalmannschaft[13], in Bezügen zur nationalsozialistischen Vergangenheit, in einem angebotenen „Wir", und im Grad der Aufladung der Berichterstattung mit über den Sport hinausgehender Bedeutung. Zwangsläufig folgt daraus auch der Blick auf die „Anderen" und darauf, wie stark und auf welche Weise BILD diese von den Deutschen abgrenzt. Rassismen, Stereotype und wertende Vergleiche mit Deutschland werden im letzten Abschnitt des jeweiligen Kapitels erörtert. Da ich mich im Unterschied zu den meisten existierenden Untersuchungen nicht auf die Titelseite beschränke, sondern die gesamte Berichterstattung während der Turnierzeiträume berücksichtige, werde ich jeweils nur die vorherrschenden Argumentationslinien und Muster der Berichterstattung herausarbeiten.

Bei der Analyse beschränke ich mich auf die Hamburger Ausgabe der BILD-Zeitung, da die Regionalisierung zwar einen interessanten Faktor darstellt, es aber in diesem Rahmen unmöglich ist, mehr als ein Beispiel zu untersuchen. Zeitlich werde ich mich auf die Berichterstattung im Zeitraum der jeweiligen WM konzentrieren. Die BILD-Ausgaben einiger Wochen vor bzw. nach dem Turnier spielen hierbei eine ergänzende, aber untergeordnete Rolle: Die konkrete und gründliche Untersuchung betrifft nur die Berichterstattung während der WM.

Am Ende soll es möglich sein, die Entwicklung der BILD-Zeitung in Bezug auf das nationale Selbstverständnis und auf die Strategien zu dessen Vermittlung am Beispiel Sport nachzuzeichnen, und zu erkennen, auf welche Weise BILD den Sportbereich für sich nutzt. In gewissem Rahmen sollte dies auch Aufschluss darüber geben können, wie sich die Haltung zur Institution Nationalmannschaft und zu nationalen Gefühlen zumindest im sportlichen Bereich in der – großen – Masse der BILD-Leserschaft entwickelt hat, und schließlich darüber, ob sich im „Schwarz-Rot-Geil" von 2006 nicht eigentlich mehr „Wir sind wieder wer" findet als es 1954 der Fall war.

---

13 Gemeint ist im Folgenden aus naheliegenden Gründen stets die DFB-Auswahl der Männer. Der Umstand, dass der (in Deutschland überdies äußerst erfolgreiche) Frauenfußball in der medialen Öffentlichkeit im Allgemeinen und in der BILD-Zeitung im Besonderen nur einen Bruchteil der Aufmerksamkeit findet, die dem Männer-Team zuteil wird, verdient außerhalb dieser Untersuchung sicher gesonderte Beachtung.

2. Die BILD-Zeitung

Mit der BILD-Zeitung, erstmals erschienen am 24. Juni 1952, gelang Axel Springer sein wohl größter Erfolg: Die nach wie vor einzige überregional erscheinende Boulevardzeitung in Deutschland entwickelte sich zur auflagenstärksten Tageszeitung Europas und wird auch weltweit nur noch von fünf japanischen Zeitungen übertroffen.[14]

Mit der Mischung aus leichter Unterhaltung, viel Gefühl, mild-versöhnlichem Ton und der strikten Vermeidung unbequemer Themen hatte der Axel Springer Verlag in seinen ersten, ebenfalls sehr erfolgreichen Publikationen[15], der Rundfunkzeitschrift „Hör zu"[16] und dem „Hamburger Abendblatt"[17], Maßstäbe gesetzt, in denen ein Ausgangspunkt für die Entwicklung zweier journalistischer Richtungen in Deutschland gesehen wurde: „Beide verstanden sich demokratisch, die eine in der Kritik an den Verhältnissen, die andere in Anpassung an die Verhältnisse"[18]. In BILD setzte der Verlag die letztgenannte Richtung mit den bereits erprobten Mitteln der *human interest story*[19], den Kampagnen, der Gewichtung des Lokalteils (im Abendblatt), der enormen Leser-Blatt-Bindung und der anekdotischen Form konsequent fort.[20]

Produziert werden sollte eine Straßenverkaufszeitung mit hohem Unterhaltungswert nach dem Vorbild des englischen Daily Mirror. Anfangs als eine fast ausschließlich aus Bildern bestehende Tagesillustrierte für den „modernen Analphabeten"[21] konzipiert, erzwangen praktische Hindernisse, namentlich der Mangel an ausreichend guten und aussagekräftigen Fotografien, nach einem wenig erfolgreichen ersten halben Jahr die Überarbeitung von Konzept und Layout des Blattes. Erst das Folgekonzept machte BILD zum Verkaufsschlager: Die Bilder traten nunmehr auf eine herkömmliche Illustrationsfunktion für den Text zurück[22], dafür sorgten variable Schlagzeilengrößen, Dynamisierung des Umbruchs, die vollständige Auflösung der Sparten und die optische Hervorhebung der interessantesten Themen für maximalen Reizeffekt.[23] Von da an schossen die Verkaufszahlen in die Höhe. Dass der Anteil der Straßenverkaufszeitungen an der Gesamtauflage aller Tageszeitungen, der noch 1950 weniger als 5% betragen hatte, 1960 bereits 30% ausmachte, ist fast allein auf die ungeheure Steigerung der BILD-Auflage zurückzuführen, die 1953 bei einer Million, 1955 bei

---

14 Laut einer Erhebung der World Association of Newspapers, letzte global vergleichbare Zahlen von 2005. http://www.wan-press.org/article2825.html. Abgerufen Juli 2010.
15 Als eigentliche Geburtsstunde des ASV gilt das Erscheinen der „Nordwestdeutschen Hefte", die nach ihrer Umwandlung in „Kristall" ihr ursprüngliches Konzept politisch-gesellschaftlicher Aufklärung zu Gunsten leichterer Unterhaltung fallen ließen, zudem auch beschönigende Landserromane abdruckten. Vgl. Kruip, S. 80; Stöber 1999, S. 302.
16 Die Erstausgabe erschien am 15. Dezember 1946. Zum Konzept: Müller, S. 55-62; Kruip, S. 80-81; Stöber 1999, S. 301-303.
17 Die erste Tageszeitung im ASV erschien nach einigen Probenummern ab dem 14.10.1948 regulär; bekannt wurde sie durch diverse Kampagnen und den Slogan „Seid nett zueinander". Vgl. Müller, S. 65-68; Kruip, S. 82-86; Stöber 1999, S. 303-305.
18 Den Ausgangspunkt dafür machte Müller im Erscheinen von „Hör zu" aus: Müller, S. 55.
19 Zur Genese der human interest story vgl. Schirmer, S. 15-16.
20 Müller, S. 65-66; Kruip, S. 80-86.
21 So eine legendäre Formulierung des Springer-Mentors Hans Zehrer. Müller, S. 74.
22 Mittlerweile existiert dieses Ausgangsproblem freilich nicht mehr; zu den Möglichkeiten und Funktionen der Fotografie im Journalismus vgl. Schirmer, S. 40.
23 Müller, S. 79.

zwei, 1956 bei drei, 1962 bei vier Millionen lag, und 1966 sowie 1983 sogar kurzzeitig die Fünf-Millionen-Marke überschritt.[24]

Die „Marktdurchdringung mit Kostenführerschaft"[25] wurde mit einem Preis von bis 1965 konstant 10 Pfennig erreicht; neben der ansprechenden Aufmachung trug auch eine konsequente Regionalisierung zum Erfolg bei.[26] Keiner der BILD-Trümpfe war im Grunde eine Neuheit – die Vorläufer liegen u. a. in der britischen und amerikanischen *penny press*[27] und in den Generalanzeigern, die sich gegen Ende des 19. Jahrhunderts mit höchster Aktualität durch neue Technik, emotionalem Bezug zum Dargestellten, Service und Lebensberatung gegen die Parteipresse durchsetzten.[28] Der gigantische Erfolg mag auch darauf zurückzuführen sein, dass es BILD gelungen ist, stets einen für weite Teile der Bevölkerung zustimmungsfähigen Ton zu treffen. So kam in den Anfängen die nahezu völlig unpolitische Haltung einem verbreiteten Bedürfnis nach.[29] Die Gesinnungsgeschichte des ersten Chefredakteurs Rudolf Michael[30] illustriert diesen Aspekt: Politisch zunächst liberal und national, und nach einem kurzem Ausflug in nationalsozialistisches Gedankengut schließlich – wie ein Großteil der Leserschaft – enttäuschter Abstinenzler[31], produzierte er fortan einen Journalismus für den „unpolitischen kleinen Mann"[32] und zog Gemüt und Tierliebe den politischen Ereignissen vor.[33]

Dabei blieb es nicht, obwohl BILD sich selbst stets als „unabhängig" und „überparteilich" bezeichnete.[34] Schon mit dem Kauf der „Welt" 1953 und dem Gang nach Berlin war eine politische Ausrichtung des Springer-Verlags zu erkennen, die Westbindung und die Forderung nach der staatlichen Einheit Deutschlands einschloss[35] und später in einen besonders seit 1958 aggressiven Antikommunismus und zunehmenden Nationalismus mündete.[36] Auch das Boulevardblatt BILD erfuhr spätestens um 1960 eine Phase der – von Axel Springer gewünschten – Politisierung.[37]

Ab 1967 gerieten Verlag und Verleger politisch und ökonomisch in die Defensive.[38] Auf dem Höhepunkt des Kalten Krieges bildeten Intellektuelle, Studenten und Kommunisten die

---

24 Vgl. für die 1950er Jahre Axel Schildt: Massenmedien im Umbruch der fünfziger Jahre. In: Jürgen Wilke: Mediengeschichte der Bundesrepublik Deutschland. Bonn 1999. S. 633-648, hier S. 638. Nach 1983 lag die Auflage lange relativ konstant bei rund 4 Mio.; seit etwa 2000 sinkend, 2006 bei rund 3,5 Mio. Quelle: IVW-Auflagenliste.
25 Stöber 1999, S. 306.
26 Ebenda.
27 Vgl. Jürgen Habermas: Strukturwandel der Öffentlichkeit: Untersuchungen zu einer Kategorie der bürgerlichen Gesellschaft. Frankfurt/Main 1990. S. 257-258.
28 Die Qualität der Generalanzeiger war allerdings wohl eher höher. Vgl. Stöber 2000, S. 234.
29 Vgl. Kruip, S. 78-79.
30 Als Chefredakteur aufgeführt wird Michael seit dem 07.05.1953, doch soll er schon zuvor die Redaktionsleitung innegehabt haben. Vgl. Müller, S. 77.
31 Vgl. Müller, S. 77; Kruip, S. 78-79.
32 Nach Müller, S. 78; vgl. auch Kruip, S. 87.
33 Letztere wurden zu weiten Teilen gar nicht bis kaum erwähnt. Vgl. Müller, S. 77-78.
34 Zu Erfolgsgeschichte, Emotionsmanagement und Politisierung von BILD vgl. Führer, in: Zeithistorische Forschungen, Online-Ausgabe (4) 2007.
35 Vgl. Stöber 1999, S. 299. Dies fand 1967 in den Grundsätzen des Verlags expliziten Ausdruck.
36 Die Moskaureise Axel Springers und ihr für den Verleger unglücklicher Verlauf werden allgemein als Gründe für die Verschärfung seiner antikommunistischen Haltung und den Bruch im Verhältnis zu seinem Mentor Zehrer genannt. Die „Welt" wurde 1965, obwohl von Zehrer geleitet, unter Springers Einfluss offiziell als „nationale Zeitung" proklamiert und nahm einen entsprechenden Kurs auf. Vgl. Stöber 1999, S. 300-301.
37 Stöber 1999, Anm. 59.
38 Die wissenschaftlichen Untersuchungen zu Springer enden weitestgehend zu diesem Zeitpunkt – Müller, 1968 erschienen, zwangsläufig; Kruip untersucht die 1950er und 1960er Jahre; Stöber bezeichnet in seiner,

Feindbilder der BILD-Zeitung; die Kritik an dem Boulevardblatt häufte und verschärfte sich ihrerseits.[39] Die in diesem Zeitraum verlorene Auflage gewann Chefredakteur Günter Prinz[40] mit zahlreichen Kampagnen[41] und Themen aus dem Bereich „sex and crime" zurück, wo zuvor journalistisch aufgelockerte Beschreibungen kleinbürgerlicher Idyllen das Blatt dominiert hatten.[42]

Nach den durch eine drastisch konservative Haltung geprägten 1980er Jahren[43] schien BILD in den 1990ern teilweise als geradezu harmlos empfunden zu werden. Hans Magnus Enzensberger, ehemals ein entschiedener Kritiker konnte in ihr „kein politisches Kampfblatt mehr"[44] erkennen. Jüngst allerdings beobachtete unter anderem Hans Leydecker eine neue Qualität der Stimmungsmache: „Die immer noch vorhandene hetzerische Gewalt des Blattes, die von Heinrich Böll meisterlich beschrieben wurde, bekommt wieder einen neuen Namen."[45] Eine neue Generation der BILD-Kritiker hat sich im Internet formiert, darunter seit Juni 2004 BILDblog, mehrfach ausgezeichnet und eines der erfolgreichsten Internetprojekte in Deutschland.[46] Die Auflage der BILD-Zeitung freilich war, wenn auch sinkend, Ende 2006 mit rund 3,5 Millionen nach wie vor enorm.[47]

2.1. Bedeutung der BILD-Zeitung für die öffentliche Meinung

Die drastische Auflagenentwicklung der BILD-Zeitung im auch insgesamt wachsenden Springerkonzern hat seit den 1960er Jahren Besorgnis erregt und den Vorwurf der Meinungsmache und -manipulation provoziert.[48] Die Frage nach Art und Gewicht der Rolle von BILD für die öffentliche Meinung sollte in der Tat vorab umrissen werden, auch um die Möglichkeiten dieser Untersuchung einordnen zu können.

---

allerdings sehr an der Person Axel Springer orientierten, Analyse die Jahre danach für die Erfolgsgeschichte des Verlags als „eher uninteressant". Stöber 1999, S. 291.
39 Kampagne „Enteignet Springer" ab 1966, 1972 Bombenanschläge auf Springer-Häuser; Heinrich Bölls „Die verlorene Ehre der Katharina Blum" erschien 1974, Wallraffs „Der Aufmacher" 1977.
40 Seit 06.08.1971, vgl. Chronik des Axel Springer Verlags: http://www.axelspringer.de/inhalte/pressese/frame.htm.
41 Beispielsweise „BILD kämpft für Sie", seit 1971; die wohl bekannteste: „Ein Herz für Kinder", seit 1977.
42 Vgl. Müller, S. 87.
43 Vgl. Schirmer, S. 136-137. In diesem Zeitraum waren außerdem weitere BILD-Publikationen erschienen: BILD der Frau seit 1983, Auto BILD seit 1986 und Sport BILD seit 1988.
44 Nach Büscher, S. 19. Vgl. ähnliche Äußerungen in Schirmer, S. 59f.
45 Anlässlich der fehlerhaften und tendenziösen Berichterstattung von BILD zum Fall des CIA-Entführungsopfers El-Masri. Süddeutsche Zeitung vom 21.05.2007. URL: http://www.sueddeutsche.de/kultur/artikel/27/114912/.
46 Rund 40 000 Leser täglich Ende 2006 machten jedoch immer noch nur einen Bruchteil der BILD-Leserschaft aus. Seit Frühjahr 2009 befasst sich das Watchblog - wenn auch vorrangig weiterhin mit BILD und Bild Online - darüber hinaus auch mit anderen Medien: http://www.bildblog.de/6865/aus-bildblog-wird-bildblog-fuer-alle/ Abgerufen Juli 2010.
47 Seitdem ist die Auflage wie zuvor weiter gesunken; für das 2. Quartal 2010 wies die IVW eine Verbreitung von 3,1 Millionen Exemplaren aus. Dennoch erreicht BILD in der Tat trotz der Dominanz eher ‚bildungsferner Schichten' in der Leserschaft durch die bloße Masse auch mehr Menschen mit Abitur oder Studium als jede Qualitätszeitung. Vgl. Hans-Dieter und Ute Klingemann: BILD im Urteil der Bevölkerung. Materialien zu einer vernachlässigten Perspektive. In: Publizistik. Vierteljahreshefte für Kommunikationsforschung. Jahrgang 28, Wiesbaden 1983. S. 239-259, hier S. 244-245.
48 Vgl. zur Kritik u. a. Schirmer, S. 57f.

An dieser Stelle ist zunächst der Begriff der öffentlichen Meinung zu klären, und wie weit diese überhaupt erfassbar ist. Systemtheoretiker[49] bezeichnen Öffentlichkeit als Außenseite aller gesellschaftlichen Funktionssysteme und öffentliche Meinung als eine Art Operation dieser Außenseite. Diese, irritiert durch neue Informationen oder Themen, die in der Regel durch Massenmedien vermittelt werden, reproduziert und bildet sich immer wieder neu, weshalb sie, wenn überhaupt, nur photographisch erfasst werden kann. Sie ist ein Medium zur Meinungsbildung, das, sofern sie sich hier und da auf einen Konsens einpendelt, wohl zur Unsicherheitsabsorption dienen kann. Im Übrigen aber reagiert sie nicht vernünftig, sondern – da Öffentlichkeit sich aus einer unvorhersehbaren Menge an Partizipanten generiert und nur bedingt überhaupt ein Ganzes darstellt – unberechenbar.[50] Zwar kann sie kontrolliert beeinflusst werden, beispielsweise können Massenmedien ihr gezielt Informationen zuführen oder Beurteilungen nahe legen, doch ist die Resonanz unkontrolliert.[51]

Die Medienwirkungsforschung hat sich ausführlich mit dieser Problematik beschäftigt, mit unterschiedlichen Ergebnissen. Seit den 1970er Jahren wurde, Lazarsfeld folgend, eine eher geringe Medienwirkung angenommen; neuere Theorien relativieren, gering seien vor allem die Möglichkeiten, Veränderungen in der öffentlichen Meinung verlässlich auf Medienwirkung zurückzuführen.[52] Da der konkrete Wirkungsgrad medialer Beeinflussung schwer aus anderen Einflüssen herauszufiltern ist[53], und nicht bekannt ist, wie der individuelle, aktive Leser die vermittelten Informationen verwertet, lässt sich kaum abschließend klären, wie die wechselseitige Beeinflussung funktioniert.

Der Analyse, inwieweit die BILD-Zeitung beispielsweise ein bestimmtes Selbstverständnis der Deutschen oder Formen von ‚Nationalstolz' prägt oder vermittelt, sind also Grenzen gesetzt: Es können jeweils nur Teilöffentlichkeiten untersucht werden, nicht *die* Öffentlichkeit, und auch diese nur jeweils eindimensional – beispielsweise die Umfrageforschung und ihre Ergebnisse oder der Input durch Massenmedien, nicht aber die Wechselwirkungen zwischen den einzelnen Ebenen. Die Untersuchung von BILD liefert also lediglich einen Einblick in den Meinungsbildungsprozess.

An Letzterem sind Massenmedien, obwohl öffentliche Meinung nicht gesteuert werden kann, fraglos beteiligt. Zumindest liefern sie durch *agenda setting* Anknüpfungspunkte für öffentliche und private Kommunikation und können Vorschläge zur Meinungsbildung machen.[54] Zusätzlich greifen sie Entwicklungen der Meinungsbildung, z.B. Bewegungen in der Bevölkerung auf und speisen diese so in den Prozess ein. Die Fähigkeit, vorhandene Stimmungen aufzugreifen oder sogar hervorzurufen, wird gerade der BILD-Zeitung häufig zugeschrieben, was an dem Umstand erkennbar wird, dass deren Themenwahl auch aktuell für ein breites journalistisches Spektrum maßgeblich ist. Zu jeder Zeit mussten jedoch die Journalisten des Axel Springer Verlags, selbst wenn sie beabsichtigten, die öffentliche Meinung gezielt zu beeinflussen, Rücksicht auf die Auflage nehmen, und damit auf den vorherr-

---

49 Ausführlich Niklas Luhmann: Öffentliche Meinung. In: Ders.: Die Politik der Gesellschaft. Frankfurt/Main 2000. S. 274-318, hier S. 274ff.
50 Ebenda, S. 284f.
51 Ebenda, S. 279 und 286.
52 Z.B. Festinger: „Theorie der kognitiven Dissonanz"; weitergehend Wolfgang Donsbach: Medienwirkung trotz Selektion. Einflussfaktoren auf die Zuwendung zu Zeitungsinhalten. Köln 1991.
53 Z.B. Familie, peer group, Schule. Vgl. Jochen Hoffmann/Ulrich Sarcinelli: Politische Wirkungen der Medien. In: Wilke 1999, S. 720-748; hier S. 721ff.
54 Vgl. z.B. Martin und Sylvia Greiffenhagen (Hrsg.)/Katja Neller: Handwörterbuch zur politischen Kultur der Bundesrepublik Deutschland. 2. völlig überarbeitete und aktualisierte Auflage. Wiesbaden 2002., S. 256.

schenden Wertehorizont der bundesdeutschen Bevölkerung.[55] Laut Kruip haben sämtliche Springer-Blätter die bestehenden Werte und Meinungen stets eher verstärkt und potenziert als verändert.[56] Dies passt in den Rahmen der aktuell angenommenen Möglichkeiten der medialen Beeinflussung.

Nun sind die Inhalte der BILD-Zeitung ebenso wenig wie die anderer Medien mit der öffentlichen Meinung identisch, die BILD keineswegs vollständig erfassen und abbilden kann. Auch ist der Ruf des Blattes nicht erst seit 1967 zumindest ambivalent. So zeigten sich schon in einer verlagsinternen Leseranalyse für das Jahr 1965 mangelndes Vertrauen und Skepsis gegenüber BILD selbst im engeren, erst recht im weiteren Leserkreis.[57] Ebenso stießen Klingemann/Klingemann in ihrer Studie 1983 auch bei BILD-Lesern auf eine skeptische Haltung besonders gegenüber dem Sensationsjournalismus des Blattes; BILD wurde allgemein eher nicht als „Institution" betrachtet.[58] Ein nicht unwesentlicher Teil suchte demnach nicht in erster Linie Information, sondern Unterhaltung. Der Meinungsbildung und -manipulation durch BILD sind also von vornherein Grenzen gesetzt. Hierbei ist allerdings zweierlei zu berücksichtigen: zum einen die gesellschaftlichen Normen, die für das Lesen dieser – im allgemeinen Urteil[59] verachteten – Zeitung zumindest Distanz, wenn nicht eine Rechtfertigung[60] verlangen und so die Umfrage gegebenenfalls verfälscht haben können. Zum anderen wurde und wird BILD nichtsdestotrotz weiterhin gekauft und gelesen, so dass auch bei einer skeptischen Haltung die so genannten Manipulationen bzw. Meldungen „ohne objektiven Sachverhalt"[61] anscheinend nicht fundamental mit der Realitätswahrnehmung der Leser oder mit deren Bedürfnissen kollidieren.

In der Masse ihrer Leser liegt eine nicht zu vernachlässigende Besonderheit der BILD-Zeitung. Auch wenn Gewohnheit und der niedrige Preis Faktoren darstellen, die mutmaßlich zur täglichen Kaufentscheidung beitragen, so müssen doch auch inhaltliche Merkmale eine Rolle spielen; zumindest halten sie sehr viele Menschen nicht vom Kauf ab, was für eine gewisse Übereinstimmung mit Leserbedürfnissen spricht.

Die von Wilke erläuterte Ansicht, ein Einfluss von Zeitungen auf die Meinungsbildung sei nur langfristig, d.h. mit über einen längeren Zeitraum verfolgten Themen, und im Zusammenspiel mit Veränderungen der sozialen Umwelt möglich[62] legt nahe, dass der Vielzahl an Sensations- und Skandalmeldungen, die nur zur Unterhaltung dienen, kein bleibender Wert innewohnt. Von größerer Bedeutung für die Masse der BILD-Leser und die Wirkungsmacht des Blattes scheint mir die Produktion und Vermittlung von Schemata[63] zu sein, von allgemeinen Haltungen und Herangehensweisen, die an die jeweils konkreten Themen angelegt werden. So spielte laut Kruip in der Springer-Ideologie, zumindest in den 1950er und 1960er Jahren, das mythischere „Volk" im Sinne einer kulturellen und ethnischen Ein-

---

55 Vgl. Kruip, S. 17. Dies wird unterstützt durch Festingers Theorie der Kognitiven Dissonanz, nach der Medienkonsumenten Darstellungen bevorzugen, die ihren eigenen Auffassungen nicht widersprechen. Kritik des Modells allerdings bei Donsbach, S. 47-54.
56 Vgl. Kruip, S. 263-264.
57 Vgl. Kröger 1973. S. 193f.
58 Klingemann/Klingemann S. 247-249.
59 Die sensationsorientierte Berichterstattung wurde sowohl von Lesern als auch Nichtlesern als negativ bezeichnet. Vgl. Klingemann/Klingemann, S. 249.
60 Aktualität und Schnelligkeit werden oft als Vorzüge angeführt; inhaltlich v.a. der Sportteil. Ebenda, S. 248-249
61 Ebenda, S. 256-257.
62 Vgl. Hoffmann/Sarcinelli, in: Wilke 1999, S. 721ff.
63 Diese können mit beliebigen Inhalten gefüllt werden und ermöglichen so die Thematisierung auch neuer Inhalte innerhalb eines bekannten Rahmens mit bekannten Herangehensweisen. Vgl. Luhmann, S. 299.

heit stets eine wichtigere Rolle als die „Nation" im Sinne einer Staatsnation.[64] Es steht zu vermuten, dass die Dichotomie selbst jedoch niemals Gegenstand eines Artikels war. Ebenso ist die Dialektik von Verunsicherung und Orientierung[65] stets nur ein, sich aber ständig wiederholendes ‚Nebenprodukt'. Durch die konsumerleichternde Strategie der Simplifizierung von Sachverhalten wird das Schema ebendieser Simplizität vermittelt. Bei der Frage nach den von BILD vermittelten Haltungen oder Werten sind derlei immer wieder auftretende Schemata zumindest mit im Auge zu behalten.[66]

2.2. Leserfang und Leserbindung: BILD als Straßenverkaufszeitung

Unbestritten ist die Position der BILD-Zeitung als Verkaufsschlager, obgleich sie als Straßenverkaufszeitung die längste Zeit ohne festen Abonnentenstamm auskommen musste. Axel Springers Diktum von der täglichen demokratischen Abstimmung am Kiosk[67] hat insofern etwas für sich, als es in der Tat gelungen ist, BILD als Markenartikel zu etablieren[68], und den Zielsetzungen jeder Straßenverkaufszeitung – „Leserfang" und „Leserbindung" – in beeindruckendem Maße nachzukommen.

Die Straßenverkaufs- oder Boulevardzeitung definiert sich über ihre Vertriebsform.[69] Den logistischen Apparat dafür hatte Springer mit der bundesweit flächendeckenden Erschließung aller nur möglichen Straßenverkaufsplätze[70] bereits früh perfekt organisiert und zur zeitweise nahezu konkurrenzlosen Marktbeherrschung gebracht.[71] Zur Etablierung von BILD hat sicher auch die durch den enorm niedrigen Preis erleichterte Kaufentscheidung beigetragen. Mit 10 Pfennig pro Ausgabe über 13 Jahre schreckte der Konzern zudem potenzielle Konkurrenten ab, die in der Startphase große finanzielle Nachteile hätten riskieren müssen[72] und sicherte BILD so die singuläre Stellung.

Allgemein spielt im Sinne der maximalen Verkäuflichkeit die am Kiosk präsentierte obere Titelhälfte eine besonders wichtige Rolle für den so genannten Leserfang. Die Strategie bei der Platzierung von Reizen wie Schlagwörtern, brisanten Themen und Bildern ist von großer Bedeutung: Dort werden naheliegenderweise die jeweils erfolgversprechendsten Themen untergebracht. In sich mit der Zeit wandelndem Maße „komponiert [BILD] Kurzartikel von verschiedenstem Inhalt nebeneinander, um den Eindruck zu vermitteln, sie erfasse die Welt in ihrer Totalität".[73] Die Titelthemen und Aufmacher sind allerdings durchaus ge-

---

64 Letztere dominierte lediglich beim Thema der staatlichen Teilung Deutschlands. Kruip, S. 128-135.
65 Diese diagnostiziert Büscher, S. 64ff.
66 Duderstadt stellt 1975 in den BILD-Kommentaren die Beschwörung und Verteidigung einer vordemokratischen Gesellschaftsordnung, in der die Herrschenden angeblich für die Bevölkerung sorgen, und erkennt - vor allem - Strategien, die die Leserschaft davon abhalten sollen, dies zu hinterfragen. Zu beachten allerdings die unverhohlen polemische Absicht. Duderstadt, bes. S. 374-380.
67 Vgl. Kruip, S. 87.
68 Vgl. die (allerdings von Springer initiierte) Qualitative Analyse der BILD-Zeitung 1965, S. 15-20. Die immense Bekanntheit ist jedoch wohl unumstritten; Stöber spricht gar von „Vertrauenskapital". Stöber 1999, S. 306.
69 Vgl. z. B. Bruck, Peter A./Stocker, Günther: Die ganz normale Vielfältigkeit des Lesens. Zur Rezeption von Boulevardzeitungen. Münster 1996, S. 15f.
70 Durch die Versorgung des flachen Landes wurden zudem zusätzliche Märkte geschaffen. Stöber, S. 306.
71 Vgl. Müller, S. 106-109.
72 Vgl. Stöber 1999, S. 305-306.
73 Mittelberg, S. 19. Bei Schirmer heißt es. „Der Gemischtwarenladen auf Seite 1 ist passé." S. 30. Unterschiedliche Themen werden dort dennoch nach wie vor platziert.

ordnet, und zwar nach Aktivierungspotenzial[74]; ferner sind sie reizstark gestaltet und häufig durch fundamentale Emotionen geprägt.[75] Als weitere Charakteristika sind das variationsreiche Layout ohne klare Grenzen zwischen den einzelnen Themen und – mit einem besonderen Gewicht – die prägnanten, in Größe und Eingängigkeit hervorstechenden Schlagzeilen[76] sowie Bilder mit hohem Aktivierungspotenzial[77] zu nennen.

Obwohl die Aktivierung des Lesers – und Käufers – spezifisch bei Straßenverkaufszeitungen eine übergeordnete Rolle spielt, ist auch dessen längerfristige Bindung von Bedeutung. Diese wird zum Teil mit Aktionen, Kampagnen, Fortsetzungsromanen etc. direkt zu erreichen versucht, zum Teil ergibt sie sich mittelbar aus einer Gewöhnung an die Struktur und die vereinfachte, emotionalisierte Sprache.[78] Die durchgehende Simplifizierung schafft ein Gefühl des Informiertseins[79]; ferner erzeugt die dominante Stellung des Themenbereichs „Unerbittlichkeit des Lebens"[80] Verunsicherung und Angst – woraufhin das Blatt wieder Orientierung und Hilfe anbietet.[81] Insgesamt wird der gesamte Blattinhalt auf unmittelbare Gratifikation[82] ausgerichtet. Durch diese Anpassung an den Erwartungshorizont der Leser und die gleichzeitige Mitprägung desselben entsteht eine wechselseitige, sich stetig vertiefende Abhängigkeit voneinander.[83]

Es sind offenbar ausgeprägt vorhandene Bedürfnisse, die durch das Phänomen BILD befriedigt werden.[84] Die Erfahrung, beim des Blattes relativ zuverlässig eine Form von Gratifikation erwarten zu dürfen, steigert die Kaufbereitschaft auch längerfristig. Es sei noch erwähnt, dass BILD seit Ende 2005 auch auf ein traditionelles Mittel zur Leserbindung zurückgreift, namentlich das Abonnement[85], bevor im Folgenden auf die konkreten Faktoren der Gratifikation eingegangen wird.

2.2.1. Emotionalisierung

Reizbeladene Titelseiten, Verunsicherung und Orientierung – bei den Strategien der BILD-Zeitung herrschen Gefühle vor. In einer der wenigen wissenschaftlichen Untersuchungen der Frage, warum sich so viele Menschen täglich neu für BILD entscheiden, hat Cornelia Voss das Phänomen der Emotionalisierung, der Vermittlung von Gefühlswelten[86]

---

74 Zur Aktivierung (und „emotionaler Adäquanz"; dazu in 2.2.1) vgl. Büscher, S. 91-101; Schirmer, S. 29-31.
75 Bevorzugte Themengebiete waren und sind regionale Dramen, Skandale oder Katastrophen, *human interest* und Sport. Zur Funktion des Aufmachers in der Boulevardpresse allgemein vgl. Schirmer, S. 27-30.
76 Zur Funktion der Schlagzeile für den Leserfang vgl. Büscher, S. 91f, Schirmer, S. 27f.
77 Diese arbeiten meist mit den reizstarken Motiven Erotik, Gewalt/Opfer, Kinder, Tiere. Vgl. Schirmer, S. 42-43. Im Mittelpunkt steht in der Regel der Mensch. Vgl. Ulrich Saxer/Martina Märki-Koepp: Medien-Gefühlskultur. Zielgruppenspezifische Gefühlsdramaturgie als journalistische Produktionsroutine. München 1992., S. 66.
78 Cornelia Voss hat Letztere vom linguistischen Standpunkt aus umfassend analysiert; ebenso Ekkehard Mittelberg, der 1967 die Sprache der BILD-Zeitung, Jahrgang 1964 untersucht hat.
79 Vgl. Peter Nusser: Trivialliteratur. Stuttgart 1991, S. 142.
80 Wie Gefahr, Tod oder Unfälle. Vgl. Nusser, S. 144.
81 Diese Dialektik bestätigt auch Büscher für den Themenbereich Tod; zusammenfassend auf S. 317.
82 Vgl. Büscher, S. 91-101, oder *immediate reward* bei Habermas, S. 260.
83 Vgl. Nusser, S. 145.
84 Vgl. Voss, S. 18.
85 Die Abonnentenzahlen sind von gut 12 000 (4. Quartal/2005) auf knapp 14 000 (4/2006) gestiegen, bei allerdings sinkender Gesamtauflage. Quelle: IVW-Auflagenliste.
86 Definition nach Voss, S. 20. Voss stellt, ebenso wie Saxer/Märki-Koepp ihrer Untersuchung das Faust-Zitat „Gefühl ist alles, Name ist Schall und Rauch" voran.

aus der Perspektive der Linguistik und Rhetorik nachgewiesen; auch Büschers sowie Saxer/Märki-Koepps Untersuchungen behandeln explizit Emotionalität. Demnach werden dem BILD-Leser Gefühle präsentiert, derer, verbunden mit erhöhter Erregung[87], er durch die Lektüre teilhaftig wird. Emotionalisierung funktioniert auf mehreren Ebenen; zunächst in der Erzeugung von Aufmerksamkeit und Hinwendung – im Bereich der Leseraktivierung – durch Attraktivität, maximalen Reiz und leicht konsumierbare Gestaltung.[88] Die größtmögliche Verkäuflichkeit soll einerseits durch physische Reize bzw. viel „look at"-Material[89] – überdimensionierte Überschriften, üppige Bebilderung, viel Farbe und unkonventionelle Struktur erreicht werden, andererseits durch psychische Reize – inhaltliche Botschaften, die zu bekannten Schemata passen und starke Gefühle auslösen.[90] Der ehemalige BILD-Redakteur Schulte-Willekes illustriert Letzteres bezeichnenderweise mit einem Beispiel aus dem Sportbereich:

> „[Der Leser] wird nicht verstandesmäßig angesprochen, sondern über das Auge und mit Gefühlen. Fallen bei einem Bundesligaspiel zwei sensationelle Tore hintereinander, heißt die Schlagzeile: PATSCH! PATSCH! JUBEL! Jeder weiß, was gemeint ist."[91]

Auch komplexe Sachverhalte werden hier in Parolen zusammengefasst, die schnell erfasst werden können; die emotionale Ansprache des Lesers setzt sich sprachlich im reizstarken, kognitiv wenig aufwändigen[92] Vokabular fort. Der Aufmacher, den natürlich das attraktivste Thema stellt[93], kommt gegebenenfalls auch mit wenig Text aus, ist aber, was die Fläche betrifft, riesig.[94]

Die zweite Ebene der Emotionalisierung ist inhaltlicher Art, kommt also nach der erfolgreich herbeigeführten Kaufentscheidung zum Tragen. Durch starke Vereinfachung, Wiederholungen immer gleicher Themen und Interpretationsvorgaben[95] wird ein Gefühl des schnellen Informiertseins vermittelt – BILD wurde schließlich als „gedruckte Antwort auf das Fernsehen"[96] konzipiert – und über Simplifizierung die Be- oder Verurteilung von Sachverhalten oder Personen scheinbar erleichtert.[97] Salopp ausgedrückt liefert BILD Vorlagen für Stammtischdebatten, indem komplexe Sachverhalte auf eine (vereinfachte) Gefühlsebene reduziert werden. Häufig erzeugt die BILD-Zeitung, indem sie die vermutete Perspektive des „kleinen Mannes"[98] einnimmt, eine Art Wir-Gefühl. Mittel, um „emotionale Adäquanz"[99] bzw. Einigkeit zwischen Medium und Lesern herzustellen, sind die häufige Verwendung jenes Pronomens, aber auch Erzeugung von Empörung und Ausgrenzung anderer Gruppen.[100] Eine weitere Strategie zur Integration und Bestätigung der Leser ist die Ab-

---

87 Vgl. Voss, S. 21.
88 Vgl. Schirmer, S. 11.
89 Vgl. Schirmer, S. 12; Bruck/Stocker, S. 19f.
90 Emotionsfaktoren sind z.B. Liebe/Sexualität, Niedlichkeit, Skandale/Katastrophen. Vgl. Büscher, S. 12.
91 Hans Schulte-Willekes: Schlagzeile. Ein Zeitungsreporter berichtet. Reinbek bei Hamburg 1977, S. 18-19. Hervorhebung im Original.
92 Fremdwörter beispielsweise werden allgemein gemieden. Vgl. Schirmer, S. 12.
93 Vgl. Schirmer, S. 28, Bruck/Stocker, S. 19.
94 Dies hat sich mit der Zeit eher verstärkt. Zur Optik des Aufmachers: Schirmer, S. 36-44.
95 Vgl. Schirmer, S. 13-14.
96 Stöber, S. 305.
97 Vgl. Schirmer, S. 13.
98 Claus Jacobi unter http://www.axelspringer.de/inhalte/pressese/inhalte/fotolounge/texte_bild/jacobi.htm, auf der Homepage des Axel Springer Verlags.
99 Büscher, S. 98-99.
100 Vgl. z.B. Schirmer, S. 14-15; Büscher, S. 293ff.

standverkleinerung zu statushohen, meist prominenten Menschen durch die Verwendung von Vor- und Kosenamen oder direkte, teils ruppige Ansprache.[101] Ferner werden emotionsstarke triviale Handlungskerne ständig wiederholt.[102] Damit wird das Bedürfnis der Leser nach affektiven Bewegungen erfüllt.[103] In die gleiche Kerbe schlägt die Erzeugung von „Unterhaltungsangst", die den Genuss negativer Emotionen ermöglicht; eine Form von Eskapismus.[104] Die weitgehende jeweilige Darstellung nach Schwarz-Weiß-Mustern erleichtert wiederum „emotionale Adäquanz".

Themen werden in der Regel nicht längerfristig verfolgt und erörtert; es geht eher um ein schnelles Auslösen und Verstärken von Emotionen, die sonst zwar möglicherweise ausgeblieben wären, grundsätzlich aber, was wiederum die Rezeption erleichtert, in den vorhandenen Werterahmen passen. Die Gefühle übernehmen dabei eine Komplementärfunktion zu den traditionellen Nachrichtenwerten[105]: Nachrichten werden bei dieser Zeitungsform erst durch ihren emotionalen Wert generiert.

2.2.2. Der „externe Nutzen"

Den Umstand, dass klassische Nachrichtenwerte an Bedeutung verlieren, benennt Stöber im Fazit seiner Untersuchung zu Axel Springer in einem Nebensatz mit dem Schlagwort des „externen Nutzens"[106], den die Leser jeweils aus den Zeitungen des Verlags ziehen. Ich halte das für eines der wichtigsten Schlagwörter für das Verständnis ihrer Popularität. Für alle Springer-Blätter – abgesehen vom Prestigeprojekt „Die Welt" – gilt demnach, dass die professionellen journalistischen Berufsnormen Aktualität, Relevanz und Richtigkeit weniger maßgeblich waren und sind als jener „externe Nutzen", der sich jenseits bloßer Information auf einer emotionalen Ebene vollzieht und dort, wo die ihm früh erteilten Lizenzen der ursprüngliche ökonomische Wettbewerbsvorteil des Verlegers waren, in publizistischer Sicht den eigentlichen Trumpf darstellt.[107]

Die Zeitungen orientieren sich strikt am Kunden, wenn „Hör zu" Informationen über Zerstreuungsangebote liefert, und das „Hamburger Abendblatt" Informationen aus dem lokalen Umfeld sowie „Vermittlung von Familiengefühl und menschlicher Wärme"[108]. Bei BILD besteht der externe Nutzen nach Stöber in der Berichterstattung über Sport, der Befriedigung voyeuristischer Bedürfnisse, in Ablenkung und der Vermittlung des Gefühls, besser zu sein.[109]

Dies ist auch daran erkennbar, dass, wie erwähnt, im perfektionierten Infotainment von BILD die so genannten „harten" Themen aus Politik, Wirtschaft, Kultur, die traditionell den Hauptteil einer Abonnementzeitung ausmachen, hier nur nachgeordnet erwähnt und meist sehr oberflächlich und knapp abgehandelt werden.[110] Zusammen mit der Präsentation politi-

---

101 Erfolgreich z.B. „Kanzler, rück den Billigsprit raus" vom 2. September 2005.
102 Schirmer führt Beispiele nach Saxer et al. 1979, S. 167-169 an: Rettung in letzter Minute, Bestrafung des Bösen, Ungerechtigkeit... Vgl. Schirmer, S. 13, Anm. 62.
103 Vgl. Nusser, S. 137-139; Saxer/Märki-Koepp, S. 24-25.
104 Vgl. Schirmer, S. 20-21.
105 Voss, S. 19-20, Bruck/Stocker, S. 17f.
106 Stöber, S. 310.
107 Ebenda.
108 Ebenda.
109 Ebenda.
110 Vgl. Schirmer, S. 11; Müller, S. 77f. Selbst auf der mittlerweile etablierten Politikseite dominierten 2006 Fotos.

scher Themen in Form von Ergebnissen, als naturgesetzartig unveränderliche Tatsachen[111] schafft die Unterordnung unter den Unterhaltungsteil Ablenkung bei gleichzeitiger Vermittlung des Gefühls, informiert zu sein.[112] Der Schwerpunkt liegt auf von vornherein emotionaleren Themen, bei denen der Leser in seinem Selbstbild bestätigt wird, auch in der Darstellung von Abweichendem[113], in der die Befriedigung voyeuristischer Bedürfnisse mit kontrolliert herbeigeführter Erregung einhergeht. Dies kann durchaus eskapistische Funktionen erfüllen:

„Mediennutzung kompensiert, was die Zivilisation weitgehend domestiziert, verdrängt oder unterdrückt und was Realitätsprinzipien wie Leistung oder Rationalität gewöhnlich verbieten, kurzum: ‚Wenn in der Realität nichts mehr ‚los ist', machen wenigstens die Medien ‚etwas los'."[114]

Wo in BILD ohnehin der Nachrichtenwert aller Themengebiete im Hinblick auf größte erwartbare Aufmerksamkeit selektiert wird, wiegen gerade in der Sportberichterstattung andere Faktoren von vornherein schwerer als Information und Bildung im klassischen Sinne. „Simplizität, Nationalbezug, Personenbezug und Wertigkeit"[115] nennt Loosen als Nachrichtenfaktoren für diesen Bereich; noch dazu werden bei Kaufzeitungen besonders die ersten drei, im klassischen Sinn am wenigsten informativen Faktoren[116] stärker gewichtet als bei allen anderen Zeitungstypen. Sport ist nicht nur selbst einer der Faktoren „externen Nutzens", er vermag auch die anderen zu transportieren. Daher ist der „externe Nutzen" besonders in diesem Bereich der eigentlich zentrale Begriff.

2.2.3. Die Rolle des Sportteils

„Sport, Sport, Sport" empfahl Axel Springer, zur Betonung unterstrichen, dem BILD-Chefredakteur Rudolf Michael in einem Brief vom 14.11.1952 aus Italien für die noch recht frische BILD-Zeitung.[117] In der Jubiläumsschrift „100 Jahre DFB" werden drei „Meilensteine" für „die heutige Aufbereitung des Fußballs in den Printmedien" genannt: [d]ie Einführung des Fernsehens, das Erscheinen der BILD-Zeitung und die Gründung der Fußball-Bundesliga".[118] Und: „Der Sportteil ist gut", sind sich Leser und Nichtleser von BILD glei-

---

111 Vgl. Nusser, S. 143.
112 Eine zunehmende Entwicklung in die Richtung des Infotainment ist allerdings überall festzustellen – auch in ernsthaften Zeitungen oder Nachrichtensprache findet sich mittlerweile häufig ein unterhaltend-lockerer Ton; ganz zu schweigen von der Reihe von Fernsehformaten, die Information oder Bildung vollständig außen vor lassen. Schirmer, S. 23.
113 Vgl. Bruck/Stocker, S. 24.
114 Jan-Uwe Rogge: Gefühl, Verunsicherung und sinnliche Erfahrung. Zur Aneignung von populären Medien im Prozess der Zivilisation. In: Publizistik (1988) 2-3, S. 248. Zitiert nach Schirmer, S. 21.
115 Wiebke Loosen: „Das wird alles von den Medien hochsterilisiert". Themenkarrieren und Konjunkturkurven der Sportberichterstattung. In: Roters/Klingler/Gerhards (Hrsg.): Sport und Sportrezeption. (Schriftenreihe Forum Medienrezeption, Bd. 5) Baden-Baden 2001, S. 133-147, hier S. 140.
116 „Wertigkeit" bezeichnet Problemdarstellungen, Kontroversen, Schaden, und findet in überregionalen Qualitätszeitungen noch am ehesten Berücksichtigung. Vgl. Tabelle ebd., S. 141.
117 Aus dem Teilnachlass von Rudolf Michael; Forschungsstelle für Zeitgeschichte Hamburg. Kopie im Besitz der Verfasserin.
118 Hans-Joachim Leyenberg: Schwieriger als ein Torerfolg durch einen Eckball... Vom Verhältnis der Printmedien zum Fußball. In: Deutscher Fußball-Bund (Hrsg.): 100 Jahre DFB. Die Geschichte des Deutschen Fußball-Bundes. Berlin 1999. S. 553.

chermaßen weitgehend einig.[119] Dass Sport, insbesondere Fußball, in und für BILD eine herausragende Rolle spielt, ist kaum zu bezweifeln.

Über alle Zeitungstypen hinweg war das Sportressort seit seinen Ursprüngen[120] im Laufe der Jahre permanent gewachsen und wurde stetig professionalisiert.[121] Auch bei BILD dehnte sich der Sport im „Kampf der Ressorts" immer weiter aus, bis er bald zum einzigen Ressort mit festen Platzrechten überhaupt wurde.[122] Schon 1964 wurde er mit durchschnittlich ca. 12% des gesamten Blattumfangs beziffert[123], ebenso nahm der Anteil der Sportmeldungen an den Titelseitenaufmachern über die Jahrzehnte ständig zu.[124]

Der wohl wichtigste Grund für diesen Bedeutungszuwachs ist in den systembedingten Vorteilen des Sportbereichs zu suchen: Dieser ist der einzige Bereich des gesellschaftlichen Lebens, der regelmäßig, vorhersehbar und – häufig – positiv besetzbar Nachrichten und Schlagzeilen produziert.[125] Noch dazu lassen sich diese Nachrichten immer wiederkehrend in dramatischen und emotionalisierten Geschichten von Siegen und Niederlagen erzählen, die durch ihre trivialmythische Beschaffenheit Spannung vermitteln und vom Alltag ablenken.[126] Mit diesen Funktionen ist das Sportressort anscheinend in der Lage, ein Bedürfnis zu befriedigen.[127] Die Frage nach Huhn oder Ei bleibt freilich ungeklärt – die immer dichtere Berichterstattung hat zum Erreichen der prominenten Stellung des Sports in der Alltagskultur umgekehrt wohl mit beigetragen.[128]

Fest steht wohl, dass speziell Medien mit emotionaler und unterhaltender Ausrichtung auf Themen angewiesen sind, die routinemäßig neue Stoffe aus dem Emotionsbereich liefern. So gewinnen diese fast automatisch einen festen Platz in der Berichterstattung.[129] Sport ist per se Unterhaltung und hierfür idealtypisches Beispiel.

Auch sonst birgt der Sportbereich diverse Vorteile für Boulevardzeitungen wie BILD. So bietet er, besonders im Frauensport, die Möglichkeit der Inszenierung von Erotik[130], produ-

---

119 Dies galt jedenfalls für 1983: Klingemann/Klingemann, S. 248-249.
120 Die Anfänge des Sportressorts in der Tagespresse liegen Ende des 19. Jahrhunderts, als die „Münchener Neuesten Nachrichten" eine eigene Sportrubrik einrichteten. Zur Entstehungsgeschichte und weiteren Entwicklung vgl. z.B. Loosen, S. 138-139; Köstner, S. 53-54; zu bereits früher entstandenen Turn- bzw. Sportfachblättern s. Siegfried Weischenberg: Von der Turnfachpresse zum „aktuellen Sportstudio". Zur Entstehung und Entwicklung der Sportberichterstattung in den Massenmedien. In: Hackforth/Ders. S. 11-37, hier S. 12-17.
121 Vgl. Loosen, S. 138-139.
122 Müller, S. 80.
123 Genauer: eine ¾-Seite bei durchschnittlich 6 Seiten Umfang. Vgl. Mittelberg, S. 172.
124 Vgl. Schirmer; er kommt in einer Statistik im Rahmen seiner Aufmacheruntersuchung zu diesem Ergebnis, obwohl er in den WM-Jahren 1954 und 1974 keine Ausgabe aus dem Turnierzeitraum berücksichtigt hat. Cornelia Voss macht in den von ihr zufällig ausgewählten Ausgaben des ersten Halbjahrs 1997 schon auf der Titelseite rund 13,5% Sportbeiträge nach Häufigkeit der Beiträge aus; nach Umfang sogar fast 18%. Vgl. dort, S. 30-31.
125 Vgl. Rudolf Stöber: Deutsche Pressegeschichte. Einführung, Systematik, Glossar. Konstanz 2000, S. 193; Bruck/Stocker, S. 23.
126 Z.B. Köstner, S. 34; Loosen, S. 139; Voss, S. 29.
127 Zu weiteren Funktionen des Mediensports s. Kapitel 3.1. Vgl. auch Helmut Digel/Verena Burk: Sport und Medien. Entwicklungstendenzen und Probleme einer lukrativen Beziehung. In: Roters et al. 2001. S. 15-31, hier S. 25-27.
128 Auch Tobias Werron kommt in seinem kommunikationswissenschaftlichen Aufsatz "Der Weltsport und seine Medien" zu dem Schluss, dass Sport nicht medialisiert worden ist, sondern sich schon immer über Medien etabliert und entwickelt hat. In Axster et al. (Hrsg.): Mediensport. Strategien der Grenzziehung. (Schriftenreihe "Mediologie" des Kulturwissenschaftlichen Forschungskollegs "Medien und kulturelle Kommunikation", Bd. 19.) München 2009. S. 23-42.
129 Vgl. Loosen, S. 140.
130 Vgl. Klein/Pfister, S. 13f.

ziert Helden und Stars[131], und lud bereits früh zu einem hemdsärmeligeren, salopperen Sprachstil ein als er zunächst in anderen Ressorts üblich war.[132] Obwohl Sport allgemein „als ‚nationales Interesse'"[133] eine prominente Stellung einnimmt und die Möglichkeit bietet, in der Berichterstattung auch auf politische Hintergründe oder wirtschaftliche Zusammenhänge gerade bei internationalen Veranstaltungen einzugehen, ist dieser Aspekt für BILD wohl grundsätzlich zunächst von geringerem Interesse[134] als seine Bedeutung eines gut verkäuflichen Unterhaltungsthemas in der freien Marktwirtschaft.[135] Es bleibt zu untersuchen, inwieweit BILD die Sportberichterstattung darüber hinaus nutzt, um bestimmte Schemata, Haltungen, Informationen und Gefühle zu transportieren, die sich in die Lebenswelt der Leser integrieren.

---

131 Vgl. Quanz, S. 52ff.
132 Mittelberg macht im Sportteil bereits 1964 eine deutlich verkürzte Sprache – wie sie sich später in praktisch allen Bereichen findet – aus, ferner eine Häufung von Superlativen sowie unverfälscht umgangssprachliche Interjektionen und Dialekt. Mittelberg, S. 175.
133 Erich Laaser: Die Fußballweltmeisterschaft 1978 in der Tagespresse der Bundesrepublik Deutschland. Berlin 1980., S. 37.
134 Dies diagnostiziert Laaser zumindest für die Berichterstattung zur Fußballweltmeisterschaft 1978 in Argentinien. Während andere Zeitungen z.T. ausführlich aus dem Land berichten, ließ BILD dies praktisch vollständig außen vor. Vgl. dort etwa S. 114f., 124f., 134f., 144f.
135 Weischenberg, in: Hackforth/Ders., S. 17. Zur Abhängigkeit des Sports von Medien und Wirtschaft s. Köstner, S. 40.

3. Gesellschaftliche Funktionen des Mediensports

Im Folgenden möchte ich mich den Ursachen der Popularität des medial vermittelten Sports und seinen Funktionen für die Konsumenten nähern. Sein Stellenwert in der Massenkultur und analog in den Medien steht außer Frage[136], wenn auch die Reihenfolge dieser Kausalität, wie erwähnt, schwer festzustellen ist. Nicht zufällig bildete der Sport mit neuen Massenmedien stets frühe Symbiosen[137] und wird als entscheidender Faktor für den Aufstieg des Radios und später des Fernsehens eingestuft.[138] Er galt als Verkaufsstrategie und als Synonym für Modernität, weshalb auch Veranstaltungen und Preise schon in den Anfängen der Sportberichterstattung häufig von Zeitungen ausgelobt wurden.[139] Dies geschah offenkundig nicht zum Selbstzweck, sondern hing mit Verkaufsinteressen auf der einen und Publikumsbedürfnissen auf der anderen Seite zusammen.

Die folgenden Ausführungen betreffen in erster Linie den Spitzenfußball. Weder der Breitensport noch exotischere Sportarten sind mit dessen Bedeutung in der Bundesrepublik vergleichbar.

3.1. Unterhaltung, Eskapismus, Identifikation

Die Funktion des Mediensports als Referenz für die eigene sportliche Tätigkeit trifft nur auf eine Minderheit des Publikums zu. Für den größten Teil liegt der Reiz in seinen anderen Eigenschaften, beispielweise der Unterhaltungsfunktion.[140] Als anschaulicher, emotional besetzter, nicht intellektualisierter Themenbereich lässt sich Sport gut vermitteln.[141] Fotografie und später das Fernsehen kamen der Veranschaulichung, Emotionalisierung und kognitiven Vereinfachung je noch entgegen. Die Dramatisierbarkeit und das Spannungspotenzial – wird der Sportler durchhalten etc. – entsprechen nicht nur der medialen Unterhaltungskonzeption, sondern verstärken auch das Glücksgefühl und die Selbstbestätigung des Rezipienten bei einem Sieg der favorisierten Partei.[142]

Solche affektiven Bewegungen erfordern ein gewisses Maß an Identifikation; emotionales Engagement wird wiederum mit Emotionen belohnt. Diese Form von Identifikation ist freilich gewählt, also freiwillig, so dass man sich bei Misserfolgen des Idols ohne Weiteres entledigen könnte.[143] Andererseits bieten Misserfolge und nicht erfüllte Erwartungen auch die Möglichkeit, zu bewerten und beurteilen, sich selbst als kompetent oder moralisch überlegen zu erleben.[144] Des Weiteren gibt es, besonders in der Bundesligalandschaft, aber auch auf nationaler Ebene und in anderen Sportarten, das Phänomen des treuen Fans, der auch bei

---

136 HackforthWeischenberg, S. 102.
137 Vgl. Gerhards/Klingler/Neuwöhner: Sportangebot und Nutzung in den elektronischen Medien. In: Roters et al. 2001. S. 149-166. Bereits Anfang des 20. Jahrhunderts machte besonders der Sportbereich die Arbeit mit Fotoberichterstattung reizvoll. Vgl. Stöber 2000, S. 194.
138 Köstner, S. 33, vgl. auch: Michael Schaffrath: „Wir sind wieder wer". Die wachsende Bedeutung der Sportkultur. In: Werner Faulstich (Hrsg.): Die Kultur der 50er Jahre. München 2002. S. 145-157, hier: S. 156f.
139 Beispielsweise die Tour de France von L'Auto. Vgl. Stöber 2000, S. 194.
140 Uli Gleich: Sportberichterstattung in den Medien: Merkmale und Funktionen. Ein Forschungsüberblick. In: Roters et al., S. 167-182, hier S. 176-177.
141 Ebenda, S. 178.
142 Vgl. Gleich in Roters et al.: S. 172 und 177-178.
143 Köstner, S. 27.
144 Auch aus anderen Sportarten sind empörte Diskussionen über „Franzis" Leistungsabfall, Jan Ullrichs Eigenblutdoping o.Ä. bekannt.

mehrfachen Abstiegen ungebrochen mit ‚seiner' Mannschaft leidet. Diese „segmentäre Solidarität"[145] stellt oftmals eine Konstante im Leben dar, die, bei steigenden Mobilitätsanforderungen und empfundener Individualisierung und Entsolidarisierung, auch in einem sich wandelnden Sportsektor ihre Bedeutung nicht verliert.[146] Die Identifikation, das buchstäbliche Mit-Fühlen sowie die Herausstellung bestimmter Charaktereigenschaften des Sportlers oder der Mannschaft kann zu „parasozialen Beziehungen"[147] führen und so eine soziale Funktion erfüllen.

Insgesamt übernimmt der Zuschauer- und Mediensport eine vielseitige Ersatzfunktion und kann gegebenenfalls zumindest behelfsmäßig Verlusterfahrungen im Alltag ausgleichen[148]:

Gesellschaftliches Problem	Problemlösungsangebot durch das Sportfernsehen
Routinisierung, Bürokratisierung und Langeweile im Alltagsleben	Bedürfnis nach Spannung wird risikolos befriedigt
Zunahme des Nicht-Verstehens vs. Intellektualisierung der Gesellschaft	Sport ist anschaulich und einfach nachzuvollziehen
Enttranzendierung der Gesellschaft (Gott verflüchtigt sich)	Neue Heldenverehrung im Sport, Sport als Ersatzreligion
Affektdämpfung und Körperdistanzierung	Affekte im Sport sind erlaubt und erwünscht
Gemeinschaftsverlust	Gemeinschaftserlebnis, Nähe und Möglichkeit zur Identifikation
Differenzierung und Spezialisierung beeinträchtigt Geselligkeit und Kommunikation	Sport ist zentrales Kommunikationsthema in der Alltagskultur
Biographische Disparitäten	Sportausübung bzw. Sportinteresse als biographische Fixpunkte

Quelle: Digel/Burk, in: Roters et al. 2001. S. 26.

Sport ist ferner in der Lage, zentrale gesellschaftliche Werte und Ideologien zu transportieren.[149] Er wird teilweise gar als Abbild kultureller Gesellschaftsentwicklung betrachtet, dessen Anziehungskraft im vermittelten einfachen, allgemeinverbindlichen und daher sozial integrierenden Code bestehe.[150] Medien sind dabei durch ihre Vermittlungsfunktion in der Lage, einen eigenen Teil zur Verstärkung oder Veränderung jener Werte beizutragen. Der Anspruch, die Gesellschaft abzubilden, in Kombination mit den einfachen, trivialmythischen Geschichten, die der Sport, und besonders der Fußball[151], wiederholt produziert, kann unter Umständen zur seiner Wahrnehmung als eine Art bessere Gesellschaft führen – sowohl unterhaltsamer als auch weniger komplex. Damit einher geht auch die Tendenz zur Ausklammerung problematischer Themen aus dem Sportbereich in jenen Medien, die ohnehin eskapistische Neigungen bedienen.[152]

---

145 Bösch, Frank/Borutta, Manuel (Hrsg.): Die Massen bewegen. Medien und Emotionen in der Moderne. Frankfurt/Main 2006. S. 375.
146 Vgl. Richard Giulianotti: Football. A Sociology of the Global Game. Oxford/Malden, MA 1999., S. 14-15.
147 Gleich, in Roters et al., S. 177.
148 Vermutlich auch auf außerhalb des Fernsehens vermittelten Sport übertragbar. Vgl. Digel/Burk, S. 26.
149 Köstner, S. 22-23.
150 Ebd.
151 Vgl. Christiane Eisenberg (Hrsg.): Fußball, soccer, calcio. Ein englischer Sport auf seinem Weg um die Welt. München 1997. S. 8.
152 Vgl. Loosen, in Roters et al.

Eskapismus und Verdummung sind seit jeher wesentliche Kritikpunkte am Zuschauer- und Mediensport: Man müsse die Massen „darauf hinweisen, daß es eine Flucht vor ihrem eigenen Leben ist, wenn sie sich von den dramatischen Übersteigerungen des Spieles trunken machen lassen"[153], warnte etwas paternalistisch der Publizist Friedhelm Baukloh 1952. Die intellektuelle Linke, insbesondere die Frankfurter Schule, hält Fußball traditionell als Teil einer konsumorientierten Massenkultur für verdummend[154] und herrschaftsfreundlich im klassischen Sinne von ‚Brot und Spielen'. Davon distanziert sich Giulianotti, der in der Ablehnung des Sports eine intellektualistische und kaum versteckte Ablehnung der ‚Massen' selbst sieht.[155]

Zumindest ist der Zuschauersport tatsächlich für jeden zugänglich, was zu einem vorübergehenden gefühlten Abbau von Schicht- oder Klassenunterschieden führt. Er ermöglicht Gemeinschaftserlebnisse – viel häufiger als andere Fernsehprogramme werden Sportsendungen gemeinsam gesehen[156] – und stellt aufgrund seiner relativen Übersichtlichkeit bei gleichzeitig ausreichender Komplexität einen idealen Kommunikationsgegenstand im Alltag dar.[157] Sport gilt manchen als Ersatzreligion, als die Institution, die in punkto Ritualität und Gemeinschaftsgefühl die Stelle der Kirchen eingenommen hat.[158] Es sei dahingestellt, ob man dies als modernes Opium des Volks oder als legitime Auszeit vom Alltag betrachten möchte.

3.2. Sport und nationale Identität

Beim Sport wie bei nationaler Identität handelt es sich um auf unterschiedliche Weise hochgradig emotionsbeladene und nicht selten miteinander verbundene Themengebiete. Die Normen des internationalen Sports – Sportler vertreten ihr Land – und die Anstrengungen vor allem totalitärer Staaten, bei internationalen Turnieren ein gutes Bild abzugeben, lassen ein dem Sport immanentes, national nutzbares Identifikationspotenzial erkennen[159], das grundsätzlich auch unverhohlene Indienstnahme sportlicher Idole für nationale Zwecke ermöglicht.[160]

Die von Anderson statuierte „imaginierte Gemeinschaft"[161] der Nation beruht zu einem großen Teil auf Fiktionen. Nationale Identität besteht nach der Definition A.D. Smiths in:

---

153 Zit. nach Klaus Stolz: Vom Fußballwahn und anderen Krankheiten: Anamnese, Diagnosen, Therapievorschläge. Reviewessay, in: Lösche, Peter/Ruge, Undine/Ders.: Fußballwelten. Zum Verhältnis von Sport, Politik, Ökonomie und Gesellschaft. Opladen 2002, S. 17-43; hier S. 18.
154 Vgl. ebenda, S. 27.
155 Giulianotti, S. 16.
156 Dies gilt v. a. für sportliche Großereignisse, die auch viele grundsätzlich Nicht-Sportinteressierte anziehen. Vgl. Gleich, in Roters et al. S. 178.
157 Köstner, S. 38; Digel/Burk, S. 26.
158 Giulianotti, S. 17.
159 Vgl. z.B. Eric J. Hobsbawm: Nationen und Nationalismus. Bonn 2005. S. 168.
160 Unter Beweis gestellt beispielsweise im zweiteiligen Film Leni Riefenstahls „Olympia" zur Olympiade 1936.
161 Eine vorgestellte Gemeinschaft im Unterschied zu face-to-face-Gemeinschaften, die unmittelbar erlebt werden können. Vgl. z.B. Wolfgang Bergem: Identitätsformationen in Deutschland. Wiesbaden 2005; Ruth Wodak et al.: Zur diskursiven Konstruktion nationaler Identität. Frankfurt/Main 1998; Alan Bairner: Sport, Nationalism, and Globalization. European and North American Perspectives. Albany 2001, Hobsbawm.

"the continuous reproduction and reinterpretation of the pattern of values, symbols, memories, myths and traditions that compose the distinctive heritage of nations, and the identification of individuals with that pattern and heritage and with its cultural elements".[162]

Durch die fortwährende Behauptung ihrer Existenz und die ständige Rekonstruktion ihrer „Basiserzählung"[163] ist sie, unabhängig von ihren Ursprüngen und ihrer Entwicklung, unleugbar Teil der Realität vieler Menschen[164], ohne ständig reflektiert zu werden. Konkretisierung und einen hohen Grad der Anschaulichkeit erlangt die Nation schließlich bei internationalen Sportereignissen, wenn sie sich im Publikum scheinbar zu einer realen Gemeinschaft formiert.[165] In diesem Rahmen manifestiert sich die nationale Identität in ihrer Symbolik von Flaggen und Hymnen, und so auch in der Abgrenzung von anderen Nationen. Obwohl Umfragen aus den 1980er und 1990er Jahren ergeben haben, dass Sport als „Objekt des [National-]Stolzes" von wirtschaftlichen Erfolgen, dem politischen System, Kultur etc. übertroffen wurde[166], sind die emotionalen Erlebnisse beim Sport eher in der Lage, Identifikation und Sympathie unwillkürlich und vielleicht unmittelbarer über Enthusiasmus, gegebenenfalls auch Genugtuung oder Entrüstung auszulösen oder zum Vorschein zu bringen. Die Emotionen entsprängen dann weniger dem eventuellen sportlichen Erfolg als der Formation zum Kollektiv. Hier können die Grenzen zu abwertenden bis chauvinistischen Empfindungen gegenüber dem jeweiligen sportlichen ‚Gegner' zeitweise verschwimmen. Wenn auch die nationale Identität nur eine von vielen Identifikationsformen ist und das Individuum der Möglichkeit weiterer Zugehörigkeiten – Regionen, Vereine, Weltanschauungen – unbenommen bleibt, stellt doch in den vorliegenden Beispielen die Nationalität den Interessenschwerpunkt dar. In diesem Fall besteht die Möglichkeit, dass in der Berichterstattung verstärkt auf nationale Stereotypen zurückgegriffen wird.[167] De facto sind im deutschen Sportressort nationale Images bereits fester Bestandteil, zu dem sich eine Art natürlicher Anspruch auf Erfolg gesellt.[168] Der Grad der nationalbezogenen Interpretation – von affirmativer Manifestation bis zur nationalistischen Verblendung[169] – ist freilich jeweils abhängig vom vermittelnden Medium und dem aktuellen gesellschaftlichen Diskurs.

Eine Grenze zum Nationalismus zu ziehen, ist auch aufgrund der Belastung des Begriffs problematisch.[170] Sportbegeistertes Involvement allein kann in dieser Hinsicht wohl unproblematisch sein, wohingegen sprachliche Ausweichmanöver oder die Überreizung des Er-

---

162 Anthony D. Smith: Nationalism. Theory, Ideology, History. Cambridge/Malden 2001. S. 18. Kritik an Smith bezieht sich allerdings u. a. darauf, dass er nichtsdestoweniger nach ethnischen oder kulturellen Gemeinsamkeiten sucht, was von Jens Schneider abgelehnt wird: Deutsch sein. Das Eigene, das Fremde und die Vergangenheit im Selbstbild des vereinten Deutschland. Frankfurt/Main 2001, S. 23.
163 Vgl. Bergem, S. 79.
164 Bairner, S. 16, nach Smith 1995. Auch: Wodak, S. 34ff.
165 Bairner, S. 17.
166 Habbo Knoch: Gemeinschaft auf Zeit. Fußball und die Transformation des Nationalen in Deutschland und England. In: Lösche/Ruge 2002. S. 117-153, hier S. 121. Vgl. auch: Bettina Westle: Kollektive Identität im vereinten Deutschland: Nation und Demokratie in der Wahrnehmung der Deutschen. Opladen 1999. S. 190-195.
167 Jens Wernecken: Wir und die anderen... Nationale Stereotypen im Kontext des Mediensports. Berlin 2000, S. 438.
168 Vgl. Gleich in Roters et al., S. 174. Niederlagen müssen demnach als Abweichung erklärt werden. Ebd.
169 Vgl. Ben Möbius: Die liberale Nation. Deutschland zwischen nationaler Identität und multikultureller Gesellschaft. Opladen 2003, S. 211 und 359. Zum Ethnozentrismus im Sport s. Gleich in Roters et al. 2001, S. 173.
170 Knoch, in Lösche/Ruge, S. 120.

satzbegriffs „Patriotismus"[171] teilweise eher entlarvend wirken. Auf einer anderen Ebene können die unwillkürlichen Wertungen im Verlauf der Spielbeobachtung – beispielsweise die Bewertung von Falschspiel als harmlos/taktisch vs., beim Gegner, aggressiv/vorsätzlich – als Bevorzugung der ‚eigenen' AthletInnen im nationalistischen Sinn betrachtet werden.[172] Andererseits verliert gerade Sportberichterstattung mit größerer Objektivität den oben erläuterten emotionalen Wert, den Boulevardzeitungen und ihre Leser suchen. Eine Schwelle liegt letztlich wohl dort, wo der Sport durch auf- oder abwertende Stereotype, nationale Bezüge oder Ähnliches mit weiteren, über seinen (spielerischen) Kern hinausgehenden Bedeutungen aufgeladen wird.[173]

Gegebenenfalls können die Vermittlung externer Werte und das damit einhergehende Zusammengehörigkeitsgefühl auch von Nutzen sein. In Transformationsgesellschaften beispielsweise dient Sport „als ‚soft power' nach innen und außen".[174] Am Beispiel des Fußballs heißt es:

„In seiner medial geprägten Form ermöglicht der Fußball Vergemeinschaftungen über symbolisch konstituierte, moralisch normierte und real erfahrene Erlebnisse, die sich aufgrund der Regeln des Spiels und seines Ortes durch das Ineinandergreifen von Überschaubarkeit und Spannung auszeichnen. Fußball bietet Konstituierungserfahrungen für Identitätskonzepte an [...]. Das können nationale Identitätskonzepte sein, aber die Zugehörigkeit als Wahl kann sich auch auf andere Gemeinschaften richten. [So] zeugt er von der immanenten Veränderbarkeit des Phänomens Nationalismus."[175]

Auch für Deutschland übernahm der Sport diese Funktion zumindest zeitweise. Da, nachdem der Nationalsozialismus einen positiv-affektiven Bezug zur Nation weitestgehend unmöglich gemacht hatte, dennoch auch im vielzitierten „schwierigen Vaterland"[176] eine verbreitete Sehnsucht nach einer annehmbaren Identifikationsgröße herrschte[177], konnten sportliche Erfolge sich in die übrigen Ersatzidentitäten aus, im Wechsel, herausragender Wirtschaftskraft, europäischer Integration[178], Pazifismus oder Umweltschutz einreihen.[179]

---

171 Von Sternberger 1982 von der nationalen Gesinnung abgegrenzt; ursprünglich mit dieser verbunden; mittlerweile verwendet, um positive Konnotation auszudrücken. Nach Bergem, S. 159. Fesbach unterscheidet klassisch zwischen Patriotismus: Liebe zur eigenen Nation, und Nationalismus: Überlegenheits- und Konkurrenzgefühlen gegenüber anderen Nationen. Nach Möbius, S. 209-210.
172 Angela Daalmann: Fußball und Nationalismus: Erscheinungsformen in Presse- und Fernsehberichten in der Bundesrepublik Deutschland und den Vereinigten Staaten von Amerika am Beispiel der Fußball-Weltmeisterschaft 1994. S. 42.
173 Vgl. Uta Andrea Balbier: Kalter Krieg auf der Aschenbahn: der deutsch-deutsche Sport 1950-1972. Eine politische Geschichte. Paderborn 2007. S. 17-18.
174 Knoch, in Lösche/Ruge, S. 124.
175 Knoch, in Lösche/Ruge, S. 119-120.
176 Ursprünglich Gustav Heinemann in seiner Antrittsrede als Bundespräsident 1969: „Es gibt schwierige Vaterländer. Eins davon ist Deutschland. Aber ist unser Vaterland. [...]" Zit. nach Martin und Sylvia Greiffenhagen: Ein schwieriges Vaterland. Zur politischen Kultur im vereinigten Deutschland. München 1993, S. 19.
177 Karl-Rudolf Korte: Was denken die anderen über uns? Fremdbilder als notwendiges Korrektiv der deutschen Außenpolitik. In: Internationale Politik Nr.2/Jg. 52 (1997), S. 47-54, hier S. 47.
178 Korte, S. 49. Vgl. zu Bevorzugung der europäischen Vereinigung vor Nationalstaat: Axel Schildt: Moderne Zeiten. Freizeit, Massenmedien und „Zeitgeist" in der Bundesrepublik der 50er Jahre. Hamburg 1995. S. 321.
179 Der Identität suchenden Bundesrepublik wird in ihrem Willen, sich auf diese Weise zu profilieren, teilweise ein selbstgefälliges Musterschülerverhalten attestiert. Vgl. Korte, S. 47-48; Greiffenhagen 1993, S. 60-61.

3.2.1. Die deutsche Fußball-Nationalelf: Identifikatorisches Potenzial

Es war ausgerechnet die 'undeutsche' „Fußlümmelei"[180], vormals als „geist- und seelenloses Radautum" und Gefahr für die „volkstümliche Leibesübung"[181] diffamiert, in der die Nationalsozialisten ein besonderes Maß an Moralisierungs- und Propagandatauglichkeit erkannten.[182] Wo damals nationalistische Propaganda im Vordergrund stand, schafft der Fußball heute Identifikationen und Zugehörigkeiten nach Wahl.[183] Das den Regeln immanente identifikatorische Potenzial ist allerdings ungebrochen: Stets bilden sich Rollen und dramatische Komponenten heraus, „Individualität und Gemeinschaftsgeist, Egozentrik und Opfermut, Staralüren und Heldentum".[184] Anhand der Nationalmannschaft lassen sich Werte vermitteln, die gegebenenfalls die gesamte deutsche Bevölkerung auf sich beziehen kann, und in die sich unter Umständen sogar eine Art Nationalcharakter hineinlesen lässt.

Großereignisse wie die Fußball-Weltmeisterschaft transportieren schon allein durch ihre Symbolik mit Flaggen und Hymnen nationale Werte, Stolz und Patriotismus. Einer Gesellschaft bietet sich hier die Möglichkeit, sich ihrer eigenen Werte und Normen zu versichern, was für Transformationsgesellschaften ein Moment der Selbstvergewisserung birgt, aber auch in stabilen Nationen eine Ausnahme bildet, die zu anderen Gelegenheiten aufgrund zunehmender Diversifizierung kaum zu verwirklichen ist.[185] Ein Erfolg ist aufgrund der relativen Seltenheit und des hohen Prestigewerts durchaus geeignet, den Prozess der kollektiven Identitätsformation zu befeuern.[186] Die jeweilige Nachhaltigkeit ist freilich wiederum fraglich.

In Grenzen und im jeweiligen Kontext betrachtet kann der Fußball eine nationale Stabilisierungs- und Identifikationsfunktion, selbst bei wenig Sportinteressierten, erfüllen.[187] Zwar basiert er auf Konkurrenz und ist in der Lage, Rivalität innerhalb einer oder zwischen zwei Gesellschaft(en) abzubilden, erfüllt „jedoch andererseits eine Integrationsfunktion und trägt zur Herstellung sozialer Solidarität bei".[188] Diese Wirkung auf das Publikum wird besonders vor dem Hintergrund des verstärkten Eventcharakters auch der Fernsehübertragungen interessant.

Dass dem deutschen Fußball auf nationaler Ebene für die 1920er bis in die 1960er Jahre eine emotional nationalistische Prägung bescheinigt wird[189], mag unter anderem daher rühren, dass die Spieler noch 1954 weitgehend der Sozialstruktur der westdeutschen Bevölkerung entsprachen, als der eigenen Lebenswelt zugehörig empfunden werden konnten und

---

180 Zum Kampf des ‚deutschen' Turnens gegen den britischen Sport bis weit in die Weimarer Republik hinein vgl. 100 Jahre DFB, S. 16-30.
181 Vgl. Raithel, S. 122. Zur ‚Vorgeschichte' des Fußballs in Deutschland siehe dort, S. 18-28, sowie Eisenberg, S. 94-115.
182 Vgl. dazu ausführlich: Nils Havemann: Fußball unterm Hakenkreuz. Der DFB zwischen Sport, Politik und Kommerz. Frankfurt/Main 2005
183 Knoch, in Lösche/Ruge, S. 119.
184 Vgl. Eisenberg, S. 8. Zur besonderen medialen Eignung des Fußballs vgl. auch Loosen, in Roters, S. 142-144.
185 Gleich, in Roters et al., S. 178.
186 Auch auf den ersten Blick unpolitische Lebensgebiete können sich auf die kollektive Identität auswirken; die WM erfüllt die Anforderungen an ein kollektives Schlüsselerlebnis. Kalinowski, S. 22-23.
187 Ebenda.
188 Stolz, in Lösche/Ruge/Ders., S. 24. Vgl. Auch Giulianotti, S. 9-16.
189 Knoch, in Lösche/Ruge, S. 120; im Folgenden sei diese vorerst von einer heterogenen und eher an regionale Vereine gebundenen Zuschauerschaft überlagert worden. Auch Daalmann (S. 41) und Eisenberg (S. 19), Letzterer überdies auf internationaler Ebene, setzen den Schnitt in den 60er Jahren an.

entsprechend interpretierbare Identifikationsgrößen darstellten.[190] Sie standen angesichts der nicht übermäßigen Entlohnung ferner nicht im Verdacht, in erster Linie für Geld zu spielen.[191] Nicht umsonst geriet das „Wunder von Bern" mindestens zu einem Erinnerungsort gesamtdeutscher Geschichte, teilweise gar geradezu zum Gründungsmythos[192], der der konstruiert und abhängig gegründeten bundesrepublikanischen Demokratie[193] unter den Eindrücken der Transformation und des Unterlegenheitsgefühls gefehlt hatte.

Auf diesem Fundament kam gerade dem Fußball in der medial vermittelten Welt praktisch durchgehend eine Bedeutung zu, die auf andere Felder übergriff und sich streckenweise in die in der Politik geprägten Rituale integrierte[194]. Dies nahm mit der Kommerzialisierung des Fußballs eher noch zu: je spektakelträchtiger, desto politisierter. Der institutionalisierte Fußball kann als „Taktgeber kollektiver Gefühlslagen" bezeichnet werden[195] -- mit auch im Bereich der weltbürgerlichen political correctness, zuletzt an den sozialen Bekenntnissen der FIFA erkennbar[196], stetig wachsender Professionalität. Statt nationaler Opferbereitschaft trat längerfristig die demonstrative Positionierung zu globalen Werten in den Vordergrund.

Die Fußball-Nationalmannschaft bot durchweg fraglos eine Projektionsfläche, auf die sich breite Teile der Bevölkerung einigen und einlassen konnten. Auch aus diesem Grund waren politische Vertreter seit dem Erfolg von 1954 stets zur Stelle, „wenn es etwas zu beglückwünschen gab"[197] und sicherten so, abgesehen von eigennützigen Motiven, einerseits den Nimbus des ‚nationalen Auftrags', andererseits die Moderatheit der Nationalbegeisterung.[198] Da aber der deutsche Nationalfußball zu jeder Zeit vor allem über mediale Vermittlung wahrgenommen wurde, ist es größtenteils eine Frage der Zielrichtung der Berichterstattung, inwieweit ihm nationale Werte zugeschrieben wurden.

3.2.2. Die „Anderen"

Da jedwede Form kollektiver Identität in Abgrenzung zum nicht Zugehörigen funktioniert, sind die „Anderen" eine notwendige Größe für ihre Produktion.[199] In der deutschen

---

190 Vgl. Bösch/Borutta, S. 378.
191 Am Ideal des fürs Vaterland kämpfenden „Helden" hielt der DFB noch lange fest. Endgültig wurde der Markt erst am 8. Mai 1972 freigegeben, wenn auch bereits zuvor die strengen Bestimmungen, realistisch betrachtet, nicht eingehalten worden waren. Vgl. Eisenberg, S. 107-116.
192 Knoch, S. 124.
193 Korte, S. 50-51.
194 So werden Bekenntnisse zu bestimmten Werten oder die Kommentierung aktueller Ereignisse hier teilweise ähnlich behandelt wie die politischer AmtsinhaberInnen; ferner wurden beispielsweise Champions' League-Spiele im Zuge des 11. September abgesagt, um nicht mit der öffentlichen Trauer zu konkurrieren. Knoch, S. 117.
195 Ebenda.
196 „Das humanitäre Engagement der FIFA hat sich in den letzten Jahren stark gewandelt. Während der Weltfussballverband in der Vergangenheit eher für einen guten Zweck gespendet hat, verfolgt die FIFA heute einen aktiven, engagierten und sozial verantwortlichen Ansatz." Konkrete Projekte werden auf der Website der FIFA vorgestellt. URL: http://de.fifa.com/aboutfifa/worldwideprograms/index.html.
197 Vgl. Knoch, S. 125.
198 Im Unterschied zu 1954, als nach unangemessenen Äußerungen u. a. von DFB-Präsident Bauwens Schadensbegrenzung betrieben werden musste. Ebenda.
199 Vgl. z. B. *Regel der Distinktion* bei Ute Gerhard/Jürgen Link: Zum Anteil der Kollektivsymbolik an den Nationalstereotypen. In: Link/Wülfing (Hrsg.): Nationale Mythen und Symbole in der zweiten Hälfte des 19. Jahrhunderts. Stuttgart 1991. S. 32-33.

Sportberichterstattung sind stereotype Darstellungen häufig verwendetes Mittel, das meist nicht wertneutral bleibt: „Stereotypen implizieren Werturteile, und zwar vielfach auf der Basis affirmativer Selbst- und peiorativer Fremdwahrnehmung."[200]
Es kann sich dabei um klassische Gegner handeln, zu denen eine durch sportliche Rivalität oder historische Belastungen geprägte Beziehung herrscht. England ist aus deutscher Sicht ein Fall, in dem beides miteinander verbunden wurde; die Darstellungen der Pickelhauben tragenden Deutschen, die zu Fußballspielen in der Yellow Press erschienen, hatten häufig für Empörung gesorgt.[201] Bei den Niederlanden handelt es sich um ein weiteres Beispiel.[202] Ferner ist es möglich, eine Nation oder eine Kultur anhand der sportlichen Berichterstattung als minderwertig, weniger zivilisiert oder in anderer Weise negativ darzustellen, meist in Form von Klischees.[203]

Auch die enorm hohe Sensibilität der Deutschen für ihr eigenes Bild in der ausländischen Meinung macht die „Anderen" in der Darstellung interessant.[204] Wo die Deutschen der eigenen Vergangenheit Richtung Weltbürgertum auswichen und nach Befriedigung des ausgeprägten Bedürfnisses suchten, „international geliebt und geachtet [zu] werden"[205] – das übrigens wie kaum etwas anderes das tatsächlich vorhandene Gefühl nationaler Zugehörigkeit entlarvt –, konnte das Zitieren anderer Meinungen, als Selbstbestätigung oder Empörungsgrund, emotionale Wirkung haben.

---

200 Wernecken, S. 114.
201 Vgl. Knoch, S. 123.
202 Vgl. Frank Bajohr: „Mof" versus „Kaaskopp". Der deutsch-niederländische Fußball-Nationalismus als Seismograph nationaler Selbst- und Fremdbilder. In: Zeitgeschichte in Hamburg 2006.
203 Wernecken, S. 4ff.
204 Korte, S. 48. Umfrageergebnisse zu Meinungen der „anderen" über Deutsche steigern laut Korte zuverlässig die Auflage der entsprechenden Publikation. Ebenda. Vgl. auch Greiffenhagen 1993, S. 385.
205 Korte, S. 49.

4. Die Fußball-Weltmeisterschaften in der BILD-Zeitung

4.1. Wunder über Wunder: WM 1954

Spiele der bundesdeutschen Nationalmannschaft (D), Fußball-Weltmeisterschaft 1954, 16. Juni bis 4. Juli					
Gruppenspiele	Viertelfinale	Halbfinale	Finale		Mannschaft
D - Türkei 4:1 17. Juni	D- Jugoslawien 2:0 (1:0) 27. Juni (Genf)	D - Österreich 6:1 (1:0) 30. Juni (Basel)	D - Ungarn 3:2 (2:2) 4. Juli 1954 (Bern)		Finalaufstellung: Turek, Posipal, Kohlmeyer, Eckel, Liebrich, Mai, Rahn, Morlock, O. Walter, F. Walter (Kapitän), Schäfer
D - Ungarn 3: 8 20. Juni	Torschützen: Horvath (Eigentor), Rahn	Torschützen: Schäfer, Morlock, F. Walter (2x), O. Walter (2x)	Torschützen: Puskás, Czibor, Morlock, Rahn (2x)		
D - Türkei 7:2 Entscheidungsspiel, 23. Juni					Bundestrainer: Sepp Herberger

4.1.1. Allgemeines

Die Fußballweltmeisterschaft 1954, an der insgesamt 16 Mannschaften teilnahmen, war die erste mit bundesdeutscher Beteiligung seit Ende des Zweiten Weltkriegs. Das von der FIFA verhängte Spielverbot gegen deutsche Mannschaften war 1950 aufgehoben worden – vor allem auf Betreiben der Schweiz, des späteren WM-Gastgeberlandes.[206]

Obwohl der westlichen Welt an einer Wiedereingliederung Deutschlands gelegen war, waren Krieg und Holocaust doch längst nicht vergessen und die Beziehungen besonders innerhalb Europas kompliziert und belastet. In Gerichtsprozessen[207] und Jahrestagen[208] blieb die Vergangenheit gegenwärtig, ebenso wie in personellen Kontinuitäten, nicht nur in Politik und Wirtschaft: Die DFB-Führung war zu weiten Teilen die gleiche wie unter nationalsozialistischer Herrschaft[209]; auch der ehemalige Reichstrainer Herberger war 1954, nunmehr als Bundestrainer, wieder dabei.

Diese mindestens heikle Situation wurde ausgerechnet in Deutschland selbst kaum thematisiert. Von einer Erinnerungskultur an die NS-Zeit, wie sie sich später in der Bundesrepublik entwickelte, konnte Mitte der 1950er Jahre keine Rede sein, auch in der Medienlandschaft nicht. Im Gegenteil: „Wohl nirgendwo wurde so rasch ein Schlußstrich unter die Nazi-Zeit gezogen wie im Westdeutschland der fünfziger Jahre. Der Strich der Journalisten gehörte zu den dicksten".[210]

---

206 Auch das erste Länderspiel der am 22.11.1950 fand gegen die Schweiz statt. Vgl. Dirk Bitzer/Bernd Wilting: Stürmen für Deutschland: die Geschichte des deutschen Fußballs von 1933-1954. Frankfurt/Main 2003. S. 215.
207 Der Prozess gegen die Leiter des Konzentrationslagers Natzweiler-Struthof im Elsass beispielsweise begann am 15. Juni 1954. Vgl. Franz-Josef Brüggemeier: Zurück auf dem Platz. Deutschland und die Fußball-Weltmeisterschaft 1954. München 2004. S. 136-137.
208 Der 6. Juni war der 10. Jahrestag der Landung der Alliierten in der Normandie und wurde in Frankreich mit großen Feiern begangen. Ebd.
209 Vgl. Eisenberg, S. 115. Insgesamt war der Fußball von Krieg, Niederlage, Befreiung und Gründung der Bundesrepublik weitgehend unberührt geblieben. Ebenda.
210 Koszyk 1999, S. 51f, zit. nach: Christian Steininger: Die freie Presse: Zeitung und Zeitschrift. In: Faulstich 2002. S. 231-248, hier S. 233. Anm. 1.

Zwischen eher undifferenzierten Schuldgefühlen und trotziger Opferhaltung schwieg man in der bundesdeutschen Bevölkerung lieber als etwas Falsches zu sagen und versuchte in erster Linie, sich die NS-Schuld persönlich vom Leib zu halten.[211] Dazu gehörten Strategien der Aufrechnung von Leid oder der Beschuldigung nur der ranghöchsten Nationalsozialisten im Sinne von Deutschland als erstem Opfer der Nazis.[212] Die meiste Zeit jedoch führte die Verunsicherung hinsichtlich des Verhältnisses zu nationalen Gefühlen zumindest in der Öffentlichkeit dazu, dass die Vergangenheit so weit wie möglich gar nicht thematisiert wurde.[213] Damit einher ging ein verbreitetes Desinteresse an politischen Fragen[214], das sich in den Medien widerspiegelte. Die demokratische Ordnung stieß zwar zunehmend auf passive Akzeptanz, Hand in Hand mit den sich stetig verbessernden ökonomischen Bedingungen[215], doch entwickelte sie sich eher zu einer selbstverständlichen Gegebenheit als zu einem identitätsstiftenden Faktor[216], demgegenüber die Privatheit eine übergeordnete Rolle spielte.[217] Der Zeitgeist wird als konservativ mit Modernitätsbegeisterung beschrieben, wobei die Begeisterung vor allem den neuen Konsummöglichkeiten galt, die der zwar noch nicht mit vollem Vertrauen betrachtete, aber allmählich deutlich spürbar werdende wirtschaftliche Aufschwung ermöglichte.[218] Bereits zu diesem Zeitpunkt überstieg die Zahl der deutschen Touristen im Ausland die der meisten anderen Länder, da diesen mehr Geld zur Verfügung stand und auch die Einreise in die Nachbarländer mittlerweile erleichtert worden war.[219] Zusammengefasst generierte sich der mentale Hintergrund für die Fußball-Weltmeisterschaft 1954 aus dem beginnenden Wirtschaftswunder und der vagen Hoffnung, allmählich zur Tagesordnung übergehen zu können, die sich im Glauben an eine schnelle Wiedervereinigung und dem andauernden Stadium des Beschweigens der NS-Schuld manifestierte.[220]

Dies spiegelte sich teils auch in den Themen wider, die unmittelbar vor und während der Weltmeisterschaft die Öffentlichkeit beschäftigten. Dazu zählte eine geforderte Generalamnestie für ‚kleinere' Vergehen in den letzten Kriegsmonaten, die im Frühsommer im Bundestag diskutiert und im Juli 1954 verabschiedet wurde[221]; umstritten war zwischen den Parteien vor allem die Dehnbarkeit des Anwendungsbereiches.

Des Weiteren bewegte der Indochinakrieg Frankreichs schon für sich genommen die Gemüter und stand darüber hinaus im engen Zusammenhang mit mehreren anderen Proble-

---

211 Zu den diskursiven Strategien z.B. Helmut Dubiel, Helmut: Niemand ist frei von der Geschichte. Die nationalsozialistische Herrschaft in den Debatten des Deutschen Bundestages. München/Wien 1999. S. 69-74. Peter Reichel: Vergangenheitsbewältigung in Deutschland: Die Auseinandersetzung mit der NS-Diktatur von 1945 bis heute. München 2001. S. 67-69 sowie 109; Schildt, S. 316-317.
212 Dubiel S. 71; zum Topos der missbrauchten Deutschen Reichel, S. 67 und 203.
213 Dies gilt für BILD wahrscheinlich in besonderem Maße, ist aber auch allgemein als zeitgenössische Haltung bekannt. Vgl. Dubiel, S. 39.
214 Schildt, S. 315-317.
215 Vgl. Möbius, S. 262-263.
216 Vgl. Schildt, S. 322. Auch war die Idee der Freiheit noch lange stark von Antikommunismus geprägt. Vgl. Möbius, S. 261.
217 Vgl. Schildt, S. 323.
218 Vgl. Schildt, S. 320f.
219 Brüggemeier, S. 137.
220 Vgl. z.B. Möbius, S. 253-258. Der Umstand, dass die „Einheit" als quasi unumgänglich galt und also die Nation als dem Staat übergeordnete Identifikationsgröße sogar die von ihr selbst angerichtete Katastrophe überstanden hatte, spricht für die Hartnäckigkeit des Konzepts, zugleich für die Interpretationsvielfalt. Zu diesem Zeitpunkt wurde die Einheit von Nation und Staat nicht als gegeben empfunden. Vgl. Möbius, S. 267-268; Bergem, S. 157.
221 "Gesetz über den Erlaß von Strafen und Geldbußen und die Niederschlagung von Strafverfahren und Bußgeldverfahren" vom 17.07.1954. BGBl. I, S. 203. Zu Inhalt und Problematik vgl. Brüggemeier, S. 119-120. Siehe auch: Reichel, S. 109.

matiken. Zum einen schürte das Thema deutscher Soldaten bei der Fremdenlegion die Emotionen und wurde in der deutschen Zeitungslandschaft entsprechend behandelt.[222] Ferner hatte nach einer katastrophalen Niederlage Frankreichs eine neue Regierung unter Mendès-France die Macht übernommen. Dieser stand der geplanten Europäischen Verteidigungsgemeinschaft, vor allem der damit einhergehenden Wiederbewaffnung der Bundesrepublik und ihrem militärischen Engagement im Rahmen der EVG skeptisch gegenüber.[223] Diese stand nun wieder in Frage, was zu Differenzen mit der Regierung Adenauer führte. Andererseits stand der Beitritt der Bundesrepublik zur EVG einer Aussicht auf die Wiedervereinigung Deutschlands entgegen. Obwohl Adenauers Kurs der Westintegration den Vorzug gab und eine entsprechende Positionierung im Kalten Krieg mit einschloss, gab es doch zahlreiche Stimmen, die davor warnten, die Möglichkeit der Einheit zu vertun.[224] Auch in der Frage nach dem Status des Saarlands, deren endgültige Lösung noch ausstand, hatten die Beziehungen zu Frankreich wohl Vorrang, gegen eine Mehrheit der Bundesbevölkerung, die eine Rückkehr des Saarlands nach Deutschland befürwortete.[225] Dies hatte in diesem Zusammenhang insofern zu einer pikanten Situation geführt, als die bundesdeutsche Mannschaft in der Qualifikation zur WM auf das Saarland traf und es einige Differenzen über die Beflaggung beim Spiel gegeben hatte.[226]

4.1.2. BILD-Berichterstattung

Die BILD-Zeitung 1954 unter Chefredakteur Rudolf Michael umfasste in der Regel sechs Seiten, wovon in der Hamburger Ausgabe regulär eine Seite dem Lokalteil gewidmet war.[227] Die Auflage lag bei über einer Million[228]; nach eigenen Angaben erreichte BILD damit fünf bis sechs Millionen Leser.[229] Feste Größen waren die Comics mit der Figur „Lilli", die von der ersten Ausgabe an in BILD erschienen, sowie die Kolumne „Hans im Bild" von Hans Zehrer; beide erschienen täglich auf Seite 2.

Neben der Zeitung war der Rundfunk als Medium am stärksten verbreitet.[230] Das berühmte ‚Wunder von Bern' erlebten die meisten Menschen vor dem Radiogerät. Fernsehgeräte waren noch nicht sehr verbreitet, obwohl im Verlauf des Turniers ein deutlicher Anstieg in der Anzahl ihrer Besitzer verzeichnet werden konnte.[231] Einige Spiele übertrug die ARD live.

Vollständigkeit und Flächendeckung der Radioübertragung waren nicht gewährleistet, besonders was die ersten Spiele betraf: Mal wurde nur die zweite Halbzeit übertragen, mal

---

222 Vgl. Brüggemeier, S. 129.
223 Vgl. Brüggemeier, S. 127-128.
224 Vor allem, aber nicht nur in der SPD. Vgl. Brüggemeier, S. 128-130.
225 54%, vgl. Brüggemeier, S. 130. Auch hier hatte die SPD deutlich nationalistischer argumentiert und die Einheit über alle anderen Ziele gestellt.
226 Vgl. Bitzer/Wilting, S. 219.
227 Inwieweit andere Regionalausgaben sich davon im Umfang unterschieden, oder ob der Hamburg-Teil in der zentral produzierten Bundesausgabe, die zu diesem Zeitpunkt noch mindestens 80% der Leser erhielten, ersetzt oder weggelassen wurde, ist mir nicht bekannt. Vgl. Claus Jacobi: 50 Jahre Axel-Springer-Verlag: 1946-1996. 50 Jahre Zeitzeuge. Berlin 1996., S. 100f.
228 Wie auch auf dem BILD-Logo ‚aufgestempelt'. 21.06.1954.
229 Vgl. BILD vom 08.05.1954, S. 1.
230 Um 90% der Bevölkerung hörten 1954/55 Radio. Vgl. Noelle, Elisabeth/Neumann, Erich Peter (Hrsg.): Jahrbuch der öffentlichen Meinung 1947-1955. Allensbach 1956.
231 Ebenda.

beide Halbzeiten auf unterschiedlichen Sendern.[232] So erfuhr die Bevölkerung den jeweiligen Spielverlauf teilweise tatsächlich erst aus der Zeitung, anders als bei späteren Turnieren, bei denen die Mehrheit bei Erscheinen der Zeitung bereits bestens informiert war.

4.1.2.1 Drei Redakteure und Schwarz-Weiß: Umfang und Optik 1954

Nach heutigen Maßstäben war der Aufwand, den BILD für die Berichterstattung zur Fußballweltmeisterschaft 1954 betrieb, bemerkenswert gering. Für die meisten Artikel zeichnete Sportressortleiter[233] Dietrich Wawrzyn selbst verantwortlich, neben ihm lassen sich noch zwei andere Redakteure unterscheiden[234] – wobei zu berücksichtigen ist, dass zahlreiche Beiträge nicht namentlich gekennzeichnet sind.[235] Auch wenn man noch einige Fotografen hinzuschätzte, wirkt der Personalstab, den die BILD-Zeitung in die Schweiz entsandte, erstaunlich klein. Angesichts der Zahl der Journalisten, die insgesamt zur WM in die Schweiz kamen, relativiert sich der der Eindruck: Nur 171 reisten insgesamt für beide Teile Deutschlands und das Saarland an.[236] Gleiches gilt für das Verhältnis zum Gesamtumfang von BILD: Bei durchschnittlich sechs Seiten machte ½ bis eine Seite WM-Berichterstattung immerhin rund 12% aus.[237]

Die Vorberichterstattung zur Weltmeisterschaft[238] begann in BILD am 4. Juni mit einem Artikel auf der letzten Seite[239], gewann aber schnell an Raum. Am 8. Juni folgte ein großer Artikel über die Vorbereitungsspiele anderer Mannschaften[240], und ab dem 12. Juni schließlich – vier Tage vor Turnierbeginn und damit aus heutiger Sicht unvorstellbar spät – gab es vorerst keine Ausgabe der BILD-Zeitung mehr ohne WM-Berichte. Dies schloss auch die Rückreise der Mannschaft nach dem Titelgewinn ein und zog sich mit Hilfe der Serie „Das ist Fritz Walter/Von Kopf bis Fuß auf...FUSSBALL eingestellt" und kleineren Nachwehen[241] noch bis zum 15. Juli. Nach zwei WM-freien Ausgaben fand das Thema Fußballweltmeisterschaft mit den Berichten über die Verleihung des Silbernen Lorbeerblatts an die

---

232 Vgl. Rundfunk-Programmankündigung: „Im Fernsehfunk wird [das Spiel gegen die Türkei] nicht übertragen. Im Rundfunk ist die erste Halbzeit über UKW Nord [...] und die zweite Halbzeit über die Mittelwelle [...] zu hören." BILD, 23.06., S.5
233 Sofern man ihn so bezeichnen kann: Im Impressum wird er als Sportverantwortlicher geführt; die Artikel sind mit „Von unserem Sportredakteur Dietrich Wawrzyn" gekennzeichnet.
234 Namentlich Peter Wagner und Horst Funk. Vgl. BILD, 28.06.1954, S. 4.
235 Auch die teilweise verwendeten Kürzel lassen sich nicht immer zuordnen: „-zyn" oder „waw" könnte beides für Wawrzyn stehen.
236 Darunter 132 Vertreter von Nachrichtenagenturen, Zeitungen, Illustrierten und Magazinen, 22 Fotografen. Rest: Funk- und Fernsehreporter. Vgl. Brüggemeier, S. 161.
237 Teilweise überstiegen die WM-Beiträge eine Seite deutlich, allerdings betrug auch der Gesamtumfang gelegentlich 8 Seiten, so dass das Verhältnis alles in allem etwa gleich blieb.
238 Im Folgenden auch: Vorlaufphase. Gemeint ist die Berichterstattung mit unmittelbarem Bezug auf die bevorstehende WM, allerdings ohne die Qualifikationsspiele (die lange vorher stattgefunden hatten).
239 Dieser widmete sich dem Vorbereitungstraining der brasilianischen Mannschaft, allerdings unter dem Titel: „Neger-Orakel für Fußball-Elf/Favorit Brasilien abergläubisch". Das angekündigte Orakelthema wurde schließlich lediglich im Teaser behandelt, der (umfangreiche) Rest widmete sich ausschließlich der Trainingsbeschreibung. BILD vom 4.6.1954, S. 6.
240 BILD vom 8.6.1954, S. 4: „Traumfußball der Urus/Saar-Auswahl wurde ohne Mühe mit 7:1 überspielt".
241 So wurde am 14.07. auf Seite 5, wenn auch klein, zum wiederholten Mal die Verleihung des Silberlorbeers angekündigt, am 15. gab es eine kleine Meldung über eine Einladung Herbergers in die USA auf Seite 1.

Mannschaft durch Bundespräsident Heuss in Berlin[242] und einen Empfang beim Innenminister in Bonn am 19. und 20. Juli ein Ende.[243]

In diesem Zeitraum – alles in allem gut sechs Wochen – erschienen insgesamt rund 100 Artikel im Blatt, die in irgendeiner Weise die Weltmeisterschaft thematisierten.[244] Das Thema hat es 25mal auf den Titel geschafft, angekündigterweise: Ein eigens entworfenes WM-Emblem sollte täglich auf Seite 1 die entsprechenden Neuigkeiten kenntlich machen (vgl. Abb. 1). 20mal davon geschah dies sogar über dem Bruch, und siebenmal war die WM Themas des Titelseitenaufmachers.[245] Das Sportressort deckte naturgemäß den größten Teil ab[246], da kein eigenes WM-Ressort kreiert wurde.

Die Berichterstattung verlief zunächst in bemerkenswert regelmäßiger Wellenform. Nach Spielen der deutschen Mannschaft fiel sie in der Regel mit etwa fünf bis sechs Artikeln umfangreicher aus und stellte den Seite-1-Aufmacher[247], in den Tagen dazwischen wurde in je zwei bis drei Beiträgen über Training, Gegner und Stimmung berichtet. Erst nach dem Erreichen des Halbfinales, was im Grunde bereits das eingesetzt hatte, was ich als ‚Jubelphase' bezeichnen möchte, steigerte sich der Umfang nur noch und kulminierte mit den Berichten über den Weltmeistertitel für die Bundesrepublik am 5. Juli.

Optisch ähnelte das Blatt der heutigen BILD-Zeitung nur wenig: Bis auf das rote BILD-Logo wurden Schmuckfarben nur höchst selten und spärlich eingesetzt, ganz zu schweigen von Farbfotos. So kam das Blatt ziemlich schwarz-weiß daher, mit einem für die Zeit und im Vergleich zu anderen Zeitungen sicher ungewöhnlich lockeren Layout, doch an gewisse Formen, wohl auch aus technischen Gründen, durchaus gebunden. Die abgedruckten Fotos blieben viereckig und nahmen selbst auf der Titelseite kaum mehr Platz ein als die Berichte (vgl. Abb. 1). Im Innenteil, auch im Sportressort, war BILD noch deutlich textlastiger, und teilweise sogar eine regelrechte Bleiwüste (vgl. Abb. 2). Fotos waren meist eher klein und dienten nur zur Illustrierung.[248]

---

242 BILD, Montag, den 19.07.1954, S. 1 und 4.
243 Der Befund Brüggemeiers, „selbst die BILD-Zeitung" habe sich nach dem Finale nicht weiter mit dem Thema befasst und schon nach drei Tagen sei die Berichterstattung abgeklungen, müsste etwas modifiziert werden. Erst am 16.07. fand sich gar nichts mehr zum Thema im Blatt, zumindest bis zum 9. oder 10.07. nahm es noch einigen Raum ein. Man kann durchaus von einer Woche des Taumels sprechen, der im Lauf der nächsten Woche langsam ausklang.
244 Darunter auch sehr kurze Meldungen über nach verlorenen Wetten kahlrasierte Köpfe und ähnliche Anekdoten.
245 Und zwar zunächst mit schöner Regelmäßigkeit montags und donnerstags (21.06., 24.06., 28.06., 01. Juni), je nach den Spielen der deutschen Mannschaft; dem Finalsonntag schließlich folgten gleich drei Aufmacher hintereinander am 5., 6. und 7. Juli.
246 Nahezu alles, was nicht auf Seite 1 berichtet wurde, von wenigen Ausnahmen abgesehen, also rund 70%.
247 Nur die Forderung nach baldiger Verabschiedung eines Straffreiheitsgesetzes (Titelseitenaufmacher am 18.06.1954: „Jeder zehnte Deutsche vorbestraft") stach das erste Spiel gegen die Türkei noch aus. Übrige Aufmacherthemen drehten sich meist um Privatpersonen betreffende menschliche Dramen oder Tragödien.
248 Im Unterschied zu später; 1974 waren Bilder nicht zwingend textgebunden, sondern wurden auch zur bloßen Unterhaltung eingesetzt.

Abbildung 1: BILD-Titelseite vom 18.06.1954 - links neben der Artikelüberschrift zum Fußballspiel die „WM-Marke".

Abbildung 2: BILD-Sportseite vom 24.06.1954 mit Spielbericht, "WM-Marke" und der Rubrik "Beifall und Pfiffe". S. 5

4.1.2.2 Überraschende Begeisterung: Hauptmerkmale der Berichterstattung

Ab dem Zeitpunkt des eigentlichen Turnierbeginns lässt sich die BILD-Berichterstattung zur 1954er Weltmeisterschaft dramaturgisch in zwei Phasen einteilen: Die erste Spielphase umfasst die Vorrunde bis zum Viertelfinale gegen Jugoslawien; die zweite, oben bereits als ‚Jubelphase' bezeichnet, setzte nach jenem Sieg gegen Jugoslawien ein und flaute erst nach dem Titelgewinn langsam ab.

Die wellenförmige Dramaturgie der Berichterstattung in der ersten Spielphase bis Ende Juni verlief auch inhaltlich recht gleichmäßig: Regelhaft wurden zwei bis drei Artikel täglich zur Spannungserzeugung und Hintergrundberichterstattung zwischen den Spieltagen platziert, fünf bis sieben zur Diskussion der Ergebnisse und der Reaktionen am Tag danach.[249] Dabei lag das Augenmerk erwartungsgemäß vor allem auf der deutschen Mannschaft[250]; andere Teams wurden nur in der Rolle des nächsten Gegners etwas ausführlicher vorgestellt, oder bei entsprechendem Renommee, wie der amtierende Weltmeister Uruguay.[251] Die Ausgabe vom 18.06., in der BILD in mehreren Artikeln recht groß über die ersten Begegnungen berichtete, ist dabei beispielhaft für die Gewichtung: An erster Stelle standen das Spiel Deutschland - Türkei und die Stimmung beim deutschen Team nach dem Spiel, gefolgt von Ungarn - Südkorea in der selben Gruppe. Über die übrigen Spiele wurde nachgeordnet berichtet.[252] Ähnlich ging es weiter: Die Standardberichterstattung nach den Spieltagen bestand aus den drei Themen a) Bericht über das Spiel der deutschen Mannschaft samt Einzelspielerbewertung „Beifall und Pfiffe", b) Hintergrundbericht über die Stimmung beim deutschen Team nach dem Spiel, c) übrige Spielberichte, diese deutlich kürzer.

Alles in allem war die Berichterstattung stark an den Spielen selbst orientiert. Zwar wurden mit der WM-„Marke"[253] auch zwischen den Spieltagen neue Nachrichten auf Seite 1 angekündigt, doch die prominent platzierten Artikel thematisierten jeweils entscheidende Spiele vom Vortag. Auch das erste Spiel der deutschen Mannschaft gegen die Türkei musste zwar hinter dem Ruf nach Amnestie zurückstehen[254], erhielt aber dennoch ebenfalls einen großen Platz auf der Titelseite. Die Ergebnisse der folgenden Spiele – es handelte sich nur um insgesamt sechs – waren dem Blatt alle einen Titelseitenaufmacher wert. Auch im Sportteil nahmen die Spielberichte der deutschen Elf mit Abstand am meisten Raum ein. Dass dies meist in Form von so genannter „1:0-Berichterstattung" geschah – chronologische Be-

---

249 Lediglich das (zweite) Entscheidungsspiel gegen die Türkei wurde in nur drei Artikeln besprochen. BILD vom 24.06.1954.
250 Auch erkennbar an der Bebilderung, die sich in der Vorlaufphase (vor Beginn des Turniers) vollständig auf diese konzentrierte: Am 14.06.1954 Schäfer mit einem Blumenstrauß; am 15.06. einmal Training, einmal Spieler auf der Hotelterrasse, 16.06. Turek in einer Gaststätte. Andere Teams wurden erst später und nur sehr selten abgebildet.
251 So in der Vorbereitung am 8.6., S. 4. und am 23.06., S. 5. Aufhänger war der Umstand, dass sie an diesem Tag den sonst dem deutschen Team zur Verfügung gestellten Trainingsplatz nutzten – wohl auch logistisch günstig. Die ebenfalls prominente ungarische Elf traf ohnehin früh auf Deutschland. Brasiliens Vorbereitung: 04.06.1954, S. 6.
252 BILD, 18.06.1954, S. 1, 5, 6. Der einzige Unterschied: Durch den Feiertag am 17. Juni waren bis zu jener BILD-Ausgabe bereits zwei Spieltage vergangen, so dass die Zahl der Spiele höher war als zu jedem späteren Zeitpunkt im Turnier.
253 BILD, erstmals am 16.6.1954 „Rechtsaußen steht der schnelle Berni/Morgen gegen die Türkei". BILD, 16.06.1954, S. 1, unten in einem eher kleinen Artikel. Die Ankündigung erfolgte früher, da tags darauf der 17. Juni erstmals als Feiertag begangen wurde. WM-„Marke": s. Abb. 1.
254 BILD, 18.06.1954, S. 1. Siehe auch Abb. 1.

schreibungen des Spielgeschehens, in den Formulierungen ähnlich einem Radiokommentar – erklärt sich vor dem Hintergrund des dürftigen medialen Umfelds: Es bestand darüber noch Informationsbedarf. Obwohl unmittelbar spielrelevante Themen – neben den Ergebnissen auch Aufstellungs- und Formfragen, Taktik, Einschätzung der Chancen etc. – die Berichterstattung sowohl im Umfang deutlich dominierten als auch den für die WM reservierten Platz auf Seite 1 einnahmen, konnte bereits in der ersten Spielphase kaum von nüchterner Sachlichkeit die Rede sein. BILD war durchaus bemüht, Stimmungen zu transportieren; Erfolge wurden mit zunächst mildem Wohlwollen[255], später wachsender Begeisterung vermeldet.[256] Dazwischen reihte sich die haushohe Niederlage gegen Ungarn ein: immerhin die „größte Schlappe seit Kriegsende", „eine einzige bittere Enttäuschung"[257], und „wie ein dumpfer Schlag für die 30 000 deutschen Schlachtenbummler".[258] Doch erst nach dem Viertelfinale gegen Jugoslawien wurde zu größeren Worten gegriffen. Unter dem Titelseitenaufmacher „2:0 / So schlugen wir die Jugoslawen / Am Mittwoch gegen Österreich" wurde das Spiel als „Sensation" und „Kampfleistung ohnegleichen"[259] bezeichnet; im Sportteil klang es noch eine Spur dramatischer – und militärischer: „Die harte Abwehrschlacht von Genf / Deutsche Verteidigung war nicht zu überwinden" war die Überschrift, unter der die Kampfeskraft der deutschen Mannschaft gefeiert wurde:

> „Das Anfeuerungsgebrüll der 35 000 Zuschauer, der raffinierte Sturmwirbel der jugoslawischen Fußballkünstler, der Ausfall von Kontinentstopper Jupp Posipal – nichts konnte an diesem Tage die deutsche Elf in die Knie zwingen."[260]

Vor den Spielen hingegen nahm die Dramatik nur langsam zu. Der Schwerpunkt lag deutlich auf der Berichterstattung nach den Spielen, deren Umfang die Zwischenberichte nie erreichten. Vor dem ersten Spiel gegen die Türkei genügte die bloße Aufstellungsfrage[261], anschließend hatten die Ungarn eine so gefestigte Favoritenstellung inne, dass trotz des optimistischen Titels „'Nehmt euch in acht vor den Deutschen!' / Ungarn werden gewarnt"[262] im zugehörigen Artikel nur sehr vorsichtige Hoffnungen geäußert wurden. An emotionalen Formulierungen sparte BILD zwar immer weniger – zwei Tage nach der hohen Niederlage wurden neue Hoffnungen auf ein Weiterkommen mit den Worten geweckt: „Ist für Deutschland am Abend seines schwärzesten Tages [...] doch noch das Glückslos gefallen?"[263], wohingegen der verletzte Posipal für „den schweren Gang gegen Jugoslawien" wohl ausfallen würde.[264] Doch die Zwischenberichte blieben zumindest auf der Titelseite eher klein. Offenbar war die klassische Reihenfolge noch maßgeblich: *Erst* fand ein Ereignis statt, *dann* wurde darüber berichtet.

---

255 Das erste Spiel gegen die Türkei sei ein „großer Sieg" gewesen. BILD, 18.06.1954, S. 5.
256 „Die deutsche Elf ist wieder vorn! 7:2 – Der Triumph gegen die Türkei" titelte BILD nach dem Entscheidungsspiel auf Seite 1, und im Sportteil: „Fritz Walters Sturm war nicht zu halten / Das Fest der sieben Tore in Zürich", hieß es am 24.06.1954, S. 5.
257 BILD, 21.06.1954, S. 1.
258 Ebenda, S. 4.
259 BILD, 28.06.1954, S. 1.
260 Ebenda, S. 4. Auch die Zwischenüberschriften im Artikel klangen gewaltig; zur Schilderung der 1. Halbzeit: „Welle auf Welle brandete gegen Tureks Tor", zur 2.: „Abschluß: Tolle Rahn-Bombe".
261 In einem kleinen Artikel, BILD 16.06.1954, S. 1.
262 BILD, 19.06.1954, S. 5.
263 BILD, 22.06.1954, S. 1. Jugoslawien war per Los als nächster Gegner bei einem Sieg gegen die Türkei bestimmt worden.
264 BILD, 25.06.1954, S. 1.

Sportbezogene Informationen über Training oder Erfolgschancen waren in aller Regel anekdotisch aufbereitet: Die „Spiezer Schulbuben", die das Torwarttraining der deutschen Mannschaft „bestaunten"[265], dienten wohl dazu, die bloße Trainingsbeschreibung aufzulockern und ihr etwas ‚human touch' zu verleihen. Ferner waren schlagfertige Sprüche ein oft eingesetztes Mittel. So hieß es über den überraschend eingesetzten dritten Torwart des französischen Teams: „Meint er philosophisch: 'Mach ich's gut, bin ich ein Held – mach ich's schlecht, eine Flasche...'"[266]

Die Hintergrundberichterstattung war von vornherein auf Unterhaltung ausgelegt, meist ebenfalls in anekdotischer und anschaulicher Form. Mit Autogramme jagenden Schülern und eigens erfundenen WM-Cocktails schilderte BILD vor Turnierbeginn eine Art buntes Treiben in der Schweiz mit der Botschaft ‚alles ist bereit':

> „Auch die Blaskapellen [...] haben ihr ‚Training' beendet. Seit Wochen übten sie nur noch die Nationalhymnen [...]. ‚God save the Queen', die englische Nationalhymne, sei die leichteste und kürzeste, meinen die Musiker. Die schönste vielleicht, bestimmt aber die längste sei die der Favoriten aus Ungarn. Und möglicherweise muß gerade sie sehr häufig gespielt werden – seufzen die eidgenössischen Trompeter und Posaunisten."[267]

Und auch über die deutsche Mannschaft schrieb das Blatt in einem ähnlichen Ton. Turek habe im Scherz seine Mannschaftskameraden nassgespritzt – „Darauf Laband: ‚Auf den Turek kannst du dich doch nur im Tor verlassen...'"[268] –, Ersatztorwart Kwiatkowski sei versehentlich ins Wasser gefallen[269], etc. Diese Art des Berichtens gab nebenbei die Möglichkeit zu salopperer Formulierung als es in den anderen Sparten üblich war[270], in die sich die distanzverringernde Verwendung von Vor- und Spitznamen für die deutschen Spieler – wie „‚Schlitzauge' Pfaff und ‚Boß' Rahn"[271] – einfügte. In Verbindung mit der Darstellung der Spieler als bescheidene, bodenständige Personen[272], in der Regel am Beispiel von ‚Einzelschicksalen' wie Posipals Verletzung[273] verdeutlicht, ließ BILD so für den Leser eine gewisse Nähe zur Mannschaft entstehen. Inhaltlich herrschte jedoch relative Zurückhaltung. Zwar lieferte Redakteur Wawrzyn regelmäßig Details, die seine regelmäßige Anwesenheit belegten – dass die Spieler erst „Rindszunge, Salat, Gebäck", später „Schnitzel mit Salaten und Früchten"[274] zum Abendbrot bekamen und sich auch mal langweilten[275], ist den Artikeln zu entnehmen –, jedoch ging die Berichterstattung, möglicherweise auch das Interesse, nicht wesentlich darüber hinaus. Die routinemäßige Schilderung der Stimmung der Mannschaft vor und nach Spielen verlief offenbar in engen Grenzen, und BILD hielt sich dabei im Hintergrund.[276] Das ist wohl auf den Amateurstatus der Spieler zurückzuführen und auf den

---

265 BILD, 15.06.1954, S. 5.
266 BILD, 16.06.1954. S. 5.
267 BILD, 16.06.1954, S. 5.
268 BILD, 19.06.1954, S. 5.
269 BILD, 22.06.1954, S. 5.
270 Obwohl Mittelberg für den BILD-Jahrgang 1964 eine allzu saloppe und umgangssprachliche Art des Berichtens im Sportteil beklagt und dieser sich auch 1954 schon auf ähnliche Weise abhob, reichten beide Beispiele nicht annähernd an die Sprache der gesamten BILD-Zeitung von 2006 heran.
271 BILD, 19.06.1954, S. 5.
272 Mehr dazu in Kapitel 4.1.2.3.
273 BILD, 25.06.1954, S. 1.
274 BILD, 18. bzw. 21.06.1954, S. 4.
275 BILD, 23.06.1954, S. 5.
276 Eine Begegnung mit Posipal wurde wie zufällig dargestellt: „[...] als wir ihn [Posipal] gestern bei einem Spaziergang am Thuner See trafen". BILD, 25.06.1954, S.1.

Umstand, dass etwa professionalisierte Pressekonferenzen, wie sie aktuell gang und gäbe sind, noch nicht stattfanden.

In der zweiten Phase der Berichterstattung jedoch änderte sich die Herangehensweise. Ab dem 29.06., nachdem das Halbfinale erreicht und die Standardberichterstattung zum Jugoslawien-Spiel erledigt war, blieb nicht nur die tägliche Zahl der Artikel hoch, es fand auch eine spürbare Ausdehnung des Themenbereichs statt; zeitgleich setzte vermehrt allgemeines Deutschlandlob ein. Angesichts des bevorstehenden Halbfinales und, unabhängig vom Ausgang, kurz vor Ende des Turniers wurde scheinbar bereits prophylaktisch Bilanz gezogen[277] und ein feierlicherer Ton angeschlagen. Die ‚Jubelphase' begann mit gutem Grund: Alles, was jetzt noch folgte, war jeweils „der größte Erfolg in der Geschichte des deutschen Fußballs"[278]. Laut Brüggemeier entsprach die Begeisterung zudem der Stimmung in der Bevölkerung: „Spätestens jetzt hatte das Weltmeisterfieber sie [die Zuschauer in Genf, KSD] wie auch die Zuhörer an den Radioapparaten und die Journalisten gepackt [...]".[279] Nach einem Artikel in der Frankfurter Rundschau habe es vor dem Jugoslawienspiel noch „Ahnungslose" gegeben, seitdem aber seien alle Deutschen fußballbegeistert gewesen: „Das fieberhafte Interesse entstand so plötzlich und verbreitete sich so rapide, dass die Beteiligten davon überrascht waren [...]."[280] Dass sich die Anteilnahme erst im Verlauf des Turniers steigerte und zu Beginn andere Sportnachrichten sogar prominenter platziert waren[281], hing vermutlich mit den anfangs nicht allzu hohen Erwartungen aufgrund der überragenden Favoritenrolle des ungarischen Teams zusammen.[282] Es zeigt aber auch, dass der Fußball noch nicht die Relevanz besaß, die er mit dem WM-Titel 1954 erhalten sollte.

Nun aber, da der Erfolg, aber auch ein Ausscheiden täglich wahrscheinlicher wurden, betonte BILD wiederholt die Bewunderung, die man „in aller Welt"[283] für die deutsche Mannschaft empfinde[284], wobei stets besonders die Mannschaftsleistung herausgestellt wurde. Natürlich wird es im Lichte der jüngsten deutschen Vergangenheit eine Genugtuung dargestellt haben, anerkennende Worte aus dem Ausland zumindest auf einem Gebiet zu ernten.[285] Diese nahmen hier einen hohen Stellenwert ein und wurden ab sofort, wenn auch in unterschiedlichem Umfang, nahezu täglich auf Seite 1 zitiert.[286]

Außerdem wandte BILD sich nun zwei neuen Feldern zu: Mannschaftskapitän Fritz Walter avancierte zum Star und in der Berichterstattung wurde ihm ein hervorgehobener Platz zugesichert.[287] Dabei geriet die Wortwahl gelegentlich ein wenig pathetisch: „ein Name überstrahlte alle [...]: Fritz Walter"[288], oder: „50 000 entsetzte Augenpaare [sehen] Fritz Walter einsam auf dem Boden liegen. Regungslos, in sich gekrümmt. [...]"[289]. Dies war sicher an die Realität angelehnt, doch emotional zumindest etwas dick aufgetragen. Den Höhepunkt fand diese Tendenz nach dem Titelgewinn in der oben erwähnten Serie, in der

---

277 Mehrfach erwähnt auch bereits jetzt: Glückwunschtelegramme von Politikern. Vgl. BILD, 29.06.1954, S. 5.
278 BILD, 01.07., S. 5. Eigentlich Bauwens, nach BILD: „'Das ist der größte Erfolg in der Geschichte des deutschen Fußballs, den Sie heute für Deutschland errungen haben.'"
279 Zitiert nach Brüggemeier, S. 186.
280 Ebenda.
281 Vgl. auch Brüggemeier, S. 174.
282 Vgl. Brüggemeier, S. 16. Siehe auch BILD, 12.06.1954, S. 5.
283 BILD, 29.06.1954, S. 1.
284 Ebenda, ferner auf S. 5 sowie BILD vom 01.07.1954, S. 1.
285 Vgl. Raithel, S. 67-68.
286 BILD 29. und 30.06., 01., 02., 05. und 06.07.1954, je Seite 1.
287 Z.B.: „Man muß dem Fritz ein Loblied singen", Artikelüberschrift BILD, 29.06., S. 1.
288 BILD, 29.06.1954, S. 1.
289 BILD, 01.07.1954, S. 5. Fritz Walter war im Anschluss gleich wieder aufgestanden.

verschiedene Aspekte seines Lebens beleuchtet wurden. Der andere neu erschlossene Bereich erstreckte sich auf Personen im Hintergrund: Nach dem Halbfinale wurden Masseur, Arzt und Schuhmacher der Nationalmannschaft in einer etwa halbseitigen, anekdotisch gestalteten und wohlwollenden Reportage vorgestellt[290], tags darauf die Ehefrau des Spielers Schäfer im Artikel „Arme kleine Fußballfrau", der deren „entscheidenden Anteil am sportlichen Erfolg" der Spieler erläuterte:

„[...] Die Frau bringt ohne Worte Opfer. Sie hält nicht nur das verschwitzte Trainingszeug und die ewig dreckigen Sportschuhe sauber. [...] Die Frauen richten sich in ihrem Alltag nach den Trainingszeiten des Mannes, sie stellen sich in der Küchenarbeit auf seine Diätwünsche ein. Sie schlucken gelegentlich ein hartes Wort hinunter, um seine seelische Wetterlage, seine Freude am Wettkampf nicht zu beeinträchtigen. [...] Aber ihre Augen glänzen, als sie das sagt. Irgendwie muß es doch ein lebenswertes, ein aufregendes Leben sein. [...]"[291]

Der Artikel zeigte nicht nur ein Faible für, passend zum Zeitgeist[292], klassische Geschlechterrollen und die gefühlig formulierte Ansicht, die Nationalspieler führten ein Leben wie jeder andere auch – was vermutlich weitgehend sogar stimmte –, sondern auch die Vermutung der BILD-Redaktion, es existiere ein wachsendes Interesse an mittlerweile allen möglichen Facetten des Themas.[293] Nicht ganz unberechtigt, wie auch der von BILD abgedruckte selbstkomponierte Marsch eines Lesers zeigte.[294]

Offenbar hatte auch in der übrigen deutschen Presselandschaft die WM nach dem Halbfinale gegen Österreich die Sportseiten verlassen, nun sollte die Stimmung eingefangen werden.[295] Analog entdeckte ab dem 2. Juli auch Hans Zehrer als „Hans im Bild" die WM und die Nationalmannschaft als Gegenstand seiner besinnlichen Kommentare und machte die bisherigen Erfolge mitten im regnerischen „Sommer des Missvergnügens" als Ereignis, „das uns Auftrieb gab"[296], aus.

Schon der Einzug ins Finale war in BILD umfassend gefeiert worden, und der Ton feierlicher bis demütiger geworden.[297] Der Gewinn des Weltmeistertitels schließlich und der mehrtägige Jubel bei der Rückkehr der Nationalmannschaft ließen BILD das Thema nicht nur flugs auf praktisch alle Seiten verteilen – erstmals tauchte die WM auch im Regionalteil auf, in einem Erlebnisbericht über das gemeinsam am Fernseher verfolgte Finale in Hamburg –, sondern gab auch Anlass zu hochemotionalen, teilweise militärisch anmutenden Worten. In der „Schlacht von Bern" gaben die Spieler laut BILD auch nach dem Rückstand „den Kampf nicht auf. Sie kämpften, wie nur Männer kämpfen können."[298] Nach dem Sieg gab es „Tränen, Tränen..."[299], bevor es „[i]m Triumph zur Heimat"[300] ging. Im Titelseitenaufmacher vom 6. Juli triumphierte BILD: „Die Sieger-Elf auf deutschem Boden". Auch der Titel des nahezu gleich großen Artikels auf derselben Seite maß dem Ereignis eine stark

---

290 BILD, 02.07.1954, S. 5: „Diese drei siegten mit / Drei Könige der Nationalelf".
291 BILD, 03.07.1954, S. 2.
292 Beleg bei Schildt, S. 320f.
293 Nebenbei blieb der modische Aspekt – hier ein gelbes Kostüm - nicht unerwähnt. Ebenda.
294 Ein Beispiel für die Leserbindung von BILD: Mit der Unterzeile „Kapitän Fritz Walter und seinen Fußballkameraden in Verehrung gewidmet", wurden die selbstgezeichneten Noten eines Leser vor dem Finale gedruckt. BILD, 03.07.1954, S. 5.
295 Vgl. Brüggemeier, S. 192.
296 BILD, 02.07.1954, S. 2. Außerdem am 05., 06. und 08.07., jeweils S. 2.
297 Z.B. „Schnitzel im stillen Gasthof", BILD, 01.07.1954, S. 5. Laut Brüggemeier herrschte in deutschen Zeitungen allgemein Überschwang. Vgl. dort, S. 194.
298 BILD, 05.07.1954, S. 1.
299 Und „Forelle blau". Detaillierte Menübeschreibung ebenda, S. 4.
300 Ebenda, S. 1.

überhöhte Bedeutung bei: „Das ist die Meinung der Welt / Vom Staunen bis zum nackten Haß". Noch ein paar Tage lang gab es Überschriften wie „Einfach toll: München explodierte vor Freude"[301], „Beim Einzug in München: Jubel über Jubel!"[302], dann auf die Heimatstädte verteilt: „Jupp und Fritze / Willkommen in Hamburg"[303] und „Die fünf Lauterer jetzt im Goldenen Buch"[304], unter denen über die Anteilnahme der Bevölkerung berichtet wurde. Rührselig ging es dabei vor allem im Zusammenhang mit Fritz Walter zu, der viel Post erhalten hatte: „Und einmal steht da nur: ‚Wir haben geweint.'"[305] Mit dem Artikel „…und jetzt brauchen Jupp und Fritze Ruhe"[306] verabschiedete BILD die WM vorerst von Seite 1 und startete weiter hinten im Blatt die Fritz-Walter-Serie.[307]

Es ist auffällig, dass anlässlich des Sieges sowie in den tagelang währenden Schilderungen des Jubels im Land und der Heimkehr der Spieler in ihre Heimatstädte über die Deutschen, Spieler, Funktionäre und Zuschauer, in BILD ausschließlich positiv berichtet wurde. Schattenseiten irgendeiner Form schienen schlicht nicht zu existieren. Eine mögliche Brisanz des deutschen Sieges wurde nicht thematisiert, ebenso wenig die bekannten Entgleisungen wie das Singen der ersten Strophe der deutschen Nationalhymne beim Finale oder die problematische Bauwens-Rede.[308] Die Berichterstattung enthielt nun bis zum Schluss nichts als eitel Sonnenschein. Lediglich „Hans im Bild" bemühte sich angelegentlich, den WM-Sieg ins rechte Licht und einen universelleren Zusammenhang zu setzen, indem er an den immer noch tobenden Indochinakrieg erinnerte, und besinnlich schloss: „So war dieser Sonntag: bunt, hart im Nebeneinander der Gegensätze. Fröhlich, traurig, ängstlich und blutig – wie das Leben selbst!"[309], oder vor einer Überinterpretation des Sieges warnte.[310]

Bevor auf BILD und jenen Zusammenhang von Sport und Nationalgefühl näher einzugehen sein wird, sei noch kurz auf die Entstehung des Begriff des ‚Wunders von Bern' hingewiesen: Diesen verwendete BILD tatsächlich schon im Schlusssatz des Spielberichts in der Ausgabe vom 5. Juli: „Das war das Wunder von Bern. Ein Wunder der Kameradschaft und des geschlossenen Einsatzes."[311] Doch hatte sie, wie mittlerweile auch hinlänglich erläutert[312], längst nicht die Bedeutung, die ihr später beigemessen wurde, sondern bezog sich auf die sportliche Überraschungsleistung, zumal den Rückstand noch aufgeholt zu haben. Dies wird umso deutlicher, wenn man berücksichtigt, dass „Wunder" auch in anderen Zusammenhängen ein geradezu gängiger Begriff war, dass BILD nicht nur die deutsche Mannschaft bereits im Halbfinale „das Wunder der Fußballweltmeisterschaft 1954"[313] vollbringen sah, sondern auch das Viertelfinalspiel Österreich – Schweiz als „‚Wunder von Lausanne'" bezeichnete: „Österreich macht aus 0:3 ein 7:5"[314].

---

301 Titelseitenaufmacher in BILD vom 07.07.1954.
302 Ebenda, S. 5.
303 BILD, 08.07.1954, S. 1.
304 Ebenda, S. 6.
305 Ebenda.
306 BILD, 09.07.1954, S. 1.
307 Folge 1 ebenda, S. 2.
308 Vgl. Raithel, S. 87f. Brüggemeier, S. 252f.
309 BILD, 05.07.1954, S. 1.
310 BILD, 06.07.1954, S. 2.
311 BILD, 05.07.1954, S. 4. Brüggemeier (S. 76) und Raithel (S. 122) hatten die Erstprägung im Kicker vom 12. Juli 1954 vermutet.
312 Zum Beispiel Raithel, S. 126, Oswald, S. 97.
313 BILD, 01.07.1954, S. 1.
314 Ferner hatten offenbar die Ruhrnachrichten den Viertelfinalsieg bereits als „Wunder von Genf" gefeiert, nach dem Finalsieg griffen praktisch alle Zeitungen zu euphorischem Vokabular, so titelte die SZ am 5. Juli auf Seite 10: „Die deutsche Elf vollbringt in Bern das Fußball-Wunder". Nach Raithel, S. 76.

4.1.2.3 „Deutschland, Deutschland" – Wenig routinierte Eigendefinition

Es ist unerlässlich, bei der Analyse der Darstellung Deutschlands bzw. der Deutschen in der BILD-Berichterstattung zu dieser Weltmeisterschaft vom Nationalsozialismus zu sprechen. Es handelte sich schlicht um die jüngste Vergangenheit und Bezüge dazu standen auch deshalb permanent im Raum. Hier stößt man auf die erste Auffälligkeit: Nichts davon wurde je explizit erwähnt; bei der bis Mitte der 1950er Jahre deutlich vorherrschenden Tendenz zum Beschweigen spielte die BILD-Zeitung durchaus ihre Rolle. Schon vor der WM hatte sich eine Neigung zur trotzigen bis selbstmitleidigen Haltung herauskristallisiert, wie sie auch in anderen Unterhaltungspublikationen der Zeit zu finden war.[315] So veröffentlichte BILD ausgerechnet am 8. Mai – ohne freilich die Bedeutung des Tages zu thematisieren – im Titelseitenaufmacher, was ihre Aufforderung, ‚das Herz auszuschütten', an anonymen Zuschriften ihrer Leser erbracht hatte:

"Menschen ohne Maske"
"[...] Bild weiß jetzt, wie es den deutschen Menschen ums Herz ist. Und - wir dürfen, ja wir müssen es sagen: das deutsche Volk denkt im Grunde seiner Herzen sauber, redlich, gerecht. Diese Briefe sind ein Sieg der Anständigkeit. Denn - sagen wir es ganz offen: wir hatten Sorge. Wir hatten große Sorge, viele Briefe könnten gehässig sein, voll von Verdächtigungen und Angriffen. Wie verführerisch war die Möglichkeit, einmal zu denunzieren, wild drauflos zu schimpfen, unflätig und häßlich zu formulieren, Schmutzkübel über den Nachbarn auszuschütten.
Aber nichts dergleichen. Nach 15 Jahren beispiellosen Schicksals - der deutsche Mensch ist sich treu geblieben. Keiner wage es, einen Stein zu werfen. [...]"[316]

Das Ergebnis war eine Mischung aus Lobpreisung und Bemitleidung der Deutschen – und stand damit im Einklang mit verbreiteten Strategien zum Umgang mit der NS-Vergangenheit.[317] Und auch am 12. Juni, zeitgleich mit dem Beginn der regelmäßigeren Vorberichterstattung zur WM, gab sich BILD im Titelseitenaufmacher „Wir Deutschen – ein Volk der dicken Bäuche? / Zerrbilder im Ausland" ausführlich dem Eindruck hin, Deutschland komme in der internationalen Meinung zu schlecht weg:

„Ja, da staunen Sie, liebe BILD-Leser und -Leserinnen! So sind wir also: Vielfraße und Fettbäuche [...] Obwohl [die Kinder] sich doch die Nasen an den Schaufenstern plattdrücken aus purem Hunger nach einem einzigen Bonbon!"[318]

In der WM-Berichterstattung ließ BILD alles aus, was dieses Bild der tapfer erduldenden Deutschen[319] hätte trüben können, oder, um es mit dem damaligen DFB-Vorsitzenden Peco Bauwens zu sagen: „Schlacken" sollte es „auf dem deutschen Volk nicht mehr geben"[320], und wo sie auftauchten, wurde zumindest die BILD-Leserschaft 1954 nicht damit behelligt. Dies schloss nicht nur die bekannten Entgleisungen nach dem Titelgewinn ein, zu denen

---

315 So der Befund von Michael Schornstheimer: Bombenstimmung und Katzenjammer. Vergangenheitsbewältigung: Quick und Stern in den 50er Jahren. Köln 1989.
316 BILD, 08.05.1954, S. 1. Daran sind u. a. die ‚15 Jahre' bemerkenswert, die also 1939 beginnen, nicht 1933.
317 Vgl. Dubiel, S. 69ff.
318 BILD, 12.06., S. 1.
319 BILD, 08.05.1954, S. 1: „Der deutsche Mensch geht tapfer auf seiner Lebensbahn". Hervorhebung im Original.
320 Beim Empfang der Spieler nach dem WM-Sieg. Auszüge aus der Rede z.B. bei Brüggemeier, S. 246-253.

jene „mit nationalem Pathos"[321] und zahlreichen problematischen Formulierungen durchzogene Festrede von Bauwens gehörte. Dessen Dank an Wotan, den „alten Germanengott", seine Ausführungen zur Flagge[322] –

„[…] wenn aber andere Nationen mit ihren Fahnen auf den Platz liefen, dann geht es nicht an, dass unseren Leuten es verboten wird, unsere stolze deutsche Flagge zu führen. Das lassen wir uns nicht gefallen. Unsere Mannschaft hat ihnen die Quittung gegeben! […] und jetzt kämpftet Ihr ohne äußere Flagge, aber im Herzen tragt Ihr die deutsche Flagge, und dann haben die Jungen es wirklich gezeigt, was ein gesunder Deutscher, der treu zu seinem Lande steht, vermag"[323]

– sein Wunsch, dass die Leistung der Spieler „zünden soll in unserer Jugend, damit sie gute Deutsche werden auch für die fernste Zukunft"[324], sowie der wohl scherzhaft gemeinte[325], aber mindestens unsensible Verweis auf das „Führerprinzip – im guten Sinne"[326] nahmen sich in der Zusammenfassung von BILD so aus:

„Der Präsident des Deutschen Fußballbundes, Dr. Peco Bauwens, hielt eine kleine Ansprache./ ‚Der deutsche Fußballsport huldigt keinem übertriebenen Nationalismus. Aber jeder hat ein Vaterlandsgefühl, und aus diesem Gefühl heraus freue ich mich, dass unsere Nationalmannschaft auf diesem friedlichen Wege zum Ansehen Deutschlands in der Welt beigetragen hat.'"[327]

An dem Ausschnitt, der den Lesern hier präsentiert wurde, konnte sich kaum jemand stoßen. Und auch der Umstand, dass die deutschen Zuschauer in Bern nach dem Finale die erste Strophe des Deutschlandliedes gesungen hatten und dies im In- und Ausland, wie auch Bauwens' Rede, zu Verstimmungen geführt hatte, wurde nicht erwähnt. In BILD hieß es: „Das Deutschland-Lied erklang. Unvorstellbare Szenen der Freude und Begeisterung um unsere siegreiche Elf."[328] Weder die Problematik der ersten Strophe noch die Kritik aus dem Ausland wurden thematisiert – wer die BILD-Zeitung als einzige Quelle nutzte, sah sich als Teil der deutschen Bevölkerung rundum einwandfrei friedlich, bescheiden und in bestem Wohlverhalten gespiegelt. Mittlerweile wird nun den Zuschauern im Wankdorfstadion schlichte Unkenntnis der dritten Strophe attestiert[329], die in der Tat erst zwei Jahre zuvor de facto als Nationalhymne festgelegen worden war. Dafür spricht auch deren – im Spielbericht von BILD geschildertes – Verhalten vor dem ersten Vorrundenspiel gegen die Türkei, zu einem Zeitpunkt, als für nationalen Siegestaumel noch keinerlei Anlass bestand: „Die Nationalhymnen: die deutschen Schlachtenbummler singen ‚Von der Maas bis an die Memel'." Man darf BILD-Redakteuren wohl die Kenntnis des offiziellen Hymnentextes unterstellen; über den Grund, diesen Fauxpas zwar zu erwähnen, doch dann völlig unkommentiert stehenzulassen und im Text zum Anpfiff überzugehen, so dass ein Leser vermutlich leicht dar-

---

321 Ebenda, S. 252. Brüggemeier wendet sich zwar gegen die Bezeichnung der „Sieg-Heil-Rede", wie sie in einem Leserbrief an die SZ Verwendung fand und teils in wissenschaftlichen Arbeiten übernommen wurde. Dem Vorwurf des Nationalismus schließt er sich jedoch an.
322 Die deutsche Flagge war beim Hissen vor dem Finale beschädigt worden und hing daher nicht wie die anderen am Mast. Da der Grund dafür zunächst nicht bekannt war, kamen einige Fehlinterpretationen auf. Vgl. z.B. Raithel, S. 88. In BILD: „Der Fahnenmast, an dem die deutsche Flagge wehte, ist plötzlich leer. Irgendjemand hat sie unbemerkt heruntergeholt. Böswillig?" 05.07.1954, S. 4.
323 Zit. nach Raithel, S. 87-88.
324 Ebenda.
325 Ebenda.
326 Ebenda.
327 BILD, 07.07.1954, S. 5.
328 BILD, 05.07.1954, S. 1.
329 Z.B. Raithel, S. 85.

über hinweglas, kann nur spekuliert werden. Ich nehme an, dass es sich um den Versuch handelte, heikle Themen weitestgehend auszublenden; es bleibt die Frage, warum der Text an dieser Stelle überhaupt erwähnt wurde.

Dabei ist es tatsächlich klärungswürdig, was „Deutschland, Deutschland" nach Meinung der Bevölkerungsmehrheit respektive der BILD-Zeitung zum gegebenen Zeitpunkt unter rein territorialen Gesichtspunkten umfasste: Der Status zumindest zweier Gebiete war nach gängiger Auffassung zu diesem Zeitpunkt nicht abschließend geklärt, wenn auch allerdings Maas und Memel eindeutig nicht dazugehörten. Anlässlich der Begegnung der bundesdeutschen Mannschaft mit dem autonomen Saarland in der WM-Qualifikation[330], zu einem Zeitpunkt, zu dem über dessen politischen Status noch debattiert wurde, berichtete BILD völlig neutral: Es wurde zahm von „unserem kleineren Nachbarn", dem „Saarland" oder der „Saar" gesprochen, ohne dabei Bitterkeit oder Besitzansprüche durchklingen zu lassen.[331] BILD folgte hier wohl dem Kurs Adenauers, der die Saarfrage möglichst nicht zu deutsch-französischen Unstimmigkeiten führen lassen wollte, obwohl die Mehrheit der Bevölkerung eine Wiederangliederung an Deutschland befürwortete.[332]

Was die DDR betraf, ein deutlich empfindlicheres Thema[333], so tauchte diese nur an zwei Stellen in der Berichterstattung auf: Am 6. Juli, als auf Seite 1 Pressestimmen zum bundesdeutschen WM-Sieg veröffentlicht wurden, stand sie als „Sowjetzone" mit auf der Titelseite. Bezeichnenderweise nannte die Springer-Zeitung nach den ungarischen Stellungnahmen zunächst die der „Ostblock-Staaten"[334] und die DDR; England folgte erst unter dem Bruch, alle anderen in der Fortsetzung weiter hinten im Blatt. Der etwas argwöhnische Blick nach Osten hatte seinen Grund: die mit „Sowjetzone: Unsicherheit" betitelten Pressezitate waren die einzigen genannten negativen Inhalts, indem sie einen „'[…] faschistischen Banditenstreich mit politischem Hintergrund […]'" im WM-Titelgewinn vermuteten. Dass man aus dieser Richtung nichts anderes erwarten könne, machte die BILD-Redaktion in der Quellenangabe „Offizielle SED-Propaganda" deutlich, und versäumte nicht, zwei wohlwollende bis enthusiastische Stimmen zur Verdeutlichung der Diskrepanz zwischen Propaganda und tatsächlicher Meinung der Bevölkerung hinzuzufügen.[335] Ein paar Seiten weiter war in den Bericht über die Rückkehr der Nationalspieler ein kleiner Artikel über einen Unteroffizier der Volkspolizei eingeschoben worden, der vor seiner Verhaftung nach Westdeutschland geflüchtet war. Der Grund sowie die Überschrift des Artikels lautete: „Weil er das Deutschlandlied mitsummte"[336], doch obwohl der Tenor an der ablehnenden Haltung keinen Zweifel ließ, enthielt sich BILD einer ausdrücklichen Bewertung. Insgesamt trug BILD der verbreiteten Sehnsucht nach Einheit eher auf emotionaler Ebene Rechnung, indem sie sie abbildete

---

330 Laut Bitzer/Wilting auf Betreiben des damaligen FIFA-Präsidenten Jules Rimet, der so die Saarlandpolitik Frankreichs habe unterstreichen und die Trennung von Deutschland und Saarland demonstrieren wollen. S. 203-210.
331 BILD, 12.10.1953 und 29.03.1954, jeweils S. 3.
332 Laut einer Allensbacher Umfrage vom März 1954 54%; ein Status als europäischer Staat schien auch noch denkbar, wobei nur 1% sich ein zu Frankreich gehöriges Saarland vorstellen mochte. Nach Brüggemeier, S. 135-136.
333 Sowohl in der Bevölkerung als auch in BILD, wo der Gegensatz zwischen Sozialismus und „freier Welt" auch 1954 bereits recht entschieden vertreten wurde.
334 „Alle Kommentare enthalten sich anti-westlicher Äußerungen." BILD, 6.7.1954, S. 1.
335 Der zitierte Ausschnitt aus der Jungen Welt besagt, man könne den „'westdeutschen'" WM-Titel „[…] als den größten deutschen (!) Erfolg in der Geschichte des Fußballsports überhaupt bezeichnen'". BILD, 06.07.1954, S. 1.
336 BILD, 06.07.1954, S. 5.

und streckenweise gefühlvoll bestätigte[337], hielt aber sicheren Abstand zu eindeutig revisionistischen Stellungnahmen.

Im Übrigen kam die BILD-Zeitung um NS-Bezüge nicht herum, die jüngste Vergangenheit lag eben, im Wortsinn, nahe. So weit wie möglich lavierten die Artikel dabei – typisch für die Zeit[338] – durch das Thema, ohne es explizit anzuschneiden. Wenn „Hans im Bild" angesichts des Weltmeistertitels und der zeitgleichen Erfolge im Automobilsport[339] die „Erinnerung an die großen Tage von Caracciola und Rosemeyer"[340] beschwor, ließ er den zeitlichen Hintergrund so unerwähnt[341] wie der Sportredakteur bei der Feststellung, Deutschland habe „wie schon bei der WM 1938 in Italien"[342] das Halbfinale erreicht. Sport, oft als ‚menschlich gebliebenes' Feld betrachtet, wurde aus dem Zusammenhang ausgeklammert. Dennoch mahnte Zehrer im Anschluss, politisch und auch geistig habe man noch kein „Come-back". Der Grund dafür klang am Ende des Beitrags allerdings weniger selbstkritisch als ressentimentgeladen:

> „Solange dies geistige Come-back nicht ebenso spürbar ist wie der Erfolg unserer Arbeit, die Leistungen unserer Wirtschaft, die Meistertitel unserer Sportsleute, so lange sollten wir uns politisch zurückhalten. Denn sonst werfen sie uns von draußen dicke Brocken auf den Weg, die uns das Leben schwer machen. / Um die politische Weltmeisterschaft sollten sich ruhig erst einmal die anderen bemühen. Das ist ein Come-back, das nur Ärger und Sorgen bringt."[343]

Von der Herleitung neuer weltpolitischer Bedeutung aus den sportlichen Erfolgen konnte keine Rede sein; BILD folgte der verbreiteten Neigung, sich auf das Private und Überschaubare zurückzuziehen. Alles andere hätte zum einen keinerlei Berechtigung gehabt, zum anderen hielt sich auch die Politik deutlich zurück und würdigte betont nur die sportliche Seite des Erfolges. Auch „Hans im Bild" betonte die, von der Politik demonstrativ eingehaltene[344], Trennung von Sport und Staat, als er die bevorstehende Ehrung der Mannschaft kommentierte: Man sehe dort „zwei Mächte vor sich, die Politik und den Sport, den Präsidenten und die National-Elf. Verbunden nur durch die silbernen Lorbeerblätter, die dem Sport überreicht."[345] Die Befürchtungen, der sportliche Erfolg könne zu einem neu aufbrandenden übersteigerten Nationalstolz führen, die an verschiedenen Stellen geäußert wurden[346] und die die Politik zu ebenjener Zurückhaltung veranlassten, formulierte die BILD-Zeitung

---

337 So in der Darstellung des eben wiedergewählten Bundespräsidenten Heuss auf Seite 1 im Zusammenhang mit der Verleihung des Silbernen Lorbeerblatts an die Nationalelf: „Sinnbild der Einheit: Landesvater Heuss" lautete die hervorgehobene Überschrift; der Artikel sympathisierte streckenweise hochemotional mit dem „Mann der Einheit zwischen West und Ost". BILD, 19.07.1954, S. 1. Außerdem im Kommentar von „Hans im Bild", der über das zeitgleich stattfindende Vertriebenentreffen schrieb, während „die da oben" über die Einheit redeten, habe es sie „bei uns unten" immer gegeben. BILD, 07.07.1954, S. 2.
338 Vgl. u. a. Dubiel, S. 67.
339 Die neu eingesetzten „Silberpfeile" von Mercedes hatten ebenfalls am 4. Juli einen Doppelsieg beim Grand Prix von Frankreich eingebracht.
340 BILD, 06.07.1954, S. 2.
341 Zumindest Rosemeyer war SS-Mitglied, beide im NS-Staat außerordentlich populäre Motorsportler gewesen.
342 BILD, 28.06.1954, S. 4.
343 BILD, 07.07.1954, S. 2.
344 Vgl. Uta Andrea Balbier: „Zu Gast bei Freunden". Wie die Bundesrepublik lernte, den Sport politisch ernst zu nehmen. In: Mittelweg 36, Zeitschrift des Hamburger Instituts für Sozialforschung 2/15. Jahrgang. Hamburg April/Mai 2006. S. 62-75, hier S. 62-63.
345 BILD, 08.07.1954, S. 2.
346 Meist von intellektueller Seite, z.B. Dolf Sternberger: Unter uns Weltmeistern gesagt... in: Die Gegenwart 9. 1954, S. 461-464.

an keinem Punkt ausdrücklich, reagierte aber permanent darauf. So waren die kritischen Stellen der Bauwens-Rede nie wiedergegeben worden, doch hieß es darüber halb entschuldigend, sie sei „unter dem Eindruck des Sieges in München gehalten" worden, als BILD später die joviale Kritik des Bundespräsidenten zitierte.[347] Dieser wiederum folgte, typographisch hervorgehoben, der Hinweis, „[g]leich darauf" habe Heuss Bauwens „versöhnlich" auf die Schulter geklopft.[348] Zitiert wurden Worte vom „'Recht eines jeden Volkes, sich über große Dinge zu freuen'"[349], die offenbar auf eine nicht ausgesprochene Skepsis reagierten. Auch „Hans im Bild" sah keinen Anlass zur Sorge:

> „Ich sah und hörte den triumphalen Empfang der deutschen Mannschaft in München, bei dem sich Hunderttausende auf den Straßen drängten, außer sich vor Begeisterung. Das war alles wirklich freiwillig. Niemand war hinkommandiert worden, wie es einmal früher bei uns war und wie es heute noch bei den Massendemonstrationen in der Sowjetzone ist."[350]

Die Betonung der Spontaneität und Ungeplantheit der Zusammenkünfte war zeitgenössisch nicht ungewöhnlich, um den Jubel von der inszenierten Zustimmung auf NS-Parteitagen u. Ä. abzugrenzen.[351] Zehrer lieferte eine Rechtfertigung – „hinkommandiert" – und einen Seitenhieb auf die „Sowjetzone" gleich mit, und umschiffte mit der Formulierung „einmal früher bei uns" alle Klippen. Zeittypisch und nicht eben aufklärerisch vermied BILD derlei ‚Zumutungen', indem alles, was einen neuen Nationalismus befürchten lassen konnte oder an den alten erinnerte, einfach ausgeblendet wurde.

Die Darstellung der Nationalmannschaft in BILD war äußerst stringent. Sie lässt sich weitestgehend reduzieren auf: „elf Kameraden, die wie Pech und Schwefel zusammenhalten, unter denen es keine Stars und keine Versager gibt."[352] „Mit einer mannschaftlich prächtigen Leistung" hatten diese beispielsweise die „starken und eisenharten Türken" besiegt[353], und auch der nicht aufgestellte Rahn fand noch lobende Worte für seinen Ersatz Klodt.[354] Durchgehend wurde im sportlichen und menschlichen Sinne „die großartige Kameradschaft", sogar bei „aller Langeweile"[355] betont, auch in Zitaten, ob von Herberger: „'Die Urus mögen Spielwitz haben, dafür haben wir die geschlossenere Mannschaft'"[356], oder den jugoslawischen Spielern, die an den Deutschen lobten, dass sie „'[…] eine wirkliche Mannschaft sind und nicht nur eine Reihe von Einzelspielern.'"[357] Dies war sicher nicht falsch und entsprach vor allem der öffentlichen Wahrnehmung von einem Sieg der Disziplin und des Mannschaftsgeistes, wie sie in den Gratulationsreden nach dem Titelgewinn immer wieder zum Ausdruck gebracht wurde.[358] Diese Betonung von „Mannschaftsgeist" und der Hingabe des Einzelnen an die Gemeinschaft wurde in der Forschung auch mit der rechten Kul-

---

347 Heuss hatte gesagt: „'Der Bauwens, dem ich gleich das Lorbeerblatt überreichen werde, meint, gutes Kicken sei schon gute Politik. Das muß nicht so sein'". BILD, 19.07.1954, S. 1.
348 Ebenda.
349 So der Hamburger Bürgermeister laut BILD, 10.07.1954, S. 5.
350 BILD, 08.07.1954, S. 2.
351 Vgl. Brüggemeier, S. 333.
352 BILD, 01.07.1954, S. 1.
353 BILD, 18.06.1954, S. 1.
354 Ebenda.
355 BILD, 25.06.1954, S. 5.
356 BILD, 18.06.1954, S. 1.
357 BILD, 26.06.1954, S. 5.
358 Vgl. Raithel, S. 70f. und 100. Spieler präsentierten sich als „verschworene Gemeinschaft". Dies entsprach dem deutschen Selbstbild, das noch über die gesamten 1950er Jahre hinweg geprägt war von Begriffen wie Fleiß, Arbeitsamkeit, Tüchtigkeit. Diese galten als beste Eigenschaften der Deutschen. Vgl. auch Schildt, S. 314; Noelle 1956, S. 126.

turkritik der 1920er Jahre in Verbindung gesetzt[359], derzufolge „Individualismus als Symptom des gesellschaftlichen Verfalls, als Verwerfung der Moderne und – in der Folge – als schädlich für den ‚Volkskörper'"[360] galt. Die BILD-Berichterstattung war vermutlich nicht so gezielt ideologisch gespickt. Im Zusammenhang mit der wiederholten Schilderung der Späße unter den Spielern, „ihrem idyllischen Quartier"[361] im „reizenden Örtchen Spiez"[362] mit seiner „Ruhe, der landschaftlichen Schönheit und dem Trainingsplatz" und mit der Darstellung der Mannschaft als entspannt und unverbissen bei relativ ruhigen Tätigkeiten[363] – auch illustriert durch ein Foto des an einem Strauß Blumen riechenden Spielers Schäfer[364] – scheint die Betonung des Mannschaftsgeistes vor allem das geboten zu haben, was auch der Heimatfilm leistete[365]: eine Art unbelastetes, heiles und herzerwärmendes „Refugium vor den Erfahrungen der jüngsten Vergangenheit und vor den bedrohlich erscheinenden Kräften der materialistischen Massengesellschaft".[366]

Ein ähnlicher Tenor lag in der Darstellung des Teams als bodenständig, volksnah und bescheiden.[367] Die BILD-Zeitung unterstützte diesen Eindruck, indem sie die Spieler, wie erwähnt, häufig beim Vornamen nannte und sie regional verortete: Die Tore im Endspiel schossen „der Maxl aus Nürnberg" und „der Helmut aus Essen".[368] Eine ähnliche Nähe und Teilhaftigkeit suggerierte die – allerdings nicht übermäßig häufige – Verwendung des Possessivpronomens: „Unsere Jungen sind Weltmeister!"[369] Und auch die Bemerkung einer der Ehefrauen bei der Feier: „'Auf dem Rasen sind sie viel aktiver als auf dem Tanzparkett'"[370], musste wie aus dem ‚normalen' Leben gegriffen erscheinen. Dabei schrieb BILD allen voran dem besonders seit dem Erreichen des Halbfinales herausgestellten Fritz Walter zahlreiche Tugenden zumindest implizit zu. Dass dieser bei der Nachricht vom Einzug Ungarns ins Finale „die Arme hoch" riss, zeigte sportliches Ehrbewusstsein, namentlich die Freude über die Chance, „die 3:8-Schlappe des ersten Ungarn-Spiels wettzumachen".[371] Nach dem Finalsieg wurde vermehrt dessen stille, bescheidene und zurückhaltende Art betont – „die beiden Kapitäne unserer Elf still und fast ernst"[372] – und in der sich anschließenden Serie die hochemotional erzählte „Geschichte eines empfindsamen, manchmal fast scheuen Menschen", dabei eines „unermüdlich kämpfenden Fußballspielers"[373] erzählt. Dies war sicher richtig – und es entsprach ja auch den Tatsachen, dass er sich selbst vom „700 000-DM-Handgeld aus Italien nicht betören"[374] ließ. Doch bediente sich BILD in emotionsträchtiger

---

359 Beispielsweise von Oswald, S. 99f.
360 Oswald, S. 99.
361 BILD, 14.06.1954, S. 4.
362 BILD vom 12.06.1954, S. 5.
363 Spazierengehen, einen Ausflug machen, sich ausruhen... Vgl. ebenda.
364 Ebenda.
365 Oder auch die erneuerte Turnbewegung. Vgl. Raithel, S. 72.
366 Ebenda.
367 Die dem Durchschnitt weitgehend entsprechende Sozialstruktur der Spieler erleichterte dies. Vgl. Ebenda.
368 BILD, 05.07.1954, S. 4. Ferner auch „der Toni" (28.06., S. 4.), „der Fritz" (u.a. 01.07., S. 5) etc.
369 BILD, 05.07.1954, S. 1. Dort auch: „unsere siegreiche Elf".
370 Ebenda, S. 4.
371 BILD, 01.07.1954, S. 1. Im Fußball selbst wurde Walter auch gelegentlich die „Kaltblütigkeit des unbarmherzigen Vollstreckers" zugeschrieben. Vgl. BILD, 01.07.1954, S. 5.
372 Gemeint waren Walter und Herberger. BILD, 06.07.1954, S. 5.
373 BILD, 09.07.1954, S. 2.
374 BILD, 13.07.1954, S. 4. Der Amateurstatus wurde von BILD (und allgemein) unterstützt; ihm lag zugrunde, dass die Spieler für ihr Land kämpfen sollten, nicht für Geld. Über die Norweger hieß es in der Qualifikation nach einem Remis: „[…] aufs Kreuz gelegt von einem Team junger Fußballer [den Norwegern, KSD], denen der Amateurgedanke so heilig wie den Pilgern des Wasser des Roten Meeres […]". BILD 20.08.1953, S. 4

Manier unzweifelhaft der positiven Identifikationsfolie[375] und folgte ihrem schon zuvor formulierten, von Niederlage und Wiederaufbau geprägten Selbstbild. So, ist zu vermuten, sahen sich die Deutschen gern repräsentiert. Freilich lieferte ein Charakter wie „Spaßvogel" Rahn eher unterhaltsame Anekdoten und bildete so einen Gegenpol.

Der Eindruck wird ergänzt durch die sehr häufige Betonung der Fairness der deutschen Mannschaft. Dies wurde wohl auch wegen Liebrichs Foul an Puskas nötig: „'Liebrich hat es sicher nicht mit Absicht getan!' sagte Puskas selbst" gleich mehrfach.[376] Ebenso wurde doppelt betont, wie die deutsche Elf der Türkei „in einer schönen Geste"[377] die Trikotwahl überlassen hatte. Höflich und zuvorkommend auch gegenüber anderen also, und so fügte es sich gut ein, dass auch diese anderen voll des Lobes für Deutschland waren, wie es die von BILD zitierten Stellungnahmen durchgehend nahelegen. Nach jedem gewonnenen Spiel wurde standardmäßig ein Vertreter des Gegners herangezogen, der bestätigte, dass der jeweilige Sieg verdient gewesen sei. Nach dem Sieg gegen Jugoslawien – den der Schlagzeile zufolge bezeichnenderweise „wir" errungen hatten[378] – nahm das Lob auch grundsätzlichere Züge an. Dort hieß es zunächst: „Überall in der Schweiz trifft man nur auf Anerkennung und Bewunderung für die deutsche Fußball-Elf [...]"[379], bevor eine „jugoslawische Schlachtenbummlerin" mit einer Bemerkung zitiert wurde, „die charakteristisch für die Meinung vieler Ausländer ist: ‚Ich habe nie glauben wollen, daß Deutschland in der Industrie und vielen anderen Gebieten wieder mit an erster Stelle in der Welt steht. Nach diesem Fußball-Erfolg glaube ich es...'"[380] In solchen Äußerungen lag wohl am ehesten etwas vom zeitgenössisch nie belegten[381] ‚Wir sind wieder wer': die Genugtuung, endlich wieder anerkennende Worte aus dem Ausland zu ernten.[382] Dezent untermalt wurde der Eindruck mit eingestreuten Indizien für die industrielle Leistungskraft Deutschlands: Die BILD-Leser erfuhren unter anderem, dass der ungarische Verbandschef Sebes im neusten Mercedes-Modell umherfuhr[383] und die Tribüne im Berner Stadion „von vier aus Deutschland gelieferten Stahlmasten getragen"[384] wurde.

Zusammenfassend war die BILD-Zeitung durchaus auf eine einwandfreie Haltung bedacht und vermied nationalistische Anklänge. Doch geschah dies auch mittels der Strategie: Was nicht passt, wird passend gemacht. Das von Rudolf Michael gepflegte kleinbürgerliche Idyll[385] wurde in seiner Harmonie nicht gestört; BILD berichtete vor allem das Lesergemüt schonend. Problematisches wurde ausgeblendet, die Darstellung der Nationalelf entsprach so sehr den zeitgenössischen Werten, wie man es sich nur wünschen konnte, ebenso das Ver-

---

375 Vgl. auch Raithel: „Die Gleichsetzung mit der eigenen Lebenswelt wurde durch das nach außen hin völlig disziplinierte und auch im Erfolg zurückhaltende und bescheidene Auftreten der Spieler begünstigt." S. 72.
376 BILD, 22.06.1954, S. 5, und erneut: BILD, 03.07.1954, S. 5. Die DDR-Presse brachte den Vorwurf des absichtlichen und geplanten Fouls nach dem Finale vor.
377 BILD, 24.06.1954, S. 1; als „freundschaftliche Geste" nochmals auf S. 5.
378 „2:0 / So schlugen wir die Jugoslawen/ Am Mittwoch gegen Österreich". BILD, Titelseitenaufmacher vom 28.06.1954.
379 BILD, 9.06.1954, S. 5.
380 BILD, 29.06.1954, S. 5.
381 Vgl. Oswald, S. 103. Dennoch häufig verwendet, so von Kalinowski, Ulf: Waren wir wieder wer? – Fußball und Politische Kultur: Die Bundesrepublik Deutschland als Fußballweltmeister 1954. In: Michael Krüger/Bernd Schulze (Hrsg.): Fußball in Geschichte und Gesellschaft. Tagung der dvs-Sektionen Sportgeschichte und Sportsoziologie vom 29.9.-1.10.2004 in Münster. Hamburg 2006. S. 21-32, hier S. 21, oder Schaffrath (im Titel).
382 Vgl. Raithel, S. 67-68.
383 BILD, 16.06.1954, S. 5.
384 BILD, 15.06.1954, S. 5.
385 Vgl. Müller, S. 77f.

ständnis von Deutschland in der Welt: Wieder gern gesehen und doch angemessen zurückhaltend. Siege wurden bescheiden entgegengenommen, desto mehr, je weiter die Mannschaft kam. Und auch die Niederlage gegen Ungarn, nach der Herbergers Taktik von manchen scharf kritisiert worden war[386], verleitete nicht zu Ausfälligkeiten. Tags darauf relativierte BILD die Angelegenheit allerdings etwas, in einem Artikel über die ungarischen „Fußballkönige im goldenen Käfig"[387] des sozialistischen Regimes, und fragte mitfühlend: „Aber sind sie glücklich?" Demnach guckten sich die Spieler gern die Autos an den Straßen an, „aber ihr Interesse gilt fast ausschließlich deutschen Wagen."[388]

4.1.2.4 Selbstbestätigungs-Lieferanten: Die „Anderen"

Das Verhältnis zu anderen Nationen war von großem Interesse und deren Meinung in der gesamten Berichterstattung vielzitiert. Damit stellte BILD in der bundesdeutschen Medienlandschaft keine Ausnahme dar: Generell wurde, gerade nach dem Titelgewinn, ausländischen Pressestimmen große Bedeutung beigemessen.[389] In BILD war dies auch im Verlauf des Turniers bereits der Fall: Lob für die deutsche Mannschaft und Anerkennung für Deutschland im Allgemeinen wurden weniger von den Redakteuren selbst formuliert als unter Heranziehung ausländischer Stimmen.[390] Selbst pflegte man sicherheitshalber eine gewisse Zurückhaltung.[391] Die positiven Meinungen wurden dabei besonders betont und überwogen bei weitem. Auch die Begegnung in gegenseitiger Fairness wurde herausgestellt; nach nahezu jedem gewonnenen Spiel fand sich mindestens ein Vertreter der gegnerischen Mannschaft, der den verdienten Sieg bestätigte und die Leistung der deutschen Elf lobte. Ab dem Viertelfinale nahm dies noch zu: Dass die Namen der deutschen Spieler „in den Zeitungsspalten in aller Welt"[392] zu finden waren, war vermutlich etwas übertrieben, allerdings scheint es tatsächlich eine „gewisse Verblüffung in der ausländischen Presse"[393] auch über die Spielweise, besonders nach dem Halbfinale gegeben zu haben. Diese wurde entsprechend ausführlich zitiert.[394] Zweifellos wurde die Anerkennung als enorme Genugtuung empfunden[395], auch im Vorfeld, als ein ungarischer Journalist laut BILD den Favoriten

---

386 Unter anderem in Springers „Welt". Vgl. Raithel, S. 50-51. Herberger hatte angesichts der überragenden Favoritenrolle Ungarns auf viele seiner Stammspieler verzichtet, um diese zu schonen, und statt dessen auf das Entscheidungsspiel gegen die Türkei gesetzt. Diese ‚B-Mannschaft' hatte für große Enttäuschung gesorgt, besonders bei den eigens aus Deutschland angereisten Zuschauern.
387 BILD, 22.06.1954, S. 2.
388 Ebenda.
389 Vgl. Raithel, S. 109. Dort auch ein Überblick zur ausländischen Presse nach dem Finalsieg: S. 109-113.
390 Dabei waren die Quellenangaben gelegentlich vage – „Es wird erzählt", oder „Alle Welt traut den Deutschen einen Sieg über die kämpferischen Türken zu", BILD, 15.06.1954, S. 5. Ähnlich die „jugoslawische Schlachtenbummlerin", s.o.
391 Auch auf Nebenschauplätzen: Das Wort vom „Kuhhandel in der Fußball-Politik", das in BILD vom 23.06.1954, S. 5 die Artikelüberschrift eines allerdings recht kleinen Artikels stellte, hatte ein schwedischer Journalist geliefert, und es war die Rede von „vielen Enttäuschten", bevor der nicht wiedergewählte Bauwens seiner persönlichen Enttäuschung darüber Luft machen konnte, dass die „gute alte Zeit, in der das Wort eines Mannes etwas galt" vorbei sei und nun „der Ostblock und Südamerika" sich daran machten, „die Vorherrschaft Westeuropas zu zerstückeln".
392 BILD, 29.06.1954, S. 1.
393 Brüggemeier, S. 194.
394 BILD, 02.07.1954, S. 5.
395 Vgl. auch am Vortag des Finales über die Kurse der „Londoner Buchmacher" und die zunehmenden Wetten auf Deutschland: „So schnell ändern sich die Zeiten…" BILD, 03.07.1954, S. 5.

warnte: „'Nehmt euch in acht vor den Deutschen!'"[396], was prompt zur Schlagzeile erhoben wurde. Dass nach dem Finalsieg, wie Sternberger 1954 schrieb, mancher sich auch im Neid oder gar Hass der ‚anderen' sonnte, „im Sinne von ‚Viel Feind, viel Ehr!'"[397], findet sich in der BILD-Zeitung nicht bestätigt. Diese kokettierte zwar in der Schlagzeile „Vom Staunen bis zum nackten Haß"[398] mit der Aufmerksamkeit, die der überraschende Sieg ausgelöst hatte[399], doch mit Ausnahme der Imperialismusvorwürfe der SED herrschte in den zitierten Pressestimmen weithin Harmonie.[400]

Neben ihrer Funktion als Stichwortgeber für Lob der deutschen Mannschaft wurden die anderen Mannschaften in der Regel wenig wertend dargestellt. Zwar fanden sich kleinere Ungeschicklichkeiten wie die Beschreibung des Ungarn Kocsis „mit den zigeunerschwarzen Haaren"[401], wo Fritz Laband drei Tage zuvor noch „lackschwarze[s] Haar"[402] gehabt hatte. Doch diese eigenwillige Farbenlehre ist wohl eher darauf zurückzuführen, dass die Sensibilisierung für jene Begrifflichkeiten erst deutlich später einsetzte. In den Spielberichten lag zwar der Fokus auf der deutschen Mannschaft, die Wertungen waren jedoch in der Regel ausgewogen. Dass auch die anderen Teams nicht wenig gelobt wurden, brachte natürlich wiederum der deutschen Elf Lorbeeren ein. Besonders deutlich wird dies am Beispiel der Ungarn: Deren Darstellung als eine Art Wundermenschen milderte die hohe Niederlage etwas ab[403]. Nach dem Finale schließlich war BILD voll des Lobes für die Ungarn und ihr „herrliches Fußballkönnen" sowie etwas gönnerhaft dafür, „wie sie diese überraschende Niederlage ertrugen"[404], doch im Verlauf weniger Sätze des gleichen Artikels relativierte sich dies zu Gunsten der deutschen Elf:

„[...] Es bleibt aber zu sagen: Die Ungarn waren wahrscheinlich doch die stärkste Mannschaft dieses Weltturniers. Sie hatten schwerere Gegner auszuschalten als Deutschland, wenn sie auch einmal weniger spielen mußten (und überdies das Spiel gegen Korea nur ein Trainingsspiel war)."[405]

Ohne Klischees und Stereotypen freilich kam das Boulevardblatt BILD nicht aus. So hatte in der Vorberichterstattung „Neger-Orakel für Fußball-Elf / Favorit Brasilien abergläubisch"[406] wohl schlicht eine reizvolle Schlagzeile hergegeben, obwohl der Autor nur im Teaser auf das Orakel einging, um im Artikel selbst eine recht nüchterne Trainingsbeschreibung zu liefern. In ähnlicher Manier vorgefasste Meinungen bestätigend[407] wurde über europäi-

---

396 BILD, 19.06.1954, S. 5.
397 Sternberger, S. 464.
398 BILD, 06.07.1954, S. 1.
399 Im Text: „Der Zeiger des Urteils in der Weltöffentlichkeit schlägt wild hin und her". Ebenda.
400 Zumal die Ironie im mehrfachen „Deutschland über alles" auf der Titelseite des Daily Express nicht wirklich transportiert wurde; der Auszug wurde einfach mit „England: Bewunderung" überschrieben.
401 BILD, 21.06.1954, S. 4.
402 BILD, 18.06.1954, S. 1.
403 Z.B.: „[...] da springt Kocsis wie ein fliegender Mensch in die Flugbahn des Balles [...]"; „[...] aufgegeben, diesem Hexentanz entgegenzutreten"; „Elf solche Zauberer hatten die Ungarn – den Deutschen schienen es zwanzig zu sein" (So wurde eine Karikatur betitelt, die einen riesigen Bozsik vor einem sehr kleinen deutschen Spieler zeigte.), in BILD, 21.06.1954, S. 4.
404 BILD, 05.07.1954, S. 1.
405 Ferner wurde die ungarische Elf zwar als „in dieser Vollendung [...] einmalig" bezeichnet, wurde aber laut BILD doch von einem gleichwertigen [...] Gegner um die höchste Krone gebracht. Ebenda.
406 BILD, 04.06.1954, S. 6.
407 So wurde mit der Quellenangabe „Man erzählt sich" von einem Hausaltar mit einer „schwarzen Madonna berichtet, den die brasilianische Mannschaft mitgebracht haben sollte. BILD, 12.06.1954, S. 5. Über die uruguayische Mannschaft hieß es: „Theater gab es natürlich auch während des Spiels, wenn die südamerikanischen Stars den sterbenden Hamlet markierten [...]." BILD, 28.06.1954, S. 4.

sche Mannschaften allerdings kaum berichtet.[408] Jedoch griff BILD bestehende Stereotypen durchaus auf: Das bevorstehende Halbfinale gegen Österreich wurde mit der Schlagzeile „Wiener Walzer gegen Marschmusik / Heute Deutschland – Österreich"[409] betitelt. Diese waren wohl Allgemeingut[410], jedoch trug die BILD-Zeitung dazu bei, diese Gleichsetzungen zu reproduzieren und als Stereotypen für den neuen Diskurs zu aktualisieren.[411]

Eine besondere Rolle in vielerlei Hinsicht spielte die ungarische Mannschaft: Die ‚Wunder-Elf' war haushoher Favorit, zweifacher Gegner der deutschen Elf – und ein Vertreter des sozialistischen Lagers.[412] Daher wurde über diese häufig und teilweise widersprüchlich berichtet. Dass ungarische Spieler erkältet seien, weil sie, „die berühmten heißen Quellen von Budapest gewohnt", zu viele heiße Bäder im Hotel genommen hätten[413], scheint in den oben angeführten Bereich der unterhaltsamen Bestätigung vorgefasster Meinungen zu fallen. Gleich darauf folgte hingegen ein Seitenhieb auf sozialistische Realität, indem eine Titelprämie von 7000 DM für jeden „dieser ungarischen Amateurspieler"[414] verkündet wurde und etwas herablassend folgte:

> „Was sie außerdem an Nylons, Unterwäsche und Uhren mitnehmen, bleibt abzuwarten. Nach ihrem großen Londoner Sieg über England (6:2) ‚importierten' sie so viel Nylonstrümpfe und Rasierklingen, daß der Preis am schwarzen Markt in Budapest stark zurückging"[415]

Es gab mehrere Artikel in diesem Sinne. Der erwähnte Artikel „Fußballkönige im goldenen Käfig"[416] war ganz dem Bild der unglücklichen Künstler unter kommunistischem Regime gewidmet. Demnach ständig kontrolliert, unfrei und zusammengepfercht, konnten die „ungarischen Stars" auch in ihrem großen Luxus, „verwöhnt wie die Filmstars", nicht glücklich sein. „[…] Ist das nicht ein herrliches Leben? / Puskas nickt bestätigend, aber sein Lächeln strahlt nicht. Ja, was fehlt ihm denn? […]" Auf die ausführliche Schilderung ihrer Privilegien folgten der erwähnte Wunsch nach einem deutschen Auto und schließlich die Positionierung zu Gunsten der ‚freien Welt':

> „Vielleicht wäre es schöner, nicht im goldenen Käfig zu sitzen? – Kein ungarischer Fußballstar wird auf diese Frage eine Antwort geben. Sie sind schweigsam und mißtrauisch genug. Dabei sind sie ohne Ausnahme alles nette Kerle!"[417]

Es fiel kein negatives Wort über die Spieler selbst; diese dienten als emotionaler Träger der Kommunismuskritik. Doch existierte dabei keine stringente Linie: Vor dem Finale

---

408 Über das koreanische Team hingegen doch: Durchweg als „kleine Koreaner" betitelt, „in ihren schmucken blauen Trikots", wirkten sie in der Beschreibung wie possierliche Tierchen. BILD, 18.06.1954, S. 5.
409 BILD, 30.06.1954, S. 5, oben, groß.
410 Vgl. Brüggemeier, S. 185. Dessen Ansicht, das Bild von den typischen deutschen Tugenden habe sich erst später im Laufe einer Klischeebildung durchgesetzt, sei zeitgenössisch aber nicht so beschrieben worden, widerspricht dem allerdings teilweise. Vgl. ebenda, S. 276. Siehe auch BILD vom 14.06.1954, S. 4: „Das Luzerner Tagblatt beschreibt […] Brasiliens Elf als ‚aufsehenerregendste' Mannschaft. Die Ungarn spielten genau so elegant wie die Österreicher und spielten mit auffälligen Tricks. Die Engländer seien fair, hart und athletisch, aber ohne Einfälle – sie spielten immerzu den gleichen Stil. Von den Deutschen schreibt das Blatt, sie seien hart, schnell, erbarmungslos und gefährlich."
411 Diese waren teils noch unter Kriegseindruck entstanden, oder früher. Vgl. Knoch, S. 124.
412 Laut Raithel sah die „Welt" im Sieg gegen Ungarn auch einen Sieg gegen den Ostblock. S. 69.
413 BILD, 15.06.1954, S. 5.
414 Die Prämie konterkarierte den Amateurgedanken im Sinne von BILD freilich.
415 BILD, 15.06.1954, S. 5.
416 BILD, 22.06.1954, S. 2.
417 Ebenda.

schilderte ein Artikel die Ungarn in ihrem Quartier „ganz anders als die Deutschen. Viel freier, individueller."[418] Und wo zuvor behauptet wurde, keiner von ihnen dürfe sich je ohne die anderen fortbewegen, ging diesem Artikel zufolge der Spieler Hidegkuti immerhin nur mit der Frau eines Bekannten ins Kino. Möglicherweise hatte BILD sich mittlerweile darauf verlegt, das Bild des disziplinierten Mannschaftsgeistes von Spiez festzuschreiben und positiv von den anderen Mannschaften abzugrenzen.[419] Dazu passte die Schilderung der ungarischen Reaktionen nach dem Finale: Spieler Lorant habe auf die Frage, warum der verletzte Puskas eingesetzt worden sei, geantwortet: „'Das weiß ich auch nicht – am besten, man spricht nicht darüber!' Darin lag eine tiefe Enttäuschung und eine Mißbilligung des Verhaltens des Mannschaftsführers Puskas."[420] Zum ständig betonten Zusammenhalt der deutschen Mannschaft und ihrem selbstkritischen und bescheidenen Kapitän Fritz Walter bildete so eine Äußerung einen zusätzlichen Gegensatz.

---

418 BILD, 03.07.1954, S. 5.
419 Oder schlicht daran, dass ein anderer Autor den Artikel verfasst hatte. Sportredakteur Dietrich Wawrzyn am 22.06., Peter Wagner am 03.07.
420 BILD, 05.07.1954, S. 4.

4.2. „Bruderkampf": WM 1974

Spiele der bundesdeutschen Nationalmannschaft (D), Fußball-Weltmeisterschaft 1974, 13. Juni bis 7. Juli			
1. Runde Gruppenspiele	2. Runde Gruppenspiele	Finale	Mannschaft
D -Chile 1:0 14. Juni	Jugoslawien - D 0:2 26. Juni	Niederlande - D 1:2 (1:2) 7. Juli, München	Finalaufstellung: Maier, Vogts, Beckenbauer (Kapitän), Schwarzenbeck, Breitner, Bonhof, Hoeneß, Overath, Grabowski, Müller, Hölzenbein
Australien – D 0:3 18. Juni	D – Schweden 4:2 30. Juni	Torschützen: Neeskens (Foulelfmeter), Breitner (Foulelfmeter), Müller	
DDR – D 1:0 22. Juni	Polen - D 0:1 3. Juli		Bundestrainer: Helmut Schön

4.2.1. Allgemeines

Die Fußball-Weltmeisterschaft 1974, obwohl die erste in der Bundesrepublik ausgetragene, geht in den historischen Darstellungen der 1970er Jahre neben den Olympischen Spielen 1972 in München weitgehend unter.[421] Tatsächlich nahm sie weder zeitgenössisch noch im Nachhinein eine dem „Wunder von Bern" vergleichbare Bedeutung ein.[422] Zwar hatte der Zuschlag für die Ausrichtung der WM 21 Jahre nach Kriegsende[423] einen Durchbruch für die bundesdeutsche Sportdiplomatie dargestellt[424], und einer Fußball-WM wurde, vermutlich auch als eine Folge der großen Begeisterung 1954, von vornherein eine recht große Bedeutung beigemessen.[425] Doch um die wiederhergestellte Nation zu präsentieren, waren wohl die Olympischen Spiele 1972 wichtiger gewesen.[426] Ferner waren dort bereits zwei deutsche Mannschaften auf bundesdeutschem Gebiet aufeinandergetroffen und hatte der sportliche Systemkampf seinen Zenit erreicht.[427]

Vor diesem Hintergrund ist auch die Berichterstattung von BILD im Hinblick auf die DDR zu betrachten – auch angesichts des berühmten Sparwasser-Tores, das zum Sieg der DDR über die bundesdeutsche Mannschaft geführt hatte, ein durchaus interessanter Aspekt.

---

421 Z.B. Schaffrath, Michael: „The games must go on" – Sport zwischen Terroranschlägen, Korruptionsskandalen und Wettkampfpleiten. In: Faulstich, Werner (Hrsg.): Die Kultur der 70er Jahre. München 2004. S. 175-192.
422 BILD zog am 13.07.1974 den (negativ ausfallenden) Vergleich mit Olympia: „Darum war die WM im Fernsehen ein Flop". S. 13.
423 Die Entscheidung fiel am 6. Juli 1966 auf dem FIFA-Kongress in London; einige Monate zuvor war allerdings bereits München als Austragungsort der Olympischen Spiele 1972 festgelegt worden.
424 Außenminister Hans-Dietrich Genscher bezeichnete dies auch im Nachhinein als Vertrauensbeweis für die Bundesrepublik. In: Frank Grube/Gerhard Richter: Fußball-Weltmeisterschaft 1974: Dokumentation, Bilanz, Analyse. Hamburg 1974. S. 183.
425 Beim Finale waren beispielsweise mehrere Politiker und Funktionäre anwesend. Dies war jedoch neben dem fortdauernden Erfolg deutscher Mannschaften wohl auch der Ausrichterfunktion der Bundesrepublik geschuldet.
426 Diesen waren höchst aufwändige Planungen vorausgegangen: bei den „heiteren Spielen" sollte die Bundesrepublik als friedlicher, demokratischer Gegenentwurf zum NS-Staat präsentiert werden. Auch deshalb wurde die Olympiade so wichtig genommen: 1936 hatte sie zuletzt in Deutschland stattgefunden. Vgl. dazu Christopher Young: Munich 1972: Representing the Nation. In: Alan Tomlinson/Ders.: National Identity and Global Sports Events. Culture, Politics, and Spectacle in the Olympics and the Football World Cup. New York 2006. S. 117-132.
427 Deutsch-deutsche Sportgeschichte vgl. ausführlich Balbier; zu den Olympischen Spielen 1972 s. S. 209-248. Auch der bundesdeutschen Bevölkerung fehlte die Begeisterung für DDR-Siege. Ebenda, S. 239-240.

Zwar hatte sich die antikommunistische Linie der Springer-Blätter nicht geändert, ebenso die nur widerwillige Anerkennung der Realitäten[428]: die DDR wurde weiterhin bis Ende der 1980er Jahre in despektierlichen Anführungszeichen geschrieben.[429] Die bundesdeutsche Bevölkerung aber hatte mit der Olympiade[430], der Ostpolitik Willy Brandts, vor allem aber der Zeit Gelegenheit gehabt, sich an den Status der Teilung respektive an den de facto anerkannten Nachbarstaat zu gewöhnen.[431] Der Grundlagenvertrag war nach Jahren entspannungsorientierter Bemühungen in Kraft getreten. In der Bevölkerung empfand man eine resignative Entfremdung: Die Hoffnung auf eine baldige Wiedervereinigung mit den „Brüdern und Schwestern" im Osten war vor allem bei den Jüngeren geschwunden und einer eher mitleidigen als überschwänglichen Haltung gewichen.[432] Die Teilung wurde als Realität hingenommen, wobei der „andere" Staat nichtsdestoweniger als Vergleichsgesellschaft diente; er bildete die Negativfolie für die eigene Identität und Legitimation.[433] Zwar fand der grundsätzliche Gedanke staatlicher Einheit, und somit das Konzept der Nation weiterhin Zustimmung, hatte aber nicht mehr Priorität.[434]

Wachsender Wohlstand und eine neue Generation hatten ferner in der Bundesrepublik zu einer Veränderung der Werte und Leitbilder geführt; neue, nicht nur an wirtschaftlicher Existenzsicherung orientierte Verhaltensweisen waren möglich geworden.[435] Aus den Auseinandersetzungen um 1968 war ferner eine Reihe von neuen Themen hervorgegangen, darunter Frauen- und Umweltfragen, die nach und nach, wenn auch allmählich, ins politische System integriert wurden.[436] Am unmittelbarsten allerdings, und auch in BILD spürbar, schlugen sich wohl oberflächlichere Entwicklungen wie ein zunehmend lockerer Umgang mit Sexualität nieder.[437] Generell war Provokation schwieriger geworden. Nachdem Halbstarke oder Gammler in den 1960ern der unvorbereiteten Gesellschaft noch den einen oder anderen Schock versetzt hatten, fanden neue Zweige der insgesamt akzeptierten Jugendkultur eher spielerisch Eingang vor allem in unterhaltungsorientierte Medien.[438] Bei alldem existierte allerdings zu jeder Zeit ein starkes konservatives Lager. Hier konnten sich Springer und BILD-Zeitung mit der aggressiv vertretenen, breit akzeptierten antitotalitaristischen Linie profilieren[439], obwohl sie vor allem mit ihrer Positionierung während der Studentenunruhen

---

428 Zumal der Grundsatz des unbedingten Eintretens für die deutsche Einheit weiterhin galt.
429 Seit etwa 1972 nannte die Bevölkerung der Bundesrepublik die DDR mehrheitlich (54%) DDR, nicht mehr, wie noch in den 1960er Jahren, Ostzone oder gar Mitteldeutschland. Noelle-Neumann, Jb. 1968-1973, S. 540.
430 Schon 1972 hatten sich 2/3 nicht an Hymne oder Flagge der DDR gestört. Ebenda.
431 54% gaben Ende 1967 an, sich an die Teilung gewöhnt zu haben. 1956 hatten noch 52% die Teilung „unerträglich" gefunden. Mitte 1972 rechneten 69% nicht mehr damit, die Wiedervereinigung noch zu erleben. Noelle-Neumann, Jb. 1968-1973, S. 506-513.
432 Die DDR-Bürger seien in ihrem System gefangen, die sozialistische Propaganda habe gefruchtet; eine Landsmannschaft wurde nicht mehr als gegeben empfunden. Vgl. Noelle-Neumann, Elisabeth (Hrsg.): Allensbacher Jahrbuch der Demoskopie 1974-1976. Band VI. Wien; München; Zürich 1976, S. 82-83. Auch: Möbius, S. 271-272.
433 Korte, S. 51 sowie Möbius, S. 269-272.
434 Möbius, S. 272-274. Vgl. auch Gedanken zu lebensweltlichen Aspekten des West-Ost-Wandels: Thomas Ekman Jørgensen: Friedliches Auseinanderwachsen. Überlegungen zu einer Sozialgeschichte der Entspannung 1960-1980. In: Zeithistorische Forschungen/Studies in Contemporary History (3. Jahrgang). Göttingen 2006. S. 363-380.
435 Jørgensen, S. 367.
436 Ebenda, S. 368. Vgl. auch: Greiffenhagen 1993, S. 224-228.
437 Vgl. Greiffenhagen 1993, S. 231-236, besonders 231-232.
438 Vgl. Jørgensen, S. 371-373.
439 Vgl. Reichel, S. 18f.

1967/68 polarisiert hatten und zum Feindbild der bundesdeutschen Linken geworden waren.[440]

Eine weitere Entwicklung war aus der Auseinandersetzung mit der NS-Vergangenheit Deutschlands hervorgegangen. Das Verhältnis zur eigenen Nation war zunehmend von Selbstkritik und Nüchternheit gekennzeichnet.[441] Auch von Regierungsseite trat die Bundesrepublik betont antinationalistisch auf, was sich beispielsweise in Gustav Heinemanns Verzicht auf den Großen Zapfenstreich bei seinem Rücktritt vom Amt des Bundespräsidenten ausdrückte.[442]

Im zeitlichen Umfeld der Fußballweltmeisterschaft relevante Themen waren zum einen wirtschaftlicher Art – 1973 hatte die erste Ölkrise das Ende des ökonomischen Regimes der Nachkriegszeit eingeleitet[443]; generell trat in den Industriegesellschaften das Fordsche Produktionsmodell in den Hintergrund.[444] Wenige Monate zuvor hatte eine Episode der Guillaume-Affäre auf spektakuläre Weise zum Rücktritt des Bundeskanzlers Brandt geführt, Nachfolger wurde Helmut Schmidt.[445] Auch eine neue Gesetzgebung zum Schwangerschaftsabbruch wurde zeitgleich kontrovers und emotional diskutiert.[446]

Vor diesem Hintergrund trat 1974 eine Nationalmannschaft im eigenen Land an, die im Unterschied zu 1954 aus Profifußballern bestand. 1972 hatte der DFB nach langen Kämpfen den Widerstand gegen eine vollständige Marktöffnung aufgegeben.[447] Die Spieler hatten vor dem Turnierbeginn eine Prämie von 60 000 DM für einen Finalsieg ausgehandelt.[448] Auch international hatte eine Kommerzialisierung im Fußball stattgefunden; bekannte Spieler hatten Werbeverträge abgeschlossen und waren zu Stars geworden. Der Umstand, dass die bundesdeutsche Elf mit Beckenbauer, Müller, Netzer oder Breitner gleich über mehrere Spieler verfügte, die zur Weltspitze gerechnet wurden, machte sie – neben den Niederlanden – zum Mitfavoriten beim Turnier.

Noch in einer weiteren Beziehung wirkte sich die Münchner Olympiade auf die Fußball-WM aus: Da ein Attentat wie das der Terrorgruppe „Schwarzer September" unbedingt verhindert werden sollte, wurden die Sicherheitsvorkehrungen radikal ausgeweitet.[449]

---

440 Vgl. z.B. Stöber 1999, S. 291.
441 Beispielsweise hielten 1974 schon 32% das Dritte Reich für einen möglichen Grund für die Unbeliebtheit der Deutschen im Ausland (1955: 13%); auch sonst lassen die Umfragen auf wachsende Selbstkritik schließen. Noelle-Neumann, 1974-1976. S. 56.
442 BILD berichtete darüber in etwas bitterem Ton.
443 Vgl. Jørgensen, S. 375 sowie Kleßmann, S. 15.
444 Über die strukturellen Umwälzungen vgl. Jørgensen, S. 376.
445 April/Mai 1974.
446 Am 18. Juni 1974 wurde eine Fristenlösung verabschiedet, die jedoch am 21. Juni vom BVG für verfassungswidrig erklärt wurde.
447 De facto waren die bis dahin offiziell geltenden Gehaltsbeschränkungen, wie erwähnt, ohnehin nicht eingehalten worden. Vgl. Eisenberg, S. 116.
448 In dramatischen Verhandlungen; Teile der Mannschaft hatten bereits mit Abreise gedroht. Vgl. Dietrich Schulze-Marmeling (Hrsg.): Die Geschichte der Fußball-Nationalmannschaft. Göttingen 2004. S. 256.
449 Vgl. Schulze-Marmeling, S. 254.

Abbildung 3: BILD-Titelseite vom 26. Juni 1974, vor dem Spiel gegen Jugoslawien.

4.2.1. BILD-Berichterstattung

Die BILD-Zeitung hatte vor dem Antritt von Chefredakteur Günter Prinz erheblich an Auflage verloren, möglicherweise auch aufgrund der wachsenden Kritik aus verschiedenen Lagern.[450] Prinz, vormals Polizeireporter, entschloss sich zur Flucht nach vorn. So gewannen unter seiner Leitung Sex, Crime und Skandale erheblich an Bedeutung.[451] Außerdem ging BILD mit der Privatsphäre beliebiger Personen „nicht zimperlich"[452] um und gerierte sich zunehmend als „Reichsgericht des kleinen Mannes".[453]

Ein weiterer Grund für die Neuerungen lag wohl im in allen Teilen der Bevölkerung stark angewachsenen Freizeitbudget und dem Vormarsch der Massenmedien, allen voran des Fernsehens.[454] Entsprechend hatte sich eine stärkere Zielgruppenorientierung herausgebildet.[455] Es gelang Prinz tatsächlich, die Auflage wieder zu steigern: 1974 lag sie bei etwa 3,9 Millionen Exemplaren.[456] Auch der Umfang des Blattes war gewachsen und lag nun variabel bei rund 20 bis 30 Seiten, allerdings einschließlich eines großen Anzeigenanteils.[457] Zusätzlich existierte seit 1956 die „Bild am Sonntag", die ebenfalls über die WM berichtete, hier allerdings nicht berücksichtigt wird.

Ferner waren zahlreiche Stadt- oder Regionalausgaben geschaffen worden[458], die „oft bis hin zur Schlagzeile" regional „eingefärbt und angereichert"[459] waren. Auch daher ist im Auge zu behalten, dass die vorliegende Arbeit nur die Hamburger Ausgabe berücksichtigt.

4.2.1.1 „Größte WM-Redaktion des Kontinents" – Umfang und Optik

Die BILD-Zeitung räumte dem Turnier bereits im Vorfeld breiten Raum ein. Damit bildete sie keine Ausnahme; die „westdeutsche Öffentlichkeit wurde von den Medien frühzeitig auf die WM eingestimmt", auch von Fachzeitschriften wie „Kicker".[460] Dennoch war die Redaktion offenbar bereit, Maßstäbe zu setzen und warb damit, über die „größte WM-Redaktion des Kontinents"[461] zu verfügen, genauer: „75 Mann sind für BILD am Ball."[462]

---

450 Laut Jacobi durch die Kritik an Sprache und Inhalten, S. 98.
451 Vgl. Jürgs 1995, nach Schirmer, S. 54. Vgl. Auch Jacobi, S. 100: „täglich einen süchtig machenden Cocktail aus Sex und Sensationen, Facts und Fiction, Brutalität und Barmherzigkeit, Verbrechen und Verbrauchertips". Klaus Weber, dessen Beispiele aus den Jahren 1974 und 1976 stammen, macht eine deutliche Sexualisierung aus: Die Sprache der Sexualität in der BILD-Zeitung. Ein interdisziplinärer Versuch über formalsynthetische Literatur. Berlin 1980.
452 Jacobi, S. 99.
453 Vgl. Jacobi auf der Homepage des Axel Springer Verlags.
454 Noelle-Neumann, 1968-73, S. 42.
455 Vgl. Peter Ludes: Programmgeschichte des Fernsehens., in Wilke, S. 255-276, hier S. 258.
456 Laut BILD-Chronik des Axel Springer Verlags. Zwischen 1967 und 1971 war sie zuvor von 4,2 Mio auf 3,4 Mio gesunken. Ebenda.
457 Nahezu jede Seite bestand zur Hälfte aus Anzeigenfläche.
458 Bis 1972 entstanden neben Hamburg, Berlin, München auch Köln, Düsseldorf, Frankfurt-Bund, Ruhr, Stuttgart-Bund und Nürnberg; 1974 kamen noch Ostwestfalen, Münsterland und Südwestfalen hinzu. Quelle: BILD-Chronik des Axel Springer Verlags.
459 Jacobi, S. 100f. Diesem zufolge hatten 1961 noch rund 80% die zentral produzierte Bundesausgabe erhalten, 1977 nur noch 10%.
460 Schulze-Marmeling, S. 254.
461 So die Kopfzeile der WM-Seiten.
462 BILD, 10.06.1974, S. 2.

Es gestaltet sich kompliziert, einen Beginn der Vorberichterstattung zu markieren: Bereits im März fanden sich Sonderrubriken wie „WM-Laden", „WM-Nachrichten", „WM-Splitter" o. Ä. recht regelmäßig unter verschiedenen Titeln im Blatt und wurden zum Turnierstart hin ausgeweitet.[463] Den ganzen Mai über konnten BILD-Leser WM-Karten gewinnen, am 21. Mai begann eine tägliche Serie über die einzelnen Spieler, die bis zum Turnierstart lief. Auch Vorbereitungen und Testspiele wurden mit großer Aufmerksamkeit verfolgt und die Berichte darüber prominent platziert. Spätestens ab Ende Mai[464] gab es regelmäßig Titelseitenaufmacher zum Thema Fußball-WM[465]; ab dem Beginn der WM am 13. Juni bis nach dem Finale machte BILD praktisch täglich auf dem Titel mit Neuigkeiten auf.[466]

Der Umfang der Berichterstattung insgesamt steigerte sich praktisch den ganzen Juni über, erreichte mit dem Anstoß und den ersten Spielen seinen Höhepunkt, und flaute dann zunächst leicht ab, bevor er mit dem Einzug der bundesdeutschen Mannschaft ins Endspiel und dem Titelgewinn wieder anstieg. Teilweise war das allerdings dem Rückgang der Berichterstattung im Regionalteil geschuldet: Nach der Vorrunde fanden in Hamburg keine Spiele mehr statt. Die Quantitäten überstiegen notwendigerweise die Berichterstattung von 1954 um ein Vielfaches: Im Turnierzeitraum wurde im Schnitt auf acht Seiten verteilt über die WM berichtet, die Zahl der am 14. Juni beginnenden und in der Kopfzeile entsprechend gekennzeichneten WM-Seiten belief sich auf je rund sechs.[467]

Nach dem Titelgewinn sank der Umfang schnell – auch dadurch bedingt, dass die Profifußballer lieber mit ihren Familien in den Urlaub fuhren als an ausgedehnten Siegesfeiern teilzunehmen. Schon am 10. Juli, drei Tage nach dem Finale, hieß es auf Seite 9 in der Schlagzeile: „Die WM ist vorbei! / Das sind die neuen Sportknüller"[468]; tags zuvor hatte es den letzten einschlägigen Titelseitenaufmacher gegeben. Nichtsdestoweniger gelang es BILD, das Thema Weltmeisterschaft per Kolumnen noch bis zum 22. August zu ziehen, bevor am 23. die tags darauf startende Bundesligasaison vorbereitet werden konnte. Nacheinander lösten sich dort, ohne Pause, Beitragsreihen von Franz Beckenbauer[469], Gerd Müller, Sepp Maier, Wolfgang Overath und schließlich Uli Hoeneß ab.

Nach wie vor war BILD vorwiegend in Schwarz-Weiß gehalten[470]; zumindest auf dem Titel jedoch wurde die Schmuckfarbe Rot großzügiger eingesetzt. Das Layout war einerseits klarer geworden – statt einen Artikel in den nächsten hineinragen zu lassen, waren die Flächen hier klarer strukturiert und eher spaltenorientiert (vgl. Abb. 3 und 4) –, andererseits etwas kreativer: Mal ging eine Überschrift über eine ganze Doppelseite, vor allem aber wur-

---

463 Mal unter dem Titel „Nationalmannschaft", mal unter „WM" Sonderseiten. Am 14.03.1974 begann auf S. 17 die Reihe: „Die Rüpel aus dem Armenhaus / Eine BILD-Serie über Uruguay, den ungewöhnlichsten WM-Teilnehmer".
464 Seit dem 29.05. befanden sich die Spieler in ihrem Quartier in Malente.
465 In BILD vom 30.05.1974 lautete die Aufmacherschlagzeile „Weltmeister? So sieht unsere Elf ihre Chancen".
466 Es ist anzumerken, dass es nicht immer einen klar zu bestimmenden Titelseitenaufmacher gab; häufig waren zwei bis drei Themen gleichwertig und mit gleicher Fläche auf Seite 1 vertreten. Die Fußball-WM war lediglich einmal unter den größten Titelthemen, nämlich am 3. Juli.
467 „Die größte Sportredaktion des Kontinents berichtet von der Fußball-WM". Die Anzahl variierte allerdings; Ende Juni waren es nur vier bis fünf Seiten täglich; Anfang Juli wieder je sechs bis acht.
468 Im Artikel wies BILD auf Termine für Ereignisse in anderen Sportarten hin.
469 Beginnend am 09.07.1974, S. 12, fortgesetzt bis 28.07., S. 22, bevor am 30.07. auf S. 11 die Gerd-Müller-Kolumne begann.
470 Obwohl technisch Farbbilder durchaus möglich waren; es hatte bereits farbige BILD-Ausgaben gegeben (vgl. Chronik; erstmals zu Mondlandung). Man verzichtete vermutlich aus Kostengründen darauf.

den die Lettern selbst wirksam eingesetzt und betont. Meist nahmen die riesigen Schlagzeilen mehr Raum ein als die Fotos.[471]
Letztere dienten einerseits der Illustration, andererseits deutlich mehr als zuvor der bloßen Unterhaltung, ohne dabei artikelgebunden zu sein. Es konnte durchaus eine Fotostrecke geben, in der Sepp Maier ein Rad schlug[472], oder scherzhaft mit fiktivem Text versehene Fotos einer Unterhaltung zwischen Trainer Schön und Spieler Breitner.[473]
Anlässlich der Weltmeisterschaft modifizierte die BILD-Zeitung außerdem ihr Logo auf dem Titel: Ein kleiner Fußball war über den BILD-Schriftzug gelegt worden, mit der Aufschrift: „Größte WM-Zeitung des Kontinents".

4.2.1.2 Ausweitung der Kampfzone – Hauptmerkmale der Berichterstattung

Das Hauptcharakteristikum der WM-Berichterstattung der BILD-Zeitung 1974 ist – zumal gegenüber 1954 – Expansion. Diese reichte auch über die Zeitung selbst hinaus, in Richtung eines Interaktionsverhältnisses mit den Lesern. Indem BILD in Hamburg einen eigenen „BILD WM-Stammtisch"[474] im Rahmen des „WM-Treffs" auf dem Rathausmarkt organisierte, „20 Farbfernseher" zur Verfügung stellte und für ein Rahmenprogramm mit populären Showstars sorgte, trat sie aus dem Zeitungsformat heraus und schuf darin zugleich in einer Art selbstreferentieller Rückkopplung ein neues Thema für ebendieses. Denn selbstverständlich wurde im Regionalteil ausführlich über die gute Stimmung bei den BILD-Veranstaltungen berichtet: Unter den Überschriften „Hamburgs Straßen leer – im Zelt Gedränge"[475], „Heiße Songs und kaltes Bier"[476], oder „Riesen-Jubel auch am BILD-Stammtisch"[477] feierte BILD Hamburg und sich selbst. Dies galt zumindest solange die Stammtische stattfanden. Nach der Vorrunde war die WM für Hamburg vorbei und auch das BILD-Programm wurde eingestellt.[478] Gleiches galt für die regionalen Serviceleistungen. In der ersten Spielphase hatte es unter anderem Parkplatz-Tips für WM-Spiele in Hamburg[479], Standorte und Preise der Würstchenbuden im Volksparkstadion[480] und Informationen zu den Sonderleistungen der lokalen Fernsehreparaturdienste während der Weltmeisterschaft gegeben.[481]
Die Serviceorientierung außerhalb des Lokalteils blieb jedoch erhalten. Vor jedem Spiel wurde der entsprechende Wetterbericht für die Austragungsstadt veröffentlicht („WM-Wetter"), eine „Karten-Hotline"[482] wurde eingerichtet. Zusätzlich zum regulären Fernsehprogramm[483] gab es die Rubrik „Die WM im Fernsehen", andererseits verkündete BILD konkurrenzbewusst: „BILD ist 24 Stunden für Sie da! (Auch dann, wenn das Fernsehen

---

471 Vgl. auch hier Abbildung 3.
472 BILD, 04.06.1974, S. 17: „Sepp, der Spaßvogel".
473 BILD, 07.06.1974, S. 21.
474 „Alle sind herzlich eingeladen: Auf zum BILD-WM-Stammtisch!" BILD, 12.06.1074, S. 3.
475 BILD, 14.06.1974, S. 4-5.
476 BILD, 18.06.1974, S. 6.
477 Samt Ankündigung für den nächsten Termin: „'Uns Uwe' und Dunja kommen!"BILD, 19.06.1974, S. 4.
478 Am 24.06.1974 auf S. 18 wurde noch einmal Bilanz gezogen.
479 BILD, 20.06.1974, S. 7.
480 BILD, 22.06.1974, S. 5.
481 BILD, 08.06.1974, S. 5.
482 Ankündigung: BILD, 13.06.1974, S. 2.
483 „Durch BILD wird Fernsehen erst schön" – auch unter Prinz eingeführt. Jacobi, S. 98.

schon schläft!)"[484], um das eigens eingerichtete „WM-Telefon" zu bewerben, eine Hotline, unter der „vier Fußball-Experten" rund um die Uhr die „Fußball-Fragen" der BILD-Leser beantworteten. Vor dem Finale schließlich wurden die Leser aufgerufen, per Telefonabstimmung über den Fernsehkommentator für das Endspiel mitzuentscheiden.[485]

Überhaupt konnte die BILD-Zeitung kaum oft genug ihre eigene Rolle hinsichtlich der WM-Berichterstattung betonen und bewarb fortgesetzt ihre Einzigartigkeit, beginnend mit dem Artikel „Fußball-WM: Wer BILD liest, sitzt immer in der ersten Reihe"[486], in dem die Leistungen vorgestellt wurden: Unter anderem hatte BILD „fünf weltberühmte Fußballexperten, darunter Pelé"[487] exklusiv als Kommentatoren verpflichtet. Weitere Anreize boten Prominente aus dem Fußball, nacheinander für die Leser erreichbar am „BILD-Telefon", darunter auch eine Reihe von Spielern aus der 1954er Nationalelf[488], deren Titelgewinn in diesem Jahr das 20jährige Jubiläum feierte. Die Protokolle der Telefonate ließen sich, ähnlich wie die Stammtischveranstaltungen, wieder zu neuen Artikeln zusammenfassen. Nebenbei wurde die Mythisierung des „Wunders von Bern" betrieben, zumal zeitgleich Sepp Herberger in einer Kolumne die Ereignisse noch einmal aus seiner Sicht schilderte.[489] Die WM-Kartenverlosungen im Vorfeld – mit täglicher Bekanntgabe der GewinnerInnen – betonten ebenfalls die Rolle von BILD als führendes Medium in diesem Zusammenhang, ähnlich die Vermittlung von Privatpersonen gestifteter Karten an Leser[490]: BILD ließ keinen Zweifel an der eigenen Zuständigkeit.[491]

Auch sonst hatte BILD die Ausweitung der Berichterstattung angekündigt:

„Unsere Kommentatoren werden Sie aber nicht nur über die Spiele informieren. Cramer, Pelé, Gutendorf, Schulz und Merkel sind mit fast allen großen Spielern befreundet. Sie werden Ihnen Intimes und Ungewöhnliches erzählen. Vieles, was andere Reporter nicht wissen können."[492]

Die betonte Nähe zum Geschehen und – wichtiger als zuvor – zu den großen Stars zog sich durch die Hintergrundberichte sowie durch die unmittelbar sportlichen Themen. In die Spielberichte wurden Analysen und Folgerungen diverser fußballerischer Autoritäten gleich integriert, vermutlich auch dem Umstand Rechnung tragend, dass den meisten Lesern der bloße Spielverlauf bereits bekannt war. Entsprechend wurde den meist sehr emotionalen Bewertungen oder Kommentaren auch auf der Titelseite Vorrang vor dem Ergebnis gegeben. Insgesamt waren die dazugehörigen Schlagzeilen oft prägnant und sloganartig, etwa „Endspiel / Irre, klasse, danke"[493], nach dem Finale „Schreck, Hoffnung, Müller – dann Jubel, Tränen, Küsse!"[494], oder auch auffordernd: "Jungs, zeigt endlich, was ihr könnt!" (vgl. Abb. 3) beziehungsweise - einen Tag später - "2:0 / Wunderbar! Weiter so bis zum End-

---

484 Z.B. BILD, 13.06.1974, S. 17.
485 „Rangelei beim Fernsehen: Wer darf beim Endspiel sprechen?" BILD, 29.06.1974, S. 7, bzw. „Wer soll das Endspiel sprechen? [...] BILD-Leser, stimmt ab!" BILD, 01.07.1974, S. 16. Im Übrigen erfolglos.
486 BILD, 10.06.1974, S. 2.
487 Ebenda.
488 Horst Eckel am 05.06., Karl Mai am 06.06., Toni Turek am 08.06.1974.
489 „Alt-Bundestrainer Sepp Herberger verrät 20 Jahre nach Bern, wie er alle reinlegte/ ‚So war es wirklich, als wir Weltmeister wurden'". Beginnend am 12.06., S. 25, bis 14.06. Möglicherweise wurde die Mythisierung erst in diesem Jubiläumsjahr begonnen.
490 Z.B. 14.06.1974, S. 3.
491 Den eigenen Markenstatus hatte BILD längst erkannt, wie auch in der in Auftrag gegebenen Studie von 1965 deutlich wird.
492 BILD, 10.06.1974, S. 2.
493 Titelseitenaufmacher in BILD vom 04.07.1974.
494 Schlagzeile in BILD vom 08.07.1974, S. 15.

spiel!"[495] Der zum Aufmacher gehörige kurze Text bezog bereits Ursachen für den Sieg mit ein und schloss mit dem charakteristischen Vermerk: „Große Berichte Seite 13, 14, 15, 16". Permanent vermittelte BILD das Gefühl, umfassend und aus allen denkbaren Perspektiven informiert zu sein, sowohl im Vorfeld der einzelnen Spiele („Das ist die Taktik der Brasilianer – BILD verrät sie Ihnen"[496]) als auch im Nachhinein: „Paul Breitner über sein Tor / Ich habe einfach geknallt" respektive „Gerd Müller über sein Tor / Ich wollte mit links schießen".[497] Häufig kamen dabei die Spieler selbst zu Wort[498], und auch Kleinigkeiten wie die Übermittlung der genauen Speisepläne – hier bereits vorab[499] – verdeutlichten die enge Anbindung ans Geschehen. Es wurde nicht nur berichtet, wer was getan hatte, sondern auch warum genau und wie er sich dabei gefühlt hatte.[500] Zusätzlich gerierte sich BILD in zahlreichen regelmäßigen Bewertungsrubriken als Autorität: Nicht nur die Noten für die einzelnen Spieler aller Mannschaften waren eingeführt worden[501], sondern auch in regelmäßigen Abständen eine darauf basierende „Weltelf" mit den besten Spielern des Turniers. Ferner lieferte die Redaktion Berechnungen für alle Eventualitäten: „Wie kommt wer weiter?"[502] All das geschah in recht organisiertem Rahmen – eben in Form von Rubriken, Serien, WM-Sonderseiten und anderen verlässlichen Größen.

Zuweilen schoss BILD weit über das Ziel hinaus, sofern man umfassende sportliche Information als Ziel unterstellen möchte. Im Dienste der Unterhaltung wurden alle Fragen beantwortet, die nie jemand gestellt hatte, und die teilweise sehr weit hergeholt anmuteten. Dies begann bei pseudo-empirischer Chancenspekulation[503] oder, vor dem Spiel gegen die DDR eingeführt, Mann-gegen-Mann-Vergleichen vor Spielen[504], schloss im Regionalteil die detaillierte Wiedergabe der aufgrund der WM schlecht besuchten Kinofilme ein[505], und endete nicht bei den „verrücktesten Ranglisten dieser WM"[506]. Schon im Vorfeld, und während des Turniers nicht weniger, wurden die Leser mit streng genommen unbrauchbaren Informationen versorgt: „ALLES, aber auch ALLES übers erste Spiel in Hamburg" war kaum übertrieben.[507] Die viel konstatierte Verschiebung zu Gunsten von Themen, die zwar aus dem Umfeld des Sports kommen, mit der ursprünglichen Thematik jedoch nichts mehr

---

495 Titelseitenaufmacher vom 27.06.1974.
496 BILD, 13.06.1974, S. 14. Inklusive Grafik.
497 BILD, 28.06.1974, S. 19.
498 Beispielsweise auch in BILD vom 28.06.1974, S. 20: „Das sagen die Spieler über sich selbst".
499 U.a. BILD, 13.06.1974, S. 14.
500 Ausländische Spieler: „'Keine Rücksicht bei der WM...' / Torstensson über sein Duell mit Breitner": BILD, 01.07.1074, S. 12; deutsche Spieler: „Das denken Spieler, wenn der Trainer sie vom Platz holt", 02.07.1974, S. 12; oder beide: „Unsere vier Tore aus drei Blickwinkeln" – jedes Tor einzeln kommentiert von Torschützen, schwedischem Torwart und dem deutschen Ersatztorwart Nigbur. BILD, 02.07.1974, S. 13.
501 Von 0 („WM-Tourist") bis 6 („WM-Traumspieler").
502 Z.B. BILD, 21.06.1974, S. 19: „Bulgarien ist bei einem Sieg auf jeden Fall weiter. Ein Unentschieden könnte auch reichen, wenn [...]". Oder: „Brasilien spielt gegen Deutschland, wenn...", samt Daten und Statistiken aus bisherigen Deutschland-Brasilien-Spielen. BILD, 20.06.1974, S. 13.
503 Z.B. „Im ersten Spiel noch nie verloren", BILD, 14.06.1974, S. 17.
504 BILD, 22.06.1974, S. 8. In den nächsten Spielen jeweils fortgeführt; als prominenter Sonderfall die Gegenüberstellung von Beckenbauer und Cruyff vor dem Finale (vgl. Abb. 4).
505 „'König Fußball' fegt die Kinos leer"
506 Erstmals am 21.06.1974, S. 22, dann regelmäßig. Inhalt: Fouls, Ecken, Fehlpässe, Torschüsse etc. Vor Beginn der WM auch: „Was passiert eigentlich, wenn Helmut Schön krank wird? / Die neun wichtigsten Fragen zur Fußball-Weltmeisterschaft", in BILD, 13.06.1974, S. 2.
507 Übertitel: „Der große BILD-Service". Informationen über Schiedsrichter, Ehrenlogengäste, Trikots, Sicherheit... BILD, 14.06.1974, S. 20.

zu tun haben, findet sich eindrucksvoll bestätigt[508]: BILD praktizierte Infotainment in Bestform.[509]

Dies wurde in der Hintergrundberichterstattung umso deutlicher. Mit besonderem Gewicht auf der bundesdeutschen Mannschaft, und zusätzlich wie schon 1954 am jeweils nächsten Gegner oder ohnehin prominenten Teams orientiert, berichtete die BILD-Zeitung in hohem Maße personalisiert. Beginnend spätestens mit der Serie „Liebe, Siege und Moneten"[510] über das Privatleben ausgewählter Nationalspieler vermittelte sie den Eindruck spezieller stereotyper Charaktere, auf die sie im späteren Verlauf der Berichterstattung rekurrieren konnte. Diese waren zudem stark emotional aufgeladen, so dass ein breites Gefühlsspektrum für die unterschiedlichen Akteure bedient wurde: Sympathie, Bewunderung, Mitgefühl, Neid, Belustigung oder Verachtung für den Helden, den Überflieger, den Kämpfer, den abgehobenen Star, den Rebellen, den Spaßvogel oder den Arbeiter.[511] Diese Form der Berichterstattung kam den Spielern recht nahe und vermittelte durchaus einen Eindruck ihres Privatlebens, zumal auch einige ihrer Ehefrauen gelegentlich in BILD das Wort ergriffen.[512] Wie sie lebten, wo und mit wem, war kein Geheimnis; teilweise, wie im Falle Günter Netzers, war das bereits vorher breit in der Boulevardpresse diskutiert worden.[513] Dabei wurden intimste Details ausgespart. Trotzdem war Sexualität ein ständiges Thema: BILD schien die relativ neue Errungenschaft der sexuellen Freizügigkeit gründlich auskosten zu wollen[514] und bemühte sich nicht selten um einen entsprechenden Aufhänger zumindest in der Schlagzeile, unabhängig davon, ob der Artikel dies einhalten konnte.[515] Vor dem Finale Bundesrepublik - Niederlande spitzte BILD alles auf die Star-Kapitäne Beckenbauer und Cruyff zu und zog ausführliche Vergleiche, sportlich und charakterlich - was unmittelbar vor dem Endspiel auch zum Titelseitenaufmacher taugte (vgl. Abb. 4).[516]

Boulevardistische Randgeschichten mit bloßer Unterhaltungsfunktion wurden über den gesamten Turnierverlauf hinweg immer wieder eingestreut. Ein großer Artikel war der Rasur von Gerd Müller gewidmet[517], der „verrückteste Fußball-Fan" wurde vorgestellt[518] und launig über den Einbruch in die Wohnung eines türkischen Schiedsrichters berichtet: „Außerdem scheinen es Fußballfanatiker gewesen zu sein – sie hinterließen nämlich einen Zettel, in dem sie Babacan aufforderten, künftig die deutsche Mannschaft nicht mehr so zu be-

---

508 Vgl. Köstner, S. 45.
509 Darunter auch Fußball-Witze etc.
510 Vom 21.05. bis 29.05.1974. Autor war der spätere „Chefkolumnist" des Springer Verlags Franz Josef Wagner.
511 Ausführlich in Kapitel 4.2.2.3.
512 U.a. Hildegard Breitner: BILD, 04.07.1974, S. 14.
513 Schulze-Marmeling, S. 255.
514 Im Übrigen auch außerhalb der WM-Berichterstattung: Eine Eheberatungsserie schilderte schilderte auf voyeuristische Art sexuelle Probleme, um diese dann von Frauenarzt Dr. Sillo-Seidl mit für die heutige Zeit teils haarsträubenden Ergebnissen analysieren zu lassen. Es folgte eine Serie von Dreiecksgeschichten über Ehefrau, Ehemann und dessen Geliebte. Modern war offenbar, „Experten" zu jedem Thema heranzuziehen: BILD praktizierte dies in der WM-Berichterstattung wie in allen anderen Bereichen.
515 Im Artikel „Die ersten Sex-Probleme / Breitner hat Heimweh" in BILD vom 07.06.1974, S. 21 beispielsweise sagte Breitner nichts weiter, als dass er seine Familie gerne wieder einmal sehen würde; die etwas bemühte Umfrage unter den Spielern nach Problemen mit der Enthaltsamkeit ergab lediglich deren Nichtexistenz. Im Anschluss wurden wiederum Fachleute befragt. Auch dass der Titel „Die Frauen dürfen zu unseren Spielern" am 21.06.1974 den Seite-1-Aufmacher stellte, mit Fotos der Spielerfrauen, teils im Badeanzug, ist sonst kaum zu erklären.
516 Vgl. Abb. 4. Ausführlich in Kapitel 4.2.2.3.
517 „Müllers fixe Idee: Plötzlich wollte ich den Bart nicht mehr". BILD, 05.06.1974, S. 18.
518 Ein Australier. BILD, 18.06.1974, S. 17.

vorzugen."[519] Gelegentlich sorgte BILD für derlei Anekdoten selbst, z.B. indem Redakteure einem als Langschläfer geltenden brasilianischen Spieler einen Wecker zum Geburtstag schenkten und darüber berichteten.[520] Auch in der Ausrichterfunktion Deutschlands lag Potenzial, neben der allerdings seltenen Bewertung der Organisation[521] vor allem für die anekdotische Porträtierung diverser Berufsgruppen und wie sie die WM erlebten: Polizisten, Ordner, Busfahrer oder in der Rubrik „Achten Sie auf..." der „Mann, der die Nummern zeigt".[522]

Die umfassende Berichterstattung über jeden nur denkbaren Aspekt und unter – offenbar modischer[523] – Heranziehung von „Experten" sowie pseudostatistischer Berechnung der jeweiligen Chancen besonders der deutschen Mannschaft dienten zum einen der Unterhaltung und der Spannungserzeugung.[524] Zum anderen lieferten sie Anknüpfungspunkte für weitere Kommunikation auf verschiedenen Ebenen, zumal beim Leser vermutlich das Gefühl erzeugt wurde, sich nach der Lektüre rundum informiert und letztendlich ‚mitreden zu können', ob bei einer sportlichen Fachsimpelei oder einem Plausch über die privaten Gewohnheiten diverser Fußballspieler. In diesem Fall wäre die Bedeutung des Themas WM noch weiter befördert worden und hätte wiederum die breite Berichterstattung gerechtfertigt. Ob das gelungen ist, lässt sich schwer nachvollziehen – zumindest blieb die Weltmeisterschaft ja dominierendes Thema in BILD, das auch in den Kommentaren auf Seite 2 zuweilen seinen Platz fand.[525] Einige Unwägbarkeiten freilich ließen sich nicht kontrollieren – dass das Wetter über weite Strecken eher regnerisch und kühl war, mag der Begeisterung abträglich gewesen sein, ebenso wie die Enttäuschung über die schwachen Vorstellungen der bundesdeutschen Mannschaft in der ersten Finalrunde, und erklärt vielleicht das leichte Abflauen der Berichterstattung während der zweiten. Der Gesamteindruck bleibt jedoch bestehen: die BILD-Leserschaft wurde frühzeitig und immer wieder auf „König Fußball" eingeschworen.

4.2.1.3 Helden wie wir: Das Bild der Deutschen

Die Professionalisierung der Fußballer veränderte ihr Verhältnis zur Bevölkerung sehr weitgehend, und damit auch die Möglichkeiten ihrer Darstellung. Jung und bereits wohlhabend, hochbezahlte Berufssportler, hatten sie mit den Lebensverhältnissen des Durchschnittsbürgers kaum noch etwas gemeinsam. Der auch auf den BILD-Titelseiten ausgetragene Streit zwischen Spielern und DFB um die Prämien in Höhe von 60 000 DM musste diese Diskrepanz unterstreichen, und das im Blatt des „kleinen Mannes". Zugleich war der internationalen Kommerzialisierung Rechnung zu tragen; die Fußballverbände anderer Länder waren noch deutlich höhere Beträge zu zahlen bereit.[526] Diese Entwicklung war nicht

---

519 BILD, 18.06.1974, S. 20.
520 BILD, 21.06.1974, S. 23.
521 Z.B. „Die WM in Plus und Minus", BILD, 09.07.1974, S. 14.
522 BILD, 18.06.1974, S. 17. „Achten Sie auf..." gehört zur Rubrik „Die WM im Fernsehen".
523 Wie erwähnt; ferner: „Drei Spiele vor der Mattscheibe: Was der Arzt den Fußball-Fans rät. BILD, 18.06.1974, S. 6.
524 Z.B. „Rätsel um Hoeneß / Ist er am Ende seiner Kraft?" BILD, 25.06.1974, S. 12.
525 Am 14.06. zum Turnierbeginn, am 20.06., nachdem Franz Beckenbauer die Zuschauer beleidigt hatte, am 24.06. nach dem Spiel gegen die DDR, am 04.07.nach dem Finaleinzug, am 08.07. nach dem Titelgewinn und am 09.07. nach dem Skandal bei der DFB-Feier.
526 Beispielsweise Italien 120 000 DM Vgl. Grube/Richter, S. 6.

aufzuhalten und die BILD-Zeitung mit ihrem Anspruch, über die führende Sportredaktion des Kontinents zu verfügen, konnte es sich kaum mit sämtlichen Insidern verscherzen, indem sie deren Bezahlung als zu hoch anprangerte. Analog bemühte sich BILD um den Spagat, das Berufssportlertum grundsätzlich mit allen Konsequenzen zu akzeptieren und zugleich die Perspektive des Lesers gegenüber der „hochbezahlten Elitetruppe"[527] mitzudenken, dem die Prämie auch vor dem Hintergrund des immerhin erfolgreichen Präzedenzfalls von 1954 mit deutlich niedrigeren Summen, sehr hoch erscheinen musste. Auf ‚Bern' stützte sich entsprechend auch eine gewisse Nostalgie, die BILD gelegentlich pflegte, wie in dem Kommentar:

> „Träumen wir ein bißchen. / Hurra, wir sind Weltmeister. Die 60 000-Mark-Prämie – ach Jungs, Ihr habt sie euch ehrlich verdient. Wirklich. Dreimal Hurra. / Und jetzt die Augen wieder auf. Gestern hat in BILD der Weltmeister von Bern, Horst Eckel, gesagt, was er vor zwanzig Jahren als Dank kassiert hat. 2200 Mark. / Das tut weh. Weil man ja weiß, wie so ein armer Kerl wie der Werner Kohlmeyer gescheitert ist. [...] / Armer ‚Kohli', du hast 20 Jahre zu früh gewonnen."[528]

Dem Ideal des für das Land kämpfenden Sportlers hing die BILD-Zeitung zuweilen noch etwas nach. So wurde nach dem Titelgewinn ein Kommentar der London Times in der BILD-eigenen Kommentarspalte ausführlich zitiert:

> „[...] aber dann hatten sie [die Niederländer, KSD] doch nicht den nationalen Schwung wie die Deutschen, die für ihr Vaterland spielten und nicht nur für einen dicken Sack voll Geld..."[529]

Überschrieben waren die Auszüge mit: „...spielten für Deutschland" – der dicke Sack voll Geld, den die deutsche Elf erhalten hatte, war kurzzeitig in Vergessenheit geraten. Gleichzeitig ließ BILD jedoch den durchweg eindeutig positiv dargestellten Beckenbauer mit der gegenteiligen Ansicht zu Wort kommen: Eine Zwischenüberschrift in seiner Kolumne lautete: „Der Mist mit der ‚Ehre' und dem Adler", seine Meinung zum Thema:

> „'[...] Wenn ich immer diesen Scheißdreck höre, daß wir nun um die Ehre spielen sollen und für den Adler auf der Brust - mit solchem Mist kann ich doch heute keinen Hund mehr hinter dem Ofen vorlocken! Aber das meinen noch die meisten Funktionäre.'"[530]

Deutlich entschiedener positionierte sich BILD gegen den DFB, dessen Funktionäre allerdings auch ein so dankbar reaktionäres und ungeschicktes Verhalten an den Tag legten, dass eine andere Möglichkeit kaum blieb.[531] Auch Bundestrainer Schön wurde gelegentlich gescholten, in der Regel für seine demnach überkommenen Methoden[532] und zugunsten der Spieler.
Die Darstellung der modernen Berufsfußballer nach dem alten Ideal als ‚elf Freunde' schied aus: Auch zeitgenössisch wurden solche Versuche als anachronistisch und verlogen

---

527 So die Bezeichnung nach einem schwachen Spiel. BILD, 19.07.1974, S. 13.
528 BILD, 07.06.1974, S. 2.
529 BILD, 10.07.1974, S. 2.
530 BILD, 15.07.1974, S. 13.
531 Diese hatten den Strukturwandel des internationalen Fußballs offenbar nicht weiter zur Kenntnis genommen und führten sich u. a. bei der Siegesfeier unangemessen selbstherrlich auf, als die eigenen Gattinnen zwar eingeladen waren, die der Spieler aber harsch des Saales verwiesen wurden. Dazu BILD-Kommentar „Raus mit den Schuldigen!" 09.07.1974, S. 2. Vgl. zu diesem Vorgang auch Schulze-Marmeling, S.268. Weitere Beispiele: „'DFB belügt die Presse'", 29.06., S. 9; Spielermeinung, die „Zeit der Duckmäuserei" sei vorbei: BILD, 28.06., S. 21. „Beckenbauer / Wie er mit 6 Funktionären fertig wurde". BILD, 12.07.1974, S. 1.
532 U.a. am 24.06.1974, S. 1.

empfunden.[533] Ferner waren die Spieler nicht mehr willens, sich einer Autorität so unterzuordnen wie es von Herbergers Elf überliefert war.[534] Eine Art ‚Geist von Spiez' mochte offenbar in Malente nicht aufkommen, statt dessen hatte die Spieler der „Lagerkoller" befallen, der BILD Schlagzeilen lieferte: „Aufstand unserer Spieler gegen Schön"[535], „'In Malente wird man wahnsinnig'/Lagerkoller unserer Nationalmannschaft"[536], schließlich „Schön öffnet ‚Gefängnis Malente'/Die Frauen dürfen zu unseren Spielern"[537] und, nach der Niederlage gegen die DDR, „Die schweren Fehler des Herrn Schön. Aber: Noch ist Deutschland nicht verloren"[538]. Die Spieler schonte BILD eher als den Trainer; „gestandene Männer" könnten nicht „bevormundet wie Sechsjährige" werden, so jedenfalls, die Universalmahnung, werde man nicht Weltmeister.[539] Auch im Artikel „Sie sollen nur Händchen halten"[540] schlug BILD sich in dem Vorwurf, Schön gefalle sich „in der Rolle des Sexmuffels", auf die Seite der Spieler. Ganz kam die Redaktion offensichtlich um kritische Äußerungen nicht herum, da die „Stimme des Volkes"[541] sich von den schwachen Vorstellungen der bundesdeutschen Mannschaft wenig begeistert zeigte, wie auch BILD berichtete: „'Deutschland weg, hat keinen Zweck', brüllten viele", auch „Sparwasser-Rufe" seien ertönt, bei magerem Beifall, kurz: „Die Stimmung im Volke ist umgeschlagen."[542] Dennoch blieb die Kritik relativ verhalten, äußerte sich allenfalls in Aufforderungen wie „Jungs, zeigt endlich, was ihr könnt!"[543], und blieb im Tenor wohlwollend gegenüber den meisten Spielern.[544] Ein Grund dafür lag vermutlich in der im Dienst späterer Berichterstattung notwendigen engeren Anbindung an die Stars, die offenbar gelungen ist, wie nicht nur die an die WM anschließenden exklusiven Kolumnen vermuten lassen.[545]

Statt der wie Pech und Schwefel zusammenhaltenden Mannschaft wurde nunmehr das jeweilige Image der Einzelspieler gepflegt, oft auf emotionalisierte und stereotype Art und Weise. So wurden in sportlicher Hinsicht Vogts und Overath als ‚Arbeiter' betrachtet, deren Anstrengungen BILD beifällig kommentierte; Müller, Breitner, Maier und vor allem Beckenbauer waren schon durch ihre vorhergegangenen Erfolge zu Stars geworden und galten als fußballerisch genial; Netzer hatte diese Zeit scheinbar hinter sich. Die Bandbreite ermöglichte eine entsprechende, allerdings vorgefertigte, Vielfalt an Positionierungen: Dem Leser wurde eine Reihe verschiedener Urteile über die unterschiedlichen Spieler angeboten, unter denen man den einen respektieren, den anderen bewundern, einen weiteren aburteilen konnte. Die BILD-Zeitung schwang sich dabei zur Bewertungsinstanz im Namen der Leser

---

533 Jürgen Werner, in Grube/Richter, S. 119.
534 Vgl. Schulze-Marmeling, S. 258.
535 Titelseitenaufmacher in BILD, 20.06.1974.
536 Ebenda, S. 14.
537 Titelseitenaufmacher BILD, 21.06.1974.
538 Titelseitenaufmacher BILD, 24.06.1974.
539 BILD-Kommentar „Martin Luther lesen, Herr Schön!", BILD, 21.06.1974, S. 2.
540 BILD, 22.06.1974, S. 9.
541 BILD, 25.06.1974, S. 12.
542 Ebenda.
543 Titelseitenaufmacher, BILD, 26.06.1974.
544 Statt dessen wurden andere Gründe wie die massiven Sicherheitsvorkehrungen als Ursachen für die Abschottung der Mannschaft genannt, oder die Belastung der Favoritenrolle, teils pathetisch wie am 01.07.1974, S. 11: „In den Mienen der deutschen Spieler aber regte sich nichts. Wieder einmal waren sie angetreten, um siegen zu müssen."
545 Die Anti-Klinsmann-Kampagne 2006, so spekulierten zahlreiche Zeitungen, habe mit dessen Weigerung zu tun gehabt, BILD ähnlich bevorzugt zu behandeln wie Beckenbauer und dessen Nachfolger. Ausführlich unten.

auf, wenn sie die Spieler ansprach, ob fordernd[546] oder lobend.[547] Dies scheint einer verbreiteten Neigung in der Bevölkerung entgegengekommen zu sein: „Eine Nation spielte Bundestrainer" hieß es in einer in Buchform publizierten Bilanz zur WM 1974.[548] Zum einen wurde so die durch die Professionalisierung der Spieler entstandene Distanz verringert, zum anderen wurde in den die Spielerpersönlichkeit unterstreichenden Privatporträts häufig und gerne deren geradezu aschenputtelartige Herkunft aus einfachen Verhältnissen betont, wo es möglich war. Die vermittelte Botschaft war: ‚Einer von uns' hat es geschafft. So war die Schilderung von Jupp Heynckes' luxuriösem Heim in dieser Weise eingerahmt.

„Ein echtes Märchen: Es war einmal ein armer Schmied, der hatte acht Kinder. Eines nannte er Jupp. Nachts konnte der Vater vor Sorgen nicht einschlafen – und die Kinder hörten oft, wie er zur Mutter sagte: ‚Wir haben nichts mehr zu essen. Was soll nur aus uns werden?' 1945 war das, und es gab im ganzen Land nichts als Elend. [...] So verrückt ist die Welt. Sein Vater mußte den Namen Heynckes beim Kaufmann noch anschreiben lassen. [...]"[549]

Bei Vogts erfüllten Schicksalsschläge eine ähnliche Funktion. Zudem wirkte er durch die penetrant häufige Titulierung als „der Berti" streckenweise etwas kläglich:

„Er hat einen weichgepolsterten Schaukelstuhl. In dem wippt der Berti Vogts einmal hin und einmal her./ Das ist ganz abwechslungsreich, weil der Fernseher ja auch läuft. Wenn er nach vorn wippt, angelt er sich ein paar Salzstangen. Aber oft hat er nicht einmal dazu Lust. [...] Niemand stört ihn. Aber niemand ruft auch: ‚Berti, komm ins Bett!' Und niemand sagt: ‚Schnarch nicht so.' / Denn Berti lebt ganz allein. [...] Dann geht der Berti wieder, setzt sich in seinen Schaukelstuhl und denkt über sein Leben nach. Mit 14 verlor er seine Eltern, zuerst den Vater, ein paar Monate später die Mutter./ ‚Mutter', sagt der Berti, ‚ist aus Gram über Vaters Tod gestorben.' / Mehr erfährt man nicht von seinen Eltern. Berti trauert noch heute. / [...] Fußball aber war sein ein und alles: Ersatz für fehlende Liebe, für Geborgenheit, für das Elternhaus. / [...] Als Günter Netzer, sein Kapitän, nach Spanien ging, hat Berti geweint, denn der Günter war sein Freund. [...]"[550]

Die Schlagzeile „Als alle Berti riefen, wurde mir komisch"[551] schrieb dieses Bild fort, obwohl er zumindest fußballerisch als „unerbittlich" und „hart" geschildert wurde – und nicht zuletzt „mannschaftsdienlich".[552] Auch „Bomber" Gerd Müller[553] und „Spaßvogel" Sepp Maier[554] wurden mittels betontem Familiensinn und Liebenswürdigkeit mit dem von BILD gemeinhin vertretenen Wertehorizont synchronisiert, ebenso Paul Breitner, dessen Rebellenimage kaum eine Herausforderung darstellte. Seine Kommunismusaffinität wurde mit Verweis auf Swimmingpool und das teure Auto kurzerhand fortgewischt. „Übrigens: Paul Breitner ist erst 22 Jahre alt. Mal sehen, wie das mit 30 ist."[555]

Günter Netzer hingegen wurde sein luxuriöser Lebenswandel in der BILD-Darstellung zum Verhängnis, zusammen mit den besonders herausgestellten Formproblemen. Als aus

---

546 „Jungs, zeigt endlich, was ihr könnt!", Spielerbewertungen 26.06.1974, S. 17: „Um diese Spieler gibt es keine Diskussionen [...]...und diese sind umstritten [...]. Diese Spieler haben versagt... [...] ...diese vier sollen sich heute bewähren".
547 Kommentar „Elfmal danke!" BILD, 04.07.1974, S. 2.
548 Grube/Richter, S. 121.
549 „Liebe, Siege und Moneten / Alles über Jupp Heynckes". BILD, 04.06.1974, S. 13.
550 „Alles über Berti Vogts" in der Reihe „Liebe, Siege und Moneten". BILD, 01.06.1974, S. 9.
551 BILD, 28.06.1974, S. 20.
552 Es hieß aber weiter: „Wenn man den muskulösen Blondschopf jetzt sieht – so stark, so strahlend –, dann vermutet man nicht, daß er eigentlich sensibel ist [...]. Was er braucht, das ist Zufriedenheit, Sicherheit und Erfolg. Dann ist Berti glücklich. / Jetzt ist Berti glücklich. [...]" Ebenda.
553 BILD, 27.05.1974, S. 13.
554 BILD, 25.05.1974, S. 5. bzw. „Spaßvogel", 04.06.1974, S. 17.
555 BILD, 22.05.1974, S. 12.

der Form geratener Star beim verzweifelten Training dargestellt – „Hier kämpft ein Mann ums Überleben"[556] – ging der Bericht bald in moralisierende Belehrung über: „Auf einem Barhocker hat noch niemand ein Tor geschossen. / Und Hand in Hand mit Elke Sommer ist noch keinem ein Tor gelungen."[557] Da Netzer hier das einzige Negativbeispiel darstellte, ist es schwer zu überprüfen, ob dies als Muster verallgemeinert werden kann: Solange ein Spieler erfolgreich war, gönnte man ihm die hohe Bezahlung, blieben die Erfolge aus, verzieh man sie ihm nicht. Im Falle Netzer bleibt indes dessen Spanien-Engagement zu berücksichtigen, das ihm, auch von BILD, schwere Vorwürfe eingebracht hatte[558], und das möglicherweise den Hintergrund zur ungnädigen Beurteilung bildete.

Vollends zur Lichtgestalt entwickelte sich im Lauf der WM Franz Beckenbauer, der nicht nur als Kapitän ein erfolgreiches Turnier spielte, sondern nach der Niederlage gegen die DDR auch zu einer Autorität auf gleicher Stufe mit Trainer Schön wurde.[559] Ob es an seinen engen Beziehungen zur BILD-Redaktion[560] lag oder nicht, er blieb unangetastet; jede seiner Handlungen und Ansichten wurde beifällig aufgenommen. Eine Auswahl des sportlichen Lobs: „Franz, Sepp, Berti – einfach Weltklasse"[561]; „Franz Beckenbauer war einmal mehr ‚Kaiser'"[562]; „Beckenbauer spielt den Fußball des Jahres 2000"[563]. Ferner wurde seine neue Autorität begrüßt: „Die Wandlung des Franz Beckenbauer"[564], bzw. „Endlich haut der Franz mal auf den Tisch/Neuer Schwung durch ‚neuen' Beckenbauer"[565]. Zudem wurden künftig seine Beurteilungen der Teamkollegen von BILD übernommen.[566] Endlich folgte uneingeschränkte Lobhudelei auch für den Privatmenschen Beckenbauer – besonders in dem Moment, als er vor dem Finale dem Niederländer Johan Cruyff gegenübergestellt wurde und in diesem Kontext nun doch die deutsche Elf oder auch ‚Deutschland' repräsentierte:

„[...] Damals war er noch nicht ‚Kaiser'. Er wohnte in einem kleinen Zimmer bei seinen Eltern, arbeitete für weniger als 2000 Mark bei einem Stoff-Großhändler, träumte vom Mercedes und von der großen, weiten Welt. / Ein zurückhaltender, bescheidener junger Mann. Nur wenn er spielte, wenn er dem Ball nachjagte, blitzte sein Temperament auf. [...] Der Franz liebt seine drei Söhne über alles. [...] Völlig niedergeschlagen erlebte ich Franz Beckenbauer vor vier Jahren. Sein Michael lag in einer Münchner Klinik. Gehirnhautentzündung. Er rang mit dem Tode. Beckenbauer damals verzweifelt: ‚Ich würde alles, aber auch alles geben, wenn ich ihm jetzt helfen könnte.' [...] Und wenn die drei Jungs zusammen mit ihrem Vater loslegen, dann fliegen die Fetzen... und einmal auch die Scherben einer riesigen Glastür. Was Franz Beckenbauer mit einem Schulterzucken quittierte: ‚Die müssen wir halt wieder richten lassen...' / Kleinigkeiten, die ihn kaltlassen. [...] Er geht gerne den Dingen auf den Grund. Beschäftigt sich mit Politik, Sprachen, Menschen. Mischt sich gerne unter Prominenz. ‚Weil ich da lernen kann', meint er. / Und Franz Beckenbauer wollte immer lernen. [...] Er bedauert, daß er nicht studieren konnte. ‚Vielleicht wäre ich Arzt geworden.' [...] Franz Beckenbauer – ein Superstar. Aber ich habe es immer wieder gespürt, in jedem Gespräch: Ein Superstar, der Mensch geblieben ist, der Persönlichkeit geworden ist. Mit kleinen Schwächen... doch wer hat die nicht?"[567]

---

556 BILD, 24.05.1974, S. 13.
557 Ebenda. Netzers Allüren wurden auch später thematisiert: „Netzer war stocksauer", 27.06.1974, S. 15.
558 Netzer war bei Real Madrid unter Vertrag. Zum „Vaterlandsverräter"-Vorwurf und BILD-Titel „Nationalelf kaputt" vgl. Schulze-Marmeling, S. 254.
559 Vgl. auch Schulze-Marmeling zur „Nacht von Malente", S. 258.
560 Zu entnehmen dem BILD-Artikel vom 04.07.1974, S. 10: „BILD-Redakteur Klaus Müller kennt Deutschlands Kapitän Franz Beckenbauer seit mehr als zehn Jahren. [...]".
561 BILD, 27.06.1974, S. 15.
562 BILD, 28.06.1974, S. 19.
563 BILD, 06.07.1974, S. 10.
564 BILD, 28.06.1974, S. 1.
565 Ebenda; S. 21.
566 Beispielsweise Lob für Bonhof, BILD, 02.07.1974, S. 14.
567 BILD, 04.07.1974, S. 10 - die Fortsetzung vom auf Seite 1 angekündigten Vergleich mit Cruyff (vgl. Abb. 4). Die erwähnten „kleinen Schwächen" gingen im Übrigen auf die oben erwähnte Begebenheit vom Beginn

Abbildung 4: BILD-Titelseite vom 6. Juli 1974. Der Vergleich wurde auf Seite 10 mit Porträts des als großmütig dargestellten Beckenbauer und des als geldgierig beschriebenen Cruyff fortgesetzt. Auf Seite 9 derselben Ausgabe wurden die Gesamtteams verglichen: laut BILD die „seltsamste und verrückteste Statistik, die es je gab".

---

des Turniers zurück: Beckenbauer hatte das von der Tribüne pfeifende Publikum beschimpft. BILD hatte nicht gezögert, in einem Kommentar auf Seite 2 für ihn Partei zu ergreifen: „Darum spuckte Kaiser Franz". BILD, 20.06.1974, S. 2.

BILD folgend erfüllte Beckenbauer rundum alle emotionalen Erwartungen, die man an ein Idol haben konnte: Identifikationspotenzial als liebevoller Familienmensch mit einfacher Herkunft, dem auch manches verwehrt geblieben war; Bewunderungsfläche als souveräne Persönlichkeit und, nicht zu vergessen, weltberühmter Fußballer. Die Vorliebe für Prominenz akzeptierte BILD hier, anders als bei Netzer, als Lernwillen. Unnötig zu erwähnen, dass Cruyff im charakterlichen Vergleich wesentlich schlechter abschnitt.[568]

Der Schwerpunkt lag durchweg auf den Spielerpersönlichkeiten. Zwar wurde mit zunehmendem Erfolg auch hier und da der Mannschaftsgeist gelobt[569], die bessere Stimmung erwähnt oder mit Fotos illustriert[570], dies blieb jedoch auf Nebensätze beschränkt. Die Personalisierung interagierte ferner mit der Fernsehberichterstattung, die ebenfalls auf einzelne Stars abzielte,[571] und ermöglichte eine anschaulichere Darstellung.[572] Die unterschiedliche Attribuierung der einzelnen Spieler verhinderte weitgehend den Eindruck volkscharakterartiger Wesenszüge, und auch das „Wir" im Sinne der Gleichsetzung von Nation und Nationalelf war großteils deutlich in den Hintergrund getreten.[573] Gründe dafür mögen in einer generellen Abnahme des Kompensationsbedürfnisses durch nationale Identifikation liegen, oder im technischen Potenzial der Mannschaft, das eine nationale Rhetorik deutscher Eigenschaften obsolet machte.[574] Dafür würde sprechen, dass in den eigentlichen Spielberichten der BILD-Zeitung bei dieser WM die Darstellung streng auf die sportlichen Aspekte beschränkt blieb und sich immer wieder Äußerungen finden, die nahelegen, dass Lob und Jubel in erster Linie mit einer guten sportlichen Leistung einhergingen.[575] Gelobt wurde an der Gesamtheit der deutschen Mannschaft lediglich die Fairness[576], also ein Wert des *common sense*. Das rein sportliche, nicht zwingend nationengebundene Erleben der WM wirkt wie das offizielle Positionierungsangebot in einer Zeit, in der die Sensibilität für nationalistische Äußerungen deutlich zugenommen hatte. Stringent durchgehalten wurde dies in BILD freilich nicht – konkret gab es zwei Bereiche, in denen der Ton abwich, nämlich gegenüber den DDR-Touristen durch einen betont selbstbewusst-überheblichen Gestus, und am Ende des Turniers.

Erst ganz zum Schluss versprühte BILD patriotisches Pathos. Zwar wurde vor dem Finale erneut gegenseitige Fairness demonstriert; so hätten beide, Holländer und Deutsche, „am

---

568 BILD vom 6. Juli, (s. o. und Abb. 4); die Überschriften zu den Texten über die beiden Spieler auf S. 10 lauteten: "Über Scherben kann der Franz nur lachen" bzw. "Nur beim Geld wird der Johan weich". Dazu ausführlich in Kapitel 4.2.2.4.
569 Die Elf sei eine „kämpferische Einheit geworden". BILD, 04.07.1974, S. 17.
570 Beispiele Fotos: Müller und Schön strahlen sich an: BILD, 27.06.1974, S. 15; Mannschaft wirft sich jubelnd übereinander: BILD, 28.06.1974, S. 19; Schön umarmt Vogts: Ebenda, S. 20. Stimmung: „Dennoch ist die Stimmung besser denn je. Es wird wieder gelacht, Witze werden gerissen. Der neueste dreht sich um Helmut Schön. [...]". BILD, 28.06.1974, S. 19.
571 Vgl. Ludes, in Wilke 1999. S. 267.
572 Zumal auch Nebenthemen wie die Garderobepläne der Spielerfrauen für das Finale interessant wurden. Vgl. BILD, 06.07.1974, S. 6.
573 Diese Entwicklung war, im Vergleich zu 1954, allerdings schon seit 1962/1966 zu beobachten gewesen. Vgl. Knoch, S. 130. Äußerungen wie „Das ist die neue Elf – sie ist *unsere* letzte Chance" (BILD, 26.06., S. 17) oder, negativ, Sympathien seien „durch das dümmliche Verhalten *unserer* WM-Teamleitung gestern wieder verspielt" worden (BILD, 29.06., S. 9; Hervorhebungen von mir) blieben lange die Ausnahme – abgesehen von Warnungen, so würden „wir" nicht Weltmeister. Z.B. im Kommentar über Beckenbauers Publikumsbeleidigung, 20.06.1974, S. 2.
574 Vgl. Knoch, S. 132.
575 Diverse Berichte über spontanen Jubel für andere Mannschaften, Aufforderungen, andere Teams auch zu unterstützen etc.
576 In den regelmäßigen Statistiken führte die bundesdeutsche Mannschaft die Fairness-Liste an, was von BILD auch betont wurde.

letzten, am entscheidenden Tag des schweren Turniers nur eins verdient:/ Ehrlichen Beifall!"[577] Angesichts der vorangegangenen tagelangen moralischen Demontage der Person Cruyffs allerdings[578] wirkte dies eher wie eine Formalität oder wie die Vorsorge für den Fall der Niederlage, zumal nach dem Finale in den Jubel auf der Titelseite – „Ja! Ja! Ja!/ 2:1/Weltmeister" – kleiner die etwas hämische „Frage an Cruyff: Was sagst du nun?" eingeschoben wurde.[579] Weltmeister waren in BILD an diesem Tage „wir" beziehungsweise „Deutschland"[580], was Franz Josef Wagner im nahezu ganzseitigen Seite-2-Artikel „Die da unten auf dem Rasen und wir auf den Rängen – Deutschland"[581] hervorzuheben suchte:

„[…] Wir, wir sind Weltmeister! […] Ja, wir haben gewonnen. […] Wir haben auch geschwitzt, geschrien, waren zu Tode erschrocken, haben gelitten, gehofft, gezittert. […] Ihr und wir. Das ist Deutschland. Vor mir jubeln die Menschen, sie lachen, und neben mir weint ein Mann. / ,Wir sind die Besten', sagt er und umarmt mich […]. Der Sieg macht stark, überlegen, stolz […]."

Im weihevollen Jubel[582] schlug der Überschwang vereinzelt doch nationale Kapriolen: „Wieder hatte der deutsche Kampfgeist gesiegt."[583] Solche Äußerungen blieben allerdings Einzelfälle, vielmehr beschwor BILD tags darauf die fröhliche Ausgelassenheit der Bevölkerung: „Sie küßten sich, sie schlugen sich, sie sangen und sie tanzten…"[584], ihre Friedlichkeit und Großmütigkeit: „Nach dem großen Sieg stand ganz Deutschland Kopf. […] Holländer und Deutsche, friedlich vereint, sangen und tanzten mitten in dem Autostau". Und „holländische Fans wurden mit dem Großmut des Siegers zu Freibier eingeladen".[585] In gönnerhafter Pose hatte die BILD-Zeitung am Tag nach dem Titelgewinn die niederländische Mannschaft in einer Überschrift mit den Worten „Holland war ein großer Gegner"[586] gelobt, ohne sie allerdings im dazugehörigen Artikel merklich zu erwähnen[587], und so nahm sie nun auch den Beifall der Welt entgegen: Unter den Überschriften „Lob/Das sagt die Welt zu unserem Sieg"[588] und „,Vor den Deutschen muß man den Hut ziehen!'"[589] wurden internationale Pressestimmen ausführlich zitiert. Anerkennung durch andere schien nach wie vor einen hohen Stellenwert zu besitzen.[590]

Dass über weite Strecken doch relativ wenig Nationalbezüge zu finden waren, spricht dafür, dass das Bedürfnis nach einem „Wir", nach Harmonie und Balsam für das nationale Selbstwertgefühl in den Hintergrund getreten war. Zusätzlich war die Nation und das Ver-

---

577 „Beifall haben beide verdient", in BILD, 06.07.1974, S. 8.
578 Erst mit Geschichten über Bäder mit nackten Mädchen, dann im Charaktervergleich mit Beckenbauer. Ausführlich unten.
579 BILD, 08.07.1974, S. 1.
580 Beispiele: „Es ist wahr, es ist richtig, es stimmt. Wir sind Weltmeister! Phantastisch, nach 20 Jahren hat Deutschland es wieder geschafft! […] Ebenda. „Deutschland ist Weltmeister. Wir sind sprachlos vor Glück." Kommentar auf S. 2. „Wir sind Weltmeister": Kopfzeile über den WM-Seiten 13-19. Auch am nächsten Tag lautete die „Frage des Tages" im Regionalteil: „Wie fühlen Sie sich als Weltmeister?". BILD, 09.07.1974, S. 5.
581 BILD, 08.07.1974, S. 1.
582 „Es ist das Größte. Allergrößte." Ebenda, S. 15.
583 Ebenda.
584 BILD, 09.07.1974, S. 2.
585 Ebenda. Es ist freilich kaum zu überprüfen, ob das stimmte.
586 BILD, 08.07.1974, S. 1.
587 Der einzige Satz zu den Niederländern: „Die Holländer versuchten mit aller Kraft, den Sieg doch noch an sich zu reißen. Bravo, wie Beckenbauer und seine Kameraden den Schock der ersten Minute überwanden […]". Ebenda.
588 Titelseitenaufmacher am 09.07.1974.
589 Ebenda, S. 14.
590 Noch mehr: „Die ganze Welt bewundert unsere Elf", Titelseitenaufmacher in BILD, 02.07.1974, etc.

hältnis zu ihr bis dato Gegenstand zahlreicher Diskussionen und emotional geführter Kämpfe gewesen. Eine Gemeinsamkeit im Schicksal zu konstatieren, wie sie 1954 möglicherweise noch in großen Teilen der Gesellschaft empfunden wurde, hätte wohl auch ein rechtsorientiertes Blatt wie BILD unmöglich gemacht.[591] Lieber porträtierte BILD, wohl die Leserschaft symbolisch mit einbeziehend, einzelne ‚Normalbürger' in sympathisch-anekdotischer Form: Das „Fräulein vom Amt" habe während des Spiels Pause gehabt[592], befragte Hafenarbeiter seien zufrieden mit dem Ausgang des Finales[593], eine WM-Hostess könne ‚Abseits' auf Französisch sagen, am BILD-Stammtisch feierten die Besucher ausgelassen „in kurzen, bunten Sommerkleidern".[594] BILD zeigte eher Vertreter der eigenen Zielgruppe als des Feindbildes[595], und das wenig differenziert. Doch alles in allem, und auch trotz der zumal kurzlebigen kollektiven Gefühligkeit nach dem Titelgewinn, den großzügig an die Leser zu verteilen BILD sich scheinbar nicht entgehen lassen konnte, ist festzustellen, dass Unterhaltung und Prominententhemen mittlerweile offenbar den ersten Rang in der angenommenen Verkäuflichkeit einnahmen, vor der Beschwörung nationaler Gemeinsamkeit. In einem Punkt allerdings machte die BILD-Zeitung keine Kompromisse: in ihrem Verständnis von ‚Deutschland'.

„Kissingers WM-Tip: 1:0 für Deutschland / [...] ‚1:0 für Deutschland.' ‚Das ist auch mein Tip', sagt Genscher. / Kissinger sagt: ‚Deutschland'. Er sagt nicht ‚Bundesrepublik'. Er sagt schon gar nicht: ‚BRD'."[596]

4.2.1.4 Das Bild der „Anderen"

Die DDR nicht im vorangehenden Kapitel behandelt zu haben, steht wohl eigentlich im Widerspruch zum zeitgenössischen Deutschlandverständnis der BILD-Zeitung – „als ob es nicht schon genug Schicksal ist, daß Mauer und Stacheldraht die Deutschen trennen"[597]. Doch die Darstellung der DDR in BILD gestaltete sich nicht so stringent einem gesamtdeutschen Nationalbewusstsein folgend, sondern spiegelte auch die Aspekte ihrer Rolle als Gegenidentität zum westdeutschen Gesellschaftsentwurf wider.[598]

Der abschätzige Ton, den BILD zunächst anschlug, ließ an der Überlegenheit des freiheitlichen Westens keinen Zweifel. Dies wurde schon in den Berichten zur Auslosung der Gruppen für die Weltmeisterschaft deutlich, in denen eine westdeutsche Siegessicherheit durchschien, auch in der Darstellung der DDR-Verantwortlichen. So sei der „spannendste und der schönste Augenblick der ganzen WM-Auslosung"[599] die Losentscheidung gewesen,

---

591 Dass andererseits linksgerichtete politische Äußerungen nicht gerade auf Zustimmung stießen, sondern BILD zufrieden feststellte: „[...] ein buntes Programm mit Tony Marshall heizte die Stimmung noch an und von den Störenfrieden in Block 40 und 41, der ‚Anti-Chile-Bewegung', war so gut wie nichts zu spüren", kann kaum überraschen. Aus dem Stadion vor dem Spiel BRD - Chile. BILD, 15.06.1974, S. 8.
592 BILD, 14.06.1974, S. 4.
593 BILD, 09.07.1974, S. 5.
594 BILD, 18.06.1974, S. 6.
595 Wie beispielsweise Intellektuelle, Studenten oder Linke.
596 BILD, 05.07.1974, S. 26. Im Zusammenhang mit den Anführungszeichen für die DDR eine klare Aussage der Nichtanerkennung. In der vor dem deutsch-deutschen Spiel in BILD geschalteten Astra-Werbeanzeige wurde DDR ohne Anführungszeichen geschrieben.
597 BILD, 22.06.1974, S. 2.
598 Vgl. zur de facto vollzogenen „Bi-Nationalisierung von Gesellschafts- und Kulturbewußtsein" Vgl. Westle, S. 51-52.
599 BILD, 07.01.1954, S. 14.

dass es „zum langersehnten deutsch-deutschen Fußballspiel" kommen würde – den „mitteldeutschen [sic!] Verbandspräsident Helmut Riedel" sah BILD weniger begeistert: Jener „[...] lächelte dann süßsauer in die Kameras."⁶⁰⁰ Auch im unmittelbaren Vorfeld der Weltmeisterschaft hatte Max Merkel⁶⁰¹ gut eine Viertelseite Platz, um seinen Ressentiments freien Lauf zu lassen:

> „Die ‚DDR' wird in der Gruppe 1 der Vorrunde bestimmt unser gefährlichster Gegner sein. Nicht, weil die Mannschaft so große Klasse ist, sondern weil jeder Spieler mit einer optimalen Vorbereitung nach Hamburg kommen wird. / 20mal werden sie vorher noch den Eid auf ihren Staat schwören müssen, denn für sie ist das ja keine Weltmeisterschaft, sondern die große Auseinandersetzung mit dem Kapitalismus./ Ich bin sicher, die Spieler der ‚DDR' werden mächtig hinlangen, das letzte geben, auf dem Feld der Ehre umfallen und noch mit dem letzten Atemzug die Wacht an der Elbe singen. Erst dann werden sie sterben. [...]"⁶⁰²

Für den Fall einer Niederlage hatte Merkel auch bereits eine Erklärung parat:

> „[...] Außerdem: Wer sagt denn, daß wir das Spiel gegen die ‚DDR' unbedingt gewinnen müssen? [...] Bei einer taktischen Niederlage gegen die ‚DDR' wird das Volk bei uns hoffentlich keine Trauerfahnen aufziehen, sondern sagen: Gut – vergessen wir nicht die Schweiz und Herbergers Trick. [...]"⁶⁰³

Der Tenor war überlegen bis höhnisch; BILD war von der gefühlvollen Anteilnahme weitgehend abgekommen und machte sich über die scharfen Reglementierungen des sozialistischen Staats lustig. Mit „Kaum war die ‚DDR' da, gab es Streit um Hammer und Zirkel"⁶⁰⁴ war ein großer Artikel über die „pingelige und starre"⁶⁰⁵ Weigerung der DDR-Elf betitelt, den zur Verfügung gestellten Bus zu nutzen, da vorne und hinten nur die schwarzrot-goldenen Nationalfarben zu sehen waren, ohne Hammer und Zirkel. Man mochte das, BILD folgend, als lächerlich empfinden, zumal das Emblem an den Seiten des Busses angebracht war; nach Jahren der Nichtanerkennung war auf DDR-Seite wohl eine gewisse Sensibilität gegenüber solcher symbolischer Annexion nicht verschwunden.

Die Nationalmannschaft der DDR, besonders ihr Trainer Buschner, präsentierten sich im Folgenden jedoch so offen und sympathisch, natürlich unter der genauen Beobachtung der gesamten westdeutschen Medienlandschaft, dass das Bild der verbissenen Kader kaum weiter verfolgt werden konnte, zumal die Mannschaft auch BILD-Redakteuren freimütig Interviews gab.⁶⁰⁶ Das Blatt schwenkte schon einen Tag nach dem Bericht über die Bus-Affäre flexibel um, gab sich in der Überschrift erstaunt, als die Spieler während des Trainings Autogrammstunden gaben: „Die ‚DDR' zeigt sich mit völlig neuem Gesicht"⁶⁰⁷, und pries im Artikel die Aufgeschlossenheit und Freundlichkeit des Teams:

> „[...] der bisher netteste Einfall einer Mannschaft bei dieser WM. [...] Will man einen Oberbegriff für das Verhalten der ‚DDR'-Delegation im Quickborner Quartier finden, so kommt man auf ‚äußerst freundlich',

---

600 Ebenda.
601 Fußballtrainer und einer der Fußball-Experten in der BILD-Berichterstattung.
602 BILD, 06.06.1974, S. 18.
603 Ebenda.
604 BILD, 12.06.1974, S. 23.
605 Ebenda. - Nebenbei lohnt an dieser Stelle auch ein kurzer Blick zurück auf das Finale 1954, bei dem die deutsche Flagge aus technischen Gründen nicht gehisst werden konnte, was vom damaligen DFB-Präsident Bauwens mit wütenden Absichtsunterstellungen quittiert wurde.
606 So BILD selbst: „Wir haben es sonst erlebt, daß Sportler der ‚DDR' einen Journalisten zu Beginn eines Gesprächs erst einmal fragten: ‚Von welcher Zeitung sind Sie?' / Das fragte uns in Quickborn keiner mehr. Fragen werden klar und freundlich beantwortet." 13.06.1974, S. 18.
607 BILD, 13.06.1974, S. 18.

‚sehr entgegenkommend' oder ‚aufgeschlossener geht's nicht' – alles trifft zu. [...] Vorgestern hatte es den schrillen Mißklang bei der Ankunft mit der Bus-Affäre gegeben. Wir und andere dachten: Naja, alles wie gehabt. Um so überraschender gestern die lockere Atmosphäre. [...]"[608]

Im Folgenden fand die BILD-Zeitung eher neutrale Worte für die DDR-Mannschaft. Sie meldete die Einigung in der Busfrage[609] und ließ Sparwasser mit der keineswegs unterwürfigen Bitte an das Publikum um Unterstützung zu Wort kommen.[610] Statt dessen rückten die aus der DDR angereisten Zuschauer in den Blickpunkt, die BILD beständig und en passant herabsetzte. Bei diesen handelte es sich um ausgewählte Reisekader, bei denen man Linientreue durchaus vermuten konnte. Entsprechend betonte BILD vor allem die strengen Bestimmungen für die Reisenden[611] und die augenfälligen Unterschiede zum westlichen Lebensstil.[612] Beim Spiel gegen Australien – BILD lobte vor allem die australische Elf, die „der ‚DDR' nach einem 0:0 zur Halbzeit nur einen 2:0-Sieg"[613] überlassen hatte – kamen allerdings nur wenige Zuschauer[614], so dass die Berichterstattung im Folgenden eher mitleidig bis distanziert ausfiel: „Wie verloren und hoffnungslos schwenkten die eng zusammengerückten ‚DDR'-Zuschauer ihre mitgebrachten Papierfähnchen"[615], hieß es zunächst. Am nächsten Tag fügte BILD einen Erlebnisbericht eines Redakteurs hinzu, der ebenfalls im Stadion gewesen war: „Fremde in der Fremde/Ich saß neben den ‚DDR'-Schlachtenbummlern/Was sie schrien, worüber sie sich freuten und wo ihre Fahnen nach dem Spiel blieben"[616]. Der Tenor drückte eine gewisse Befremdung aus; man habe miteinander nichts anfangen können. Die Distanz, die zwischen den beiden deutschen Staaten im Laufe der Jahre entstanden war[617] und die diesbezügliche relative Leidenschaftslosigkeit der Westdeutschen seit dem Ende der unmittelbaren Bedrohung fanden hier und da also auch Eingang in die BILD-Zeitung, so dass die Gäste eher wie seltsame Exoten betrachtet wurden.[618] Kein Grund für BILD allerdings, vom Konzept der einen Nation abzurücken und nicht mehr auf grundsätzlicher Zusammengehörigkeit zu beharren; die Dichotomie ‚schlechtes System' vs. ‚gute Menschen' war fester Bestandteil der BILD-Ideologie.[619] Im Artikel „VEB-Bier und Bouletten, Wodka und F-6-Zigaretten/So erleben Deutsche drüben das große Fußballspiel"[620] wurde mit den Worten „Ein Spiel eint die Nation" das „Schicksals-

---

608 Ebenda. Sogar im Vergleich mit der bundesdeutschen Elf schnitt die DDR hier besser ab; möglicherweise war die Redaktion entrüstet ob ihrer Aussperrung aus dem Quartier in Malente.
609 „Sie fahren jetzt doch im WM-Bus" – das Schwarz-Rot-Gold auf Vorder- und Rückseite war neutral gelb überklebt worden. BILD, 14.06.1974, S. 20.
610 Ebenda.
611 Feste Rückreisezeit, Programm, etc., ebenda. Generell unterstützte BILD die diplomatischen Beziehungen zur DDR nicht, mit dem Hinweis auf Mauer und Schießbefehl und forderte, eher die Regimegegner zu unterstützen. Vgl. Kommentar, 29.06.1974, S. 8.
612 Wie das feste Zehrgeld: „Sie kamen mit zehn Mark aus Leipzig und Ost-Berlin". BILD, 15.06.1974, S. 3. Auch: Rund „tausend ausgewählte Fußballfans aus der ‚DDR'" waren demnach bei der Anreise mit „Windjacken und Nylon-Mänteln bekleidet – die Hosen von der Fahrt verdrückt, an vielen Füßen Sandalen". Ebenda. Ich würde aufgrund der deutlichen Unterschiede zu den westdeutschen Zuschauern in „kurzen, bunten Sommerkleidern" oder den Spielerfrauen in Jeans (BILD, 06.07.1974, S. 6) spekulieren, dass die beschriebene Kleidung aktuell als höchst unmodern empfunden wurde.
613 Ebenda, S. 10.
614 „[...] nur 15 000 Zuschauer verloren sich in der 62 000-Mann-Arena". Ebenda.
615 Ebenda.
616 BILD, 18.06.1974, S. 2.
617 Laut Balbier hat die sportliche Konkurrenz seit Olympia 1964 und die entsprechende Berichterstattung zum Auseinanderdriften beider Staaten geführt. Vgl.dort, S. 253.
618 Vgl. auch Jørgensen, S. 364.
619 Vgl. Kruip, S. 173.
620 BILD, 22.06.1974, S. 2.

spiel"[621] angekündigt und die eingeschränkten Konsummöglichkeiten[622], die „Ihr Mit-Deutscher" rund um das Spiel geboten bekam, breit ausgeführt, bevor der Text menschelnd schloss: „Wie das Spiel auch ausgehen mag: Geflucht wird in Ost und West mit einem kräftigen ‚Scheiße' – ein Wort, das alle Teilungen und Systeme übersteht."[623] Und auch nach dem Spiel schrieb BILD, neben der Suche nach Ursachen für die Niederlage: „Unten auf dem Rasen spielten Deutsche gegen Deutsche. ‚Bruderkampf' – so hieß die Kurzformel für den WM-Vergleich der beiden deutschen Mannschaften."[624] Die Betonung des gesamtdeutschen Aspekts hatte BILD freilich nicht daran gehindert, am Tag des Spiels auf Seite 1 siegessicher aufzumachen: „Warum wir heute gewinnen".[625]

Mit dem grundsätzlichen Festhalten am Konzept einer gesamtdeutschen Nation ging BILD mit dem Mainstream d'accord[626], wobei kritischere Gemüter das Zusammengehörigkeitsgefühl für passé hielten[627], und auch CDU-Politiker die „Nichtanerkennungsideologie" der BILD-Zeitung rügten.[628] In BILD klang stellenweise die Annahme einer vagen charakterlichen Gleichheit der Bevölkerungen beider Staaten durch; analog hielt Springer am Ziel der Wiedervereinigung unter westlichen Bedingungen fest. Vorbehalte bezogen sich stets auf das ‚System', dessen Inferiorität im Vergleich mit der westlichen Welt die BILD-Zeitung nicht müde wurde zu betonen, wobei sie konsumbezogene Unzulänglichkeiten[629] ebenso heranzog wie Mauer und Schießbefehl. Totale Kontrolle und Auswirkungen der sozialistischen Ideologie wurde etwas klischeeartig für alle Ostblockstaaten vermittelt, indem fortwährend die konditionelle Überlegenheit ihrer Fußballmannschaften[630] und die Bereitschaft der Spieler zur Aufgabe der eigenen Individualität[631] betont wurden. Die Niederlage

---

621 Mit oben bereits zitiertem „Als ob es nicht schon genug Schicksal wäre…".
622 „[…] Auf den bestellten Wagen ‚Trabant' […] muß er sechs Jahre warten. Im Lokal, wo ‚Mecklenburger Korn' 1,40 Mark und die Bouletten 60 Pfennig kosten, denkt er dann an den Urlaub: drei Wochen Vollpension in Vama am bulgarischen Schwarzmeerstrand für 1269 Mark." Ebenda.
623 Ebenda.
624 In dem Artikel „Das alles sagten sie während des Spiels" staunte BILD, wie „brüderlich-herzlich" und „locker" die Spieler „über dies und das" geplaudert hätten und maß dabei Banalitäten eine aberwitzig hohe Bedeutung zu. Beispiel: „Wolfgang Overath berichtet: ‚Da kommt doch der Wätzlich zu mir und sagt: ‚Wolfgang, kennst Du den Soundso aus Köln?' Ich sage ja. Dann meint Wätzlich: ‚Dann grüß ihn schön von mir.'" BILD, 24.06.1974, S. 17.
625 BILD, 22.06.1974, S. 1. Nach der Niederlage schwankte die BILD-Berichterstattung zwischen Herunterspielen („Jetzt beginnt die Weltmeisterschaft ja erst richtig!", BILD, 24.06.1974, S. 1) und Wundenlecken („Warum haben wir eigentlich verloren?" Ebenda, S. 17. In einer Art Flucht nach vorn wurde der Titel vom Vortag als Ausriss in die Analyse eingebaut: „So berichtete BILD am Sonnabend. Warum wir nicht gewonnen haben, lesen Sie hier[…]"). Die Stimmen zum Spiel im Regionalteil zitierten nur Politiker mit diplomatischen und ausgeglichenen Äußerungen. S. 5.
626 So der Fernsehkommentator zitieren! „wenn wir uns auch einig sind, dass es strenggenommen zwei Nationalmannschaften einer Nation nicht geben kann" oder so ähnlich…Kleßmann. ??
627 Winkler, in Grube/Richter, S. 186.
628 Herbert Lilge (CDU), in „Das Parlament", zit. nach Hans-Joachim Winkler, in: Grube/Richter, S. 186.
629 Nicht nur die eingeschränkte Warenwelt, sondern auch die unleugbare Empfänglichkeit für die Verlockungen des Kapitalismus: z.B. über Jugoslawien: „Geheimtreffen im Wald: Es ging um die Prämien", 25.06.1974, S. 13.
630 Die häufige Betonung der Kondition und „wissenschaftlichen Vorbereitung" passt zur Erkenntnis von Quanz zu den Olympischen Spielen 1972, nach der BILD Sport zwar grundsätzlich als politikfreien Raum betrachtet, aber: „In der Systemauseinandersetzung zwischen Ost und West jedoch deckt ‚Bild' die politische Inanspruchnahme – freilich nur im Osten – auf." S. 149.
631 „Das eigene Ich für die Elf geopfert / Das Plus der Ostblockmannschaften", BILD, 25.06.1974, S. 13. Dies wurde hier etwas zwiespältig betrachtet: 1954 war dies der Bonus der bundesdeutschen Mannschaft gewesen. Dies bemerkt auch Oswald und deutet es als Abkehr vom Volksgemeinschaftsideal. S. 307ff. Kolpatzik, in deren Untersuchung auch ostdeutsche Zeitungen berücksichtigt werden, bemerkt, dass dort (im Kontrast zu den

gegen die DDR konnte der selbstsicheren Haltung nichts anhaben, sondern wurde als eine Art ‚Ausrutscher' betrachtet; während der zweiten Finalrunde wurde die DDR-Elf nur noch selten erwähnt, und das nicht eben wohlwollend:

„Die Mitteldeutschen sind offenbar wirklich nur zur WM gekommen, um gegen die Bundesrepublik zu gewinnen. Denn alles, was sie in den anderen Partien zeigten, war bitterarm."[632]

Ein Gegenentwurf ganz anderer Art kristallisierte sich in Cruyff heraus. Die wenig positive Darstellung des Stars in BILD war wohl zum einen Mittel zum Zweck der Stimmungsmache, wofür vor allem spricht, dass sie erst kurz vor Ende der WM einsetzte, als eine Begegnung mit der deutschen Mannschaft wahrscheinlicher wurde. Zum anderen verfolgte BILD wohl eigene Interessen oder Ressentiments: Cruyff war gegenüber dem Boulevardblatt längst nicht so kooperativ wie die bundesdeutschen Spieler. Unmittelbar vor dem Finale scheute BILD sich nicht, dies im Vergleich Cruyff - Beckenbauer explizit vorzubringen und, sich selbst dabei in die Brust werfend, gegen ihn zu verwenden:

„Der ‚Göttliche Johan' hatte so gar nichts Göttliches an sich. Die Haare hingen ihm naß um den Kopf, tief sog er den Rauch der ersten Zigarette nach dem Spiel ein. Er sprach leise; die Schar gläubiger Hofberichterstatter reckte die Hälse, um nur ja kein Wort zu verpassen. / [...] Ein Journalist nannte mir in Johans Auftrag den Preis für die Erforschung des Cruyffschen Innen- und Familienlebens: ‚3500 Mark – dafür könnt ihr eine Stunde im Cruyffschen Heim fragen und fotografieren.' / Dankende Ablehnung. / [...] Dann verzog [Johan] das schmale Gesicht zu einem Raubtierlächeln: ‚Kennst du die Tarifen?' fragte er. Die Falten um seinen Mund wurden ganz tief. / Ein paar Tage später: Wir unterbreiteten Johan das finanzielle Angebot [für eine Stunde am BILD-Telefon, KSD]. Der aber, gereizt dadurch, daß BILD Fotos veröffentlichte, die den Superstar rauchend auf einem Tennisplatz zeigten, hohnlachte und nannte seinen Preis: ‚4000 DM – und keinen Pfennig weniger für die Stunde am Telefon.' / BILD lehnte – wieder einmal – dankend ab. / Johan ‚Superstar' Cruyff – Geldraffer Nummer 1 im internationalen Fußball? / [...] Das Private [..] hält er verschlossen wie einen Tresor. Und den öffnete [sic!] er nur gegen Kasse. Für 4000 DM die Stunde."[633]

Nach den Fotos vom rauchenden Cruyff hatte die BILD-Zeitung auch weitere Artikel veröffentlicht[634], die das Verhältnis nicht gerade verbessert haben dürften[635]: Unter der Schlagzeile „Cruyff, Sekt und nackte Mädchen"[636] schilderte sie in einem Teil der Auflage[637] eine durchfeierte Nacht der Niederländer und ergriff dabei die Gelegenheit, sowohl sexuell aufgeladene Unterhaltung zu liefern als auch Cruyffs Image ins Anstößige zu modifizieren. So heißt es dort: „Es begann mit einer Beat-Party. Dann folgten zärtliche Umarmungen bei schummriger Bar-Beleuchtung." Neben zahlreichen Erwähnungen „knusprige[r]" respektive „flotte[r] Mädchen" schrieb BILD auch von „einer rothaarigen Unbekannten", mit Cruyff „in einer dunklen Ecke", später schließlich alle, „Männlein und Weiblein", gemeinsam „splitternackt" im Swimmingpool. Einen Tag später moralisierte BILD ausdrücklicher und in der gesamten Auflage. Im Artikel „Ich war bei der Nacktparty dabei"[638] wurde nicht nur die ursprüngliche Geschichte – „Johan tanzte eng" und „Alle waren nackt"

---

westdeutschen Medien) Kollektiv und mannschaftliche Geschlossenheit besonders lobend herausgestellt wurden. S. 54f.
632 BILD, 01.07.1974, S. 15.
633 BILD, 06.07.1974, S. 10.
634 Vor diesem Artikel, u.U. aber nach der geschilderten Anfrage.
635 U.a. hielt Trainer Michels vor dem Finale die Pressekonferenz erstmals nicht auf Deutsch. Vgl. BILD, 05.07.1974, S. 20.
636 BILD, 02.07.1974, S. 11.
637 So BILD tags darauf: 03.07.1974, S. 11.
638 Ebenda.

– wiederholt, sondern auch darauf hingewiesen, dass Cruyff „Vater von drei Kindern" sei, und mit dem hämischen Satz geschlossen: „Übrigens: Auf Kosten des holländischen Fußballverbandes werden alle Spielerfrauen nach München anreisen."[639] Zwei Tage vor dem Finale dann schürte BILD die Stimmung mit dem Titelseitenaufmacher „'Wir stopfen den Deutschen das Mundwerk'"[640], unter dem diverse holländische Spieler mit siegessicheren Sprüchen zitiert wurden. Das Blatt kommentierte betont kopfschüttelnd: „Mann, machen die Holländer Sprüche!"[641] und mahnte zur Fairness.[642] Nebenbei bekam die BILD zufolge hochintegre bundesdeutsche Mannschaft Gelegenheit, sich als schlagfertig zu profilieren. Deren Kommentar, diese Sprüche seien „das beste Doping" wurde gleich dreifach verwertet.[643]

Sofern BILD die Leser mit Verweisen auf dessen charakterliche Defizite gegen den niederländischen Kapitän hatte aufbringen wollen, scheint dies geglückt zu sein, wie es zumindest in der Auswertung der WM hieß: „'Bild' pfiff und schoß mit, hatte man doch tagelang die Stimmung gegen die Holländer hetzend beeinflusst. Wann auch immer Cruyff mit dem Ball zur Ecke trabte: Einfallslos zischte Luft durch deutsche Zähne."[644]

Im Übrigen berichtete BILD über die australische und die schwedische Mannschaft ausgesprochen positiv[645], nannte die Spieler aus Haiti und Zaire, die allerdings nach der Vorrunde ausschieden und nicht auf die Bundesrepublik trafen, in betonter Xenophilie fortwährend „schwarze Perlen"[646], und hielt sich in Berichten über südamerikanische Teams an bewährte Klischees, die Kommentator Max Merkel zusammenzufassen wusste:

„Und dann sind alle Südamerikaner ganz ausgekochte Typen. Die können ein Spiel nach allen Regeln der Kunst kaputtmachen. Irgendeinen Grund für Theater finden sie immer. Papa hat ein Glasauge, Mutter ein Holzknie, der Wind kommt aus der falschen Richtung, der Gegner ist ein Verbrecher. Und dann legen sie sich hin. […] Im Foulspielen sind sie echte Profis. Ich kenne alle ihre Tricks. Bei einem Eckball hält man den Stürmer an der Hose fest, daß der Schiedsrichter es nicht sieht. Oder man stellt den Fuß auf sein Standbein und guckt unschuldig in die Gegend. Oder man redet irgendwelches dumme Zeug – und schon ist bei dem anderen die Konzentration weg. / Hoffentlich können die Chilenen kein Deutsch. Denn sonst passiert garantiert folgendes: Einer von ihnen spricht den Wimmer oder den Müller an. Du hast doch eine bildhübsche Frau, nicht? Die habe ich gestern abend mit dem Netzer gesehen. Sie sind in eine Pension gegangen… Da wird unser Mann unruhig, und er denkt das ganze Spiel über: Kann denn das möglich sein?"[647]

Gelegentlich fanden sich auch andere Stereotype mehr oder weniger maßvoll bestätigt.[648] Es waren jedoch vor allem die genannten Beispiele, in denen BILD das Gefühl, besser zu sein, durch Abgrenzung vermittelte. Distanz wurde in der BILD-Zeitung der stabilisierten

---

639 Ebenda.
640 BILD, 05.07.1974, S. 1.
641 Ebenda.
642 Ebenda, S. 2.
643 BILD, 05.07.1974, S. 1 und 21; 06.07.1974, S. 8.
644 Krug in: Grube/Richter, S. 117.
645 Z.B. „Tschüs / Ihr Australier habt uns wunderbar gefallen", BILD 20.06.1974, S. 16.
646 U.a. BILD, 04.07.1974, S. 17.
647 Max Merkel in BILD, 05.06.1974, S. 19.
648 Beispielsweise „Das sind die schönsten Sechs", BILD 13.06.1974, S. 16, in der eine sehr paritätisch besetzte Auswahl von Männern vorgestellt wurde: Zum Brasilianer Jairzinho hieß es: „Kaffeebraune Haut, ein Wuschelkopf und die großen, schwarzen Augen verführen zu Träumen von Sonne, Strand und Meer […]", über den blonden, blauäugigen, athletischen Schweden: „Genauso habe ich mir einen modernen schwedischen Mann vorgestellt", und zum Engländer: „Sieht er nicht aus wie ein englischer Gentleman?". Die Vergewaltigung eines Zimmermädchens durch den argentinischen Spieler Teich wurde in BILD nur wenig behandelt; die von BILD wiedergegebene Auffassung der Staatsanwaltschaft, man müsse auch das südamerikanische Temperament berücksichtigen, hier geteilt worden zu sein, scheint hier geteilt worden zu sein.

Bundesrepublik „[...] nicht mehr als Empörung, sondern als Überlegenheit, Qualitätsbewusstsein [...] und eben Besserwisserei realisiert".[649]

---

[649] Weber, S. 34 für den Themenbereich Sexualität, aber hier wohl verallgemeinerbar. Stichproben aus 1974 und 1976.

4.3. „Schwarz-Rot-Geil": WM 2006

Spiele der bundesdeutschen Nationalmannschaft (D), Fußball-Weltmeisterschaft 2006, 9. Juni bis 9. Juli					
Gruppenspiele	Achtelfinale	Viertelfinale	Halbfinale	Spiel um Platz 3	Mannschaft
D – Costa Rica 4:2 9. Juni	D – Schweden 2:0 (2:0) 24. Juni (München)	D – Argentinien 5:3 n.E. (1:1 n.V.,1:1,0:0) 30. Juni (Berlin)	D – Italien 0:2 n.V. (0:0, 0:0) 4. Juli (Dortmund)	D - Portugal 3:1 (0:0) 8. Juli (Stuttgart)	Aufstellung Halbfinale: Lehmann, Friedrich, Kehl, Klose, Ballack (Kapitän), Lahm, Mertesacker, Borowski, Schneider, Podolski, Metzelder
D - Polen 1:0 14. Juni					
Ecuador – D 0:3 20. Juni	Torschützen: Podolski (2x)	Torschützen (reguläre Spielzeit): Ayala, Klose	Torschützen: Grosso, Del Piero	Torschützen: Schweinsteiger, Petit (Eigentor), Schweinsteiger, Gomes	Bundestrainer: J. Klinsmann

4.3.1. Allgemeines

Auch in 16 Jahren nach der Wiedervereinigung hatte die Bundesrepublik nicht alle Probleme lösen können, die unter anderem der Tatsache geschuldet waren, dass die beiden deutschen Staaten sich in den knapp zwanzig Jahren ihrer offiziellen und weiteren zwanzig ihrer faktischen Existenz in vielerlei Hinsicht auseinandergelebt hatten.[650] Im Westen hatten wirtschaftliche Einschnitte schnell für Enttäuschung gesorgt[651], das Verständnis für in den neuen Bundesländern weiterhin stabile Wahlergebnisse für die im Westen als antidemokratisch empfundene SED-Nachfolgepartei PDS hielt sich in engen Grenzen.[652] Die Bürger der neuen Länder wurden in ihren Erwartungen an Wohlstand und Demokratiepraxis enttäuscht. Das verbreitete Gefühl, vom Westen nicht ernst genommen zu werden, hielt sich auch 2006 noch hartnäckig[653]; wachsende Arbeitslosigkeit und wirtschaftliche Probleme seit der Einheit schlugen sich vor allem in Ostdeutschland nieder.[654] Auch in diesem Zusammenhang hatten fremdenfeindliche Diskurse immer wieder Konjunktur; die Zunahme rechtsextremer Gewalttaten[655] insbesondere in den neuen Ländern erzwangen einerseits einen klaren Konsens gegen das Erstarken des Neonazismus, andererseits versuchten auch Politiker etablierter Parteien mit fremdenfeindlichen Parolen zu punkten.[656] Formulierungen aus dem rechten

---

650 Vgl. Möbius, S. 274-278 sowie 283-291; Westle, S. 48-70.
651 Möbius, S. 291.
652 Noch 2005 lehnten die Spitzen aller anderen im neuen Bundestag vertretenen Parteien Sondierungsgespräche mit der Linkspartei ab, die unter diesem Namen die viertstärkste Fraktion stellte. Dies, obwohl die PDS bzw. Linkspartei auf Länderebene auch an Regierungen beteiligt war.
653 Vgl. Detlef Pollack: Wie ist es um die innere Einheit Deutschlands bestellt? In: ApuZ, Nr. 30-31/2006, 24.07.2006.
654 Eine Geschichte des vereinigten Deutschland liefert u.a. Klaus Schroeder, mit ausführlicher Behandlung der ökonomischen Schwierigkeiten: Die veränderte Republik: Deutschland nach der Wiedervereinigung. Stamsried 2006.
655 Vgl. Möbius, S. 352.
656 Zunächst die gewalttätigen Übergriffe v.a. in Rostock, Solingen und Mölln; die Gesellschaft für deutsche Sprache hatte allein 1992 die Ausdrücke „Fremdenhass", „Rassismus", „Rechtsruck" und „Lichterkette" (als

Spektrum fanden Eingang in den Nationalstolz-Diskurs der Mitte.[657] Dazu trugen in beiden Teilen Deutschlands auch Orientierungsprobleme und Verunsicherung durch eine als unübersichtlich und in ihren Konsequenzen kaum abschätzbar empfundene Globalisierung bei.[658] Vermutlich lag auch darin ein Grund für die beständige Rückbesinnung auf die Nation, die nach wie vor nicht als Auslaufmodell galt.[659]

Als Schlüsselereignisse, die in den Jahren vor der Weltmeisterschaft den Diskurs um nationale Selbst- und Fremdbilder beeinflusst und weitreichende Konsequenzen nach sich gezogen hatten, seien die Terroranschläge vom 11. September 2001, das schlechte Abschneiden Deutschlands bei der PISA-Studie, der Vergleichsstudie zu den Bildungssystemen der OECD-Länder[660], sowie die Hartz-IV-Reformen genannt. Die massive öffentliche Wahrnehmung einer neuen Form des globalen und religiös motivierten Terrorismus hatte innenpolitisch die Sicherheitsdebatte verschärft; in der Außenpolitik trat Deutschland sowohl in der verstärkten Beteiligung an internationalen militärischen Interventionen[661] als auch in deren Ablehnung forscher auf.[662] Zugleich hatte sich, zumal nachdem bekannt geworden war, dass die Anschläge auch in Deutschland geplant worden waren, eine diffuse Islamophobie etabliert.[663] Unterstützt vom verstärkten Fokus auf „Parallelgesellschaften"[664] wurde die Integrationsdebatte stark auf Muslime verengt, die in teils ideologisch geführten Diskussionen als Bedrohung für die – im Jahr 2000 so bezeichnete, später eher von Kritikern so genannte – „Leitkultur" empfunden wurden.[665]

Gegenreaktion) nominiert; auch in den Jahren darauf waren Zuwanderungsdiskussionen häufig emotional aufgeladen („Kinder statt Inder" 2000 etc.). Vgl. aber auch Schroeder, S. 432-436, besonders aber S. 436-443.
657 Häusler hat seit der „Nationalstolz"-Debatte von 2001die Übernahme von ursprünglich rechtsextremen Parolen in die reguläre Diktion der bürgerlichen Mitte und den politischen Diskurs unter Rot-Grün ausgemacht. Ehemalige Tabu-Formulierungen wie „stolz, ein Deutscher zu sein", „nationale Identität", „selbstbewusste Nation" etc. hatten Eingang in die Normalität gefunden. Es erregte nunmehr deutlich weniger Anstoß, von Dingen wie Stolz auf die eigene Nationalität zu sprechen; im Gegenteil stieß deren Ablehnung auf scharfe Kritik nicht nur aus dem bürgerlichen Lager. Vgl. Alexander Häusler: Die „Nationalstolz"-Debatte als Markstein einer Rechtsentwicklung der bürgerlichen Mitte. In: Christoph Butterwegge et al.: Themen der Rechten – Themen der Mitte. Zuwanderung, demografischer Wandel und Nationalbewusstsein. Opladen 2002. S. 123-146. Häusler, Alexander: Die „Nationalstolz"-Debatte als Markstein einer Rechtsentwicklung der bürgerlichen Mitte. In: Christoph Butterwegge et al.: Themen der Rechten – Themen der Mitte. Zuwanderung, demografischer Wandel und Nationalbewusstsein. Opladen 2002. S. 123-146. S. 124-133 und 144-146. Auch die „Patriotismus"-Debatte fand 2004 einen vorläufigen Höhepunkt: NPD und DVU waren in zwei Landtage eingezogen; nun mochte man dieser das Feld nicht überlassen.
658 Nach den Allensbacher Berichten 11/2006 wurde die Globalisierung deutlich pessimistischer wahrgenommen als noch Ende der 1990er Jahre. Vgl. www.ifd-allensbach.de. Die europäische Währungsunion von 2002 mit zumindest subjektiv empfundenen Preisanstiegen, die zur Prägung des Wortes „Teuro" und dessen Wahl zum „Wort des Jahres" durch die GfdS im selben Jahr geführt hatte, verstärkte die Verunsicherung ebenfalls.
659 So Renate Köcher (IfD Allensbach) in einem allerdings nach der WM erschienenen Artikel: „Ein neuer Patriotismus?", in FAZ Nr. 189, 16.08.2006, S. 5. Vgl. auch Daalmann, S. 44.
660 Sowohl „PISA-Schock" 2002 als auch „PISA-gebeutelte Nation" 2004 hatten es in die Liste der „Wörter des Jahres" der GfdS geschafft.
661 Zuvor hatte es bereits den umstrittenen Einsatz im Kosovo gegeben.
662 Letzteres hatte 2002 noch zum Wahlsieg Gerhard Schröders beigetragen.
663 U. a. hatte es emotional und ideologisch geprägte Diskussionen um Kopftuch-Urteile gegeben, 2003 durch das BVerfG, aktuell wurde am 07.07.2006 einer muslimischen Lehrerin in Stuttgart Recht gegeben.
664 Auf der Liste der „Wörter des Jahres" 2004. Anfang 2006 hatten ferner das Urteil im Prozess um den Ehrenmord an Hatun Sürücü – „Ehrenmord" als eines der „Unwörter des Jahres" 2005 – sowie der Karikaturenstreit um ein in einer dänischen Zeitung erschienene Mohammed-Karikaturen viel Aufmerksamkeit gefunden.
665 Unterschiedliche Positionen dabei: Bedrohung der christlich geprägten oder der säkularen Gesellschaft; diese wurden beispielsweise in der Diskussion um religiöse Symbole in öffentlichen Einrichtungen deutlich.

Der so genannte „PISA-Schock", der die Unzulänglichkeiten des bis dahin kaum angezweifelten deutschen Bildungssystems ans Licht brachte, offenbarte weitere Defizite in der Integration und Förderung von Migranten und in der sozialen Mobilität allgemein. Nach den Diskussionen um fehlenden hochqualifizierten Nachwuchs und, streckenweise an eine moderne Eugenikdebatte erinnernd, Nachwuchs von hochqualifizierten Eltern[666] ließ der Skandal um die Rütli-Schule in Berlin-Neukölln im März 2006[667] die Verunsicherung um die demografische Zukunftsfähigkeit Deutschlands neu aufflammen. Auch die unter der rot-grünen Bundesregierung vorgenommenen Hartz-IV-Reformen hatten die Unsicherheit verstärkt. Zusammen mit Schlagwörtern wie Praxisgebühr, Ein-Euro-Jobs, Ich-AG oder Prekariat[668] sorgten diese für ein tiefes Empfinden mangelnder staatlicher Fürsorge sowie materieller und sozialer Unsicherheit in breiten Bevölkerungsschichten.[669]

Im November 2005 wurde nach einer vorgezogenen Bundestagswahl mit Angela Merkel erstmals eine Frau zur Bundeskanzlerin und Chefin der zweiten Großen Koalition der Bundesrepublik gewählt.[670] Die ökonomische Lage besserte sich allmählich; auch scheint man sich über die Notwendigkeit eines neuen patriotischen Optimismus einig gewesen zu sein. Ende 2005 initiierte ein Zusammenschluss deutscher Medienunternehmer eine bis dahin beispiellose Social-Marketing-Kampagne unter dem Motto „Du bist Deutschland".[671] Das Deutschlandbild, das sich hierin manifestierte, nahm nicht mehr wesentlich kulturelle oder gar „rassische" Eigenheiten in den Blick, sondern schlug einen neoliberal geprägten Kurs ein: Objekt des neuen Vaterlandsgefühls war nunmehr der (Wirtschafts-) Standort Deutschland. Dessen Renommee hätte von rassistischen oder antisemitischen Auswüchsen einigen Schaden zu befürchten gehabt. Im Sinne des gemeinsamen Anpackens und mit dem Ziel der erhöhten Opferbereitschaft und Eigeninitiative wurde in den Monaten vor der Fußball-WM ein alle Elemente als potenziell nützlich integrierender Lifestyle-Patriotismus präsentiert[672]. Nach dem Ende der Kampagne im Januar 2006 legten verschiedene Buchautoren im gleichen Tenor eine Reihe von Publikationen vor.[673] Und auch durch die Feuilletons zog sich die Frage nach dem neuen Patriotismus, der nun nicht mehr ausgrenzend sein und somit seine negativen Seiten eingebüßt haben sollte.[674] Umso hitziger wurde kurz vor der Weltmeisterschaft die Debatte um so genannte No-Go-Areas geführt[675], in denen ausländisch ausse-

---

666 2004 und 2005 die wenig gebärfreudigen Akademikerinnen, letztlich alle Diskussionen um Studiengebühren etc.
667 In einem Brandbrief hatten die Lehrer der Hauptschule die Auflösung der Schule in ihrer jetzigen Form gefordert. Vgl. Spiegel-Jahresrückblick 2006.
668 Auf der Liste der Wörter des Jahres finden sich „Agenda 2010" (2003), „Hartz IV", „Praxisgebühr", „gefühlte Armut" und „Ein-Euro-Job" (2004), sowie „Generation Praktikum" und „Prekariat" (2006).
669 Aktuell auch Diskussionen um Kinderarmut, Armut allgemein, Vernachlässigung etc.
670 Die Geschlechterfrage war zuvor extensiv in den Medien diskutiert worden, weit mehr als ihre ostdeutsche Herkunft; nach ihrer Wahl allerdings schien das Thema relativ schnell keine große Bedeutung mehr zu haben.
671 Diese hatte eine breite Front an Trägern und Mitwirkenden aufgetan.
672 Die meisten Minderheiten waren durch häufig prominente und erfolgreiche Vertreter repräsentiert, wie Minh-Khai Phan-Ti oder Gerald Asamoah.
673 Im April 2006 Florian Langenscheidt: Das Beste an Deutschland. 250 Gründe, unser Land heute zu lieben. Im Mai 2006: Matthias Matussek: Wir Deutschen. Warum die anderen uns gern haben können.
674 Um erneut die „Wörter des Jahres" heranzuziehen: Auf der Liste 2005 stand das standortpatriotische Schlagwort vom „1. FC Deutschland 06".
675 Ausgelöst wurde die Diskussion vom früheren brandenburgischen Regierungssprecher Heye, der sich vor allem auf Brandenburg bezog, „[...] wo ich keinem, der eine andere Hautfarbe hat, raten würde, hinzugehen. Er würde sie möglicherweise lebend nicht mehr verlassen." Heftige Reaktionen folgten unter anderem vom brandenburgischen Innenminister Schönbohm. Vgl. SZ vom 20.05.2006; URL: http://www.sueddeutsche.de/,tt 1m1/deutschland/artikel/332/76256/. Der am 22.05.2006 vorgestellte Verfassungsschutzbericht, der einen verstärkten Zulauf zur Neonazi-Szene diagnostizierte, verschärfte die Debatte. Zur anschließenden Auswertung

hende Menschen vor gewalttätigen Übergriffen durch Rechtsextreme nicht sicher sein könnten. Der Zentralrat der Juden äußerte in diesem Zusammenhang den Verdacht, führende Politiker verharmlosten rechtsextreme Gewalt angesichts der bevorstehenden WM.[676]

Im Jahr 2000 war Deutschland zum zweiten Mal als Ausrichter einer Fußball-Weltmeisterschaft bestimmt worden[677]; seitdem war das Turnier, unter Federführung des nach seiner aktiven Zeit zum prominenten Funktionär aufgestiegenen Franz Beckenbauer, vorbereitet worden. Die FIFA bezog zunehmend zu gesellschaftlichen Themen Stellung und initiierte, zumindest im Ansatz, diverse Kampagnen, darunter ein Anti-Rassismus-Programm.[678] Für die Zuschauer hatte sich bei Sportereignissen dieser Größe eine Eventkultur durchgesetzt, zu der Medien durch frühzeitige Berichterstattung und Mobilisierung beitrugen.[679] Im Rahmen dieser WM etablierten sich die Begriffe *Public Viewing* und „Fanmeile".[680] Für die Nationalspieler waren Verträge mit ausländischen Vereinen gang und gäbe; in der Regel waren sie bereits in jungen Jahren Profifußballer. Dem Star-Status hatten sie sich angepasst: Die meisten verfügten über Manager und Medienberater.

4.3.2. BILD-Berichterstattung

Kai Diekmann, seit 2001 Chefredakteur der BILD-Zeitung, hatte mit stetig schwindender Auflage zu kämpfen: Von 2001 bis 2006 war diese um rund eine Million auf 3,5 Millionen zurückgegangen.[681] Ein möglicher Grund dafür lag in der nahezu flächendeckenden Verbreitung von Konkurrenzmedien wie Fernsehen und Internet, mit denen ein explosionsartig gewachsenes Unterhaltungsangebot geschaffen worden war. Dass „das Fernsehen schon schläft", war nunmehr undenkbar geworden. Statt dessen waren zahlreiche private Fernsehsender, Pay-TV und Spartenkanäle zu den öffentlich-rechtlichen Sendern hinzugekommen. Information war dabei als Programmpunkt eher in den Hintergrund getreten[682]; nach diversen Trends in der Unterhaltung hatte man in den letzten Jahren eine Tendenz zu einer Art Jedermann-Exhibitionismus feststellen können: Talkshows, Reality-TV-Formate und eine

---

der WM 2006 im Hinblick auf fremdenfeindliche Haltungen vgl. Julia Becker/Ulrich Wagner/Oliver Christ: Nationalismus und Patriotismus als Ursache von Fremdenfeindlichkeit. In: Wilhelm Heitmeyer: Deutsche Zustände. Folge 5. Frankfurt/Main 2006.
676 Ebenda.
677 Um das Vergabeverfahren, rankte sich eine kleine Legende, nach der das Satiremagazin Titanic mit abstrusen Bestechungsfaxen ein Mitglied des FIFA-Exekutivkomitees zur Enthaltung bewegt haben sollte, so dass die WM an Deutschland ging statt an Südafrika. BILD titelte daraufhin: „Böses Spiel gegen Franz" und rief ihre Leser dazu auf, sich telefonisch bei der Titanic-Redaktion zu beschweren; die Anrufe sind dokumentiert.
678 Mit Transparenten sowie Sperren für Spieler und Fans bei entsprechenden Äußerungen. Ferner gab es das Fairplay-Programm, in dem sich der Verband zu sozialem Engagement für Gleichberechtigung, Frieden, Kinderrechte, Gesundheit, Bildung und Umweltfragen bekannte; unter Green Goal firmierte ein eigenes Umweltschutzprogramm.
679 Vgl. Opaschowski, in Roters, S. 78-79. Beispiel Tennis-Davis-Cup 1984 Deutschland-Rumänien: 200 Zuschauer; 1996 beim ATP-Turnier in Hannover über 90000.
680 „Fanmeile" wurde „Wort des Jahres" 2006. *Public Viewing* bezeichnet das öffentliche gemeinsame Verfolgen der Fernsehübertragungen, meist auf Großbildleinwänden.
681 Quelle: IVW-Auflagenliste.
682 Daher war BILD wohl vom allgemeinen Auflagenrückgang auch anteilig mehr betroffen als Qualitätszeitungen. Vgl. IVW-Auflagenliste.

Welle von Quiz- und Castingshows holten Durchschnittsbürger vor die Kamera.[683] BILD hatte ähnliche Rubriken oder Serien eingeführt – das so genannte „Montagsmädchen"[684] oder öffentlich ausgetragene Privatprobleme.[685]

Informationen topaktuell zu erhalten war eine Selbstverständlichkeit geworden, die natürlich auch für den Sport galt: Sämtliche Spiele der WM wurden nicht nur live im Fernsehen übertragen[686]; dazu kamen die Informationsangebote im Internet. Auch viele der deutschen Fußballnationalspieler hatten eigene Websites, auf denen Fans Informationen zur Person abrufen konnten. Auf den Online-Trend hatte BILD ebenfalls reagiert: Die Web-Präsenz BILD.de mit umfangreichem Sportangebot existierte seit 2002. Als zusätzliches Printmedium deckte bereits seit 1988 die wöchentlich erscheinende Zeitschrift Sport-BILD[687] einen Teil der Sportberichterstattung ab.

4.3.2.1 Umfang und Optik

Bereits lange vor Turnierbeginn hatte die BILD-Zeitung mit der Berichterstattung über die Vorbereitungen zur Weltmeisterschaft begonnen. Nach einigen wenig erfolgreichen Testspielen hatte sie unter anderem im März eine Kampagne gegen Bundestrainer Jürgen Klinsmann losgetreten[688], die vor allem dessen Wohnsitz in Kalifornien zum Thema hatte und von zahlreichen anderen Medien aufgegriffen wurde.[689] Seit Mai lieferte dies zusammen mit der Kritik an Klinsmanns Trainingsmethoden, der Sorge um die Form der Nationalelf und dem Vergabemodus für die WM-Karten Stoff für regelmäßige Thematisierung der bevorstehenden Weltmeisterschaft.

Spätestens ab dem 1. Juni schließlich war mehr oder minder alles auf die WM ausgerichtet. Nicht nur fanden sich täglich Nachrichten über Training, Testspiele, Aufstellungs- und Formfragen der deutschen Elf auf der Titelseite; dort lief auch ein Countdown bis zum Turnierstart und die so genannten Seite-1-Mädchen standen fortan fast durchgehend unter dem

---

683 Darunter die Castingshows „Popstars" auf RTL2, später auf Pro7 seit 2000, „Deutschland sucht den Superstar" auf RTL seit 2002, „Star Search" auf Sat1 seit 2003; bei den Reality Shows u. a. „Die Super Nanny" auf RTL seit 2004; die so genannte Koch-Dokumentation „Das perfekte Dinner" auf Vox seit März 2006. Weitere Möglichkeiten der Partizipation, genutzt allerdings vorwiegend von jüngeren Menschen, bot die als Web 2.0 bekannt gewordene Vergesellschaftung in Form von Foren und Communities im Internet.
684 Leserinnen konnten sich als Seite-1-Mädchen bewerben. Seit Januar 2006.
685 Die Serien „Trennungsbriefe" bzw. „Es ist aus und du bist schuld" mit öffentlicher gegenseitiger Schuldzuweisung, im zeitlichen Umfeld der WM.
686 Alle Spiele der deutschen Mannschaft sowie die meisten anderen Begegnungen wurden in frei empfangbaren Fernsehsendern übertragen; nur acht von 64 Partien exklusiv im Pay-TV-Kanal Premiere. (Dieser übertrug auch die anderen Spiele, wenn auch nicht exklusiv, und bot ferner einen eigenen rund um die Uhr laufenden WM-Kanal an.)
687 Auflage 2006 knapp eine halbe Million. Quelle: IVW-Auflagenliste.
688 Es wurde verschiedentlich die Meinung geäußert, der Grund dafür sei Klinsmanns Weigerung gewesen, BILD bevorzugt zu behandeln. Vgl. u. a. taz, 04.07.2006; ZEIT, 11.07.2006. Auch folgender Auszug legt nahe, dass BILD zwar vorgeblich im Namen der Fans, tatsächlich jedoch aus eigenen Interessen handelte; die Argumentation war nahezu identisch mit der Cruyff-Kampagne von 1974. Im Artikel „Wer steckt hinter der Grinsi-Maske?" hieß es: „[...] Aber das hat niemand sehen dürfen. Sein Haus, seine Burg: ‚Die Öffentlichkeit hat kein Recht auf mein Privatleben.' So hielt es der ehemalige Bäckergeselle aus Geislingen schon immer: den öffentlichen Ruhm als Torschütze ließ sich Jürgen Klinsmann mit Millionen belohnen. / Doch der Mensch klappte zu wie eine Auster. [...] ‚Ich gehöre keinem außer mir', hat der Bundestrainer oft betont. Schon gar nicht dem gemeinen Fußballfan, der sich das Wunder einer tollen WM von ihm wünscht. Und ihm dann die – geschätzten – 2 Millionen Euro Jahreseinkommen gerne gönnen würde. [...]" BILD, 04.03.2006. URL: http://www.bild.t-online.de/ BTO/sport/wm2006/aktuell/03/04/klinsmann-grinsi-maske/klinsi-grinsi-maske.html
689 Der Spiegel u. a. entschuldigten sich anschließend dafür.

Motto Fußball.[690] Die Leser des Regionalteils wurden täglich mit „Guten Morgen, WM-Stadt Hamburg" begrüßt und erhielten einen weiteren Countdown, in dem unter dem Slogan „Der Sport-Staatsrat erklärt" jeweils über die Vorbereitungen auf die WM berichtet wurde. Zudem waren täglich zwei bis drei regionale Sonderseiten mit der Kopfzeile „Die WM in Hamburg" gekennzeichnet.

Sonderseiten zur WM mit „WM 2006"-Kopfzeile gab es auch in der Bundesausgabe, dem Sportteil vorangestellt. In der ersten Juniwoche handelte es sich um je fünf bis sieben Seiten[691], ab dem Turnierbeginn am 9. Juni lag der BILD-Zeitung eine gesonderte WM-Zeitung zum Herausnehmen bei.[692] Diese umfasste bis zum Ende der WM täglich regelhaft 10 Seiten[693], die zum sonst üblichen Umfang von durchschnittlich rund 20 Seiten hinzukamen.

Außer auf den eigens reservierten Seiten in der Bundesausgabe und im Regionalteil war die WM täglich Thema auf der Titelseite und, vor allem in der ersten Woche, auf der für Politik und Meinung reservierten Seite 2.[694] Franz Josef Wagner, mittlerweile „Chefkolumnist" von Springer[695], machte sie für die Dauer des Turniers täglich zum Gegenstand seiner ebendort angesiedelten Kolumne „Post von Wagner", auch nachdem die übrigen Kommentatoren sich bereits wieder anderen Themen zugewandt hatten und erst zum Ende der WM wieder auf den Fußball zu sprechen kamen.

Den Juni über war die WM im weitesten Sinne[696] etwa in der Hälfte aller Fälle Titelseitenaufmacher, unter anderem in der Regel vor und nach den Spielen der deutschen Mannschaft. Gegen Ende der Vorrunde scheint die Ehekrise des Schauspielers Ottfried Fischer interessanter gewesen zu sein – oder BILD war dort schlicht auf mehr Kooperation gestoßen als in Klinsmanns Team.[697] Vom 1. Juli bis zum Turnierende am 10. allerdings landete die Weltmeisterschaft wohl dank der wachsenden Begeisterung nahezu täglich im Titelseitenaufmacher. Dem tat auch das Ausscheiden der deutschen Nationalmannschaft am 4. Juli keinen Abbruch. Im Anschluss wurde die Bundestrainer-Debatte – diesmal in Form einer Pro-Klinsmann-Kampagne – noch einmal groß auf Seite 1 gehoben.[698] Zwischendurch, am 11. Juli, hatte der Verkauf des Extrahefts „BILD-WM-Spezial" begonnen, das in BILD naturgemäß prominent beworben wurde.

Die entsprechend gekennzeichneten Sonderseiten zur WM ließ BILD noch bis zum 14.07. weiterlaufen; auch das tägliche „Super-Poster" mit Spielerfotos sowie die Schwarz-Rot-Geil-Kampagne wurden noch fortgeführt. Erst am 25.07., zwei Wochen nach dem Finale, war das Thema WM mit seinen allerdings immer weiter abklingenden Nachwehen tat-

---

690 Eine zog sich täglich ein Stück einer Fußballer-Ausrüstung aus: „Für die WM gebe ich Stoff! Jeden Tag ein bißchen mehr...", im Übrigen beliebt: „Expertin, wenn es um Bälle geht".
691 Am 8. Juni wurden vier Seiten davon im Querformat gedruckt und einmalig als „WM-Journal" betitelt.
692 Die Seitenzählung dieser Beilage ist uneinheitlich: während sie anfangs von der Hauptzeitung getrennt bei 1 anfing, wurde ab dem 13.06. fortlaufend, im Anschluss an die letzte Seite des Hauptteils gezählt. Die bis zum 12.06. durch die getrennte Zählung aufgetretenen Dopplungen werden im Folgenden durch den Zusatz „der WM-Beilage" von der jeweiligen Seite der Hauptzeitung unterschieden.
693 Inklusive Anzeigen, d.h. rund 8 Seiten redaktionelle Beiträge; der Umfang nahm auch nach dem Ausscheiden der deutschen Mannschaft nicht ab.
694 Häufig wurden allerdings zwei Hamburg-Seiten vorgezogen (vgl. z. B. Abb. 6), was BILD zu besonderen Anlässen tat; hier angelegentlich eines Flugzeugunglücks. Dadurch wurde die traditionelle Meinungsseite zur Seite 4 statt 2. Auch die Titelseite war häufig entsprechend regionalisiert (s. Abb. 5).
695 Als solcher schrieb er für BILD und Welt
696 Darunter aber auch Beckenbauers Hochzeit, die ich wegen der WM-Bezüge mit berücksichtigt habe.
697 Letztere Vermutung ist wohl wahrscheinlicher. Vgl. z.B. Tagesschau online, URL: http://www.tagesschau.de/inland/meldung126540.html. Fischer stellte sechsmal den Titelseitenaufmacher, Braunbär Bruno einmal, im Übrigen weitere Prominenten-Themen.
698 Titelseitenaufmacher am 12. und 13.07.2006 zur Unterschriftenkampagne für Klinsmann.

sächlich beendet; was nun noch folgte, waren allenfalls die weiteren Karriereverläufe prominenter Akteure.

Das gesamte Blatt in Farbe zu drucken war zu einer Selbstverständlichkeit geworden. Ferner war das Layout flexibler geworden; es umfasste weit mehr Bilder, die, ausgeschnitten, zusammenmontiert und in beliebigen Größen, für nahezu alles verwendbar waren. Sie illustrierten Artikel, dienten als Unterhaltungselement oder als Hintergrund für einen Artikel oder eine Artikelgruppe. Bilder und Schlagzeilen bildeten die umfangreichsten Elemente; der eigentliche Text nahm den geringsten Teil einer Seite ein. Eine Struktur ergab sich durch die optische Zusammenfassung von Themenblöcken durch Rahmen oder Ähnliches. So waren Artikel zur Fußball-WM anfangs in Rasenoptik eingefasst, später nahezu ausschließlich in Schwarz-Rot-Gold. Auch die Schlagzeilen bestanden häufig aus schwarz-rot-goldenen Lettern. Oft waren zudem nur ein bis zwei Schlagworte sehr groß gehalten und der Rest deutlich kleiner eingefügt. Zeilenumbrüche wurden zuweilen nur farblich kenntlich gemacht.

Das BILD-Logo auf der Titelseite war anlässlich der Fußballweltmeisterschaft modifiziert worden (vgl. Abb. 5): Ein Bild des Pokals ragte statt des „i" in den Schriftzug hinein.

4.3.2.2 Hauptcharakteristika

Zu den auffälligsten Merkmalen der BILD-Berichterstattung zur Fußballweltmeisterschaft 2006 gehörte die Kampagnenhaftigkeit. So weit wie irgend möglich war alles in Serien, Rubriken, Aktionen oder andere Pakete geordnet, die häufig bestimmten, immer wiederholten Slogans unterstellt waren und auch einen optischen Wiedererkennungswert besaßen. Beginnend im Vorfeld mit der Kampagne gegen Bundestrainer Klinsmann unter dem Schlagwort „Grinsi-Klinsi"[699] über eine Reihe von Sonderrubriken im Regionalteil[700] wie in der Bundesausgabe[701] gipfelte dies im „Schwarz-Rot-Geil", das bereits am ersten Spieltag in den Regionalseiten der Hamburger Ausgabe erstmals auftauchte[702], tags darauf die Titelseite bestimmte und bald zum Leitmotiv der gesamten Berichterstattung während des Turnierzeitraums und darüber hinaus wurde (vgl. Abb. 5 und 6).

Parallel lieferte BILD Service in konkreter[703] oder etwas konstruierter[704] Form, teilweise auch als Mittel der eigenen Profilierung, wie die Pseudo-Zertifizierung von WM-Kneipen mit einem entsprechenden BILD-Aufkleber. Auch das WM-Telefon war wieder eingerichtet worden – diesmal allerdings nur bis 22 Uhr. Zu den weiteren Aktionen zählten die so genannte „Single-Aufstellung", eine Kontaktanzeigenbeilage mit zahlreichen Fußball-

---

699 Vor Beginn der WM soll eine Art Nichtangriffspakt geschlossen worden sein. Vgl. Georg Löwisch, in der taz vom 04.07.2006; URL: http://www.taz.de/index.php?id=archivseite&dig=2006/07/04/a0146.
700 Unter anderem der oben erwähnte Countdown – Beispiel: „NOCH 8 TAGE / Der Sport-Stadtrat erklärt / Heute: Die Lächel-Offensive", BILD, 01.06.2006, S. 9 – oder die Reihe „Ich bin fit für die WM", in der je ein Hamburger seine Vorbereitungen erklärt; hier: eine Studentin; ebenda, S. 3.
701 Ebenfalls ein Countdown auf der Titelseite, die Seite-1-Mädchen etc.
702 „Reeperbahn / Erst tote Hose, dann schwarz-rot-geil!" BILD, 10.06.2006, S. 2/3.
703 „Hier kriegen Sie noch WM-Karten", 01.06.2006, S. 1. Regional: „Fans in Hamburg: So kommt ihr ins Stadion", 09.06.2006, S. 8; „WM-Planer", täglich im Regionalteil.
704 „Darf ich im Büro WM gucken?" Fragen und Antworten zur Rechtslage, 13.06.2006, S. 1; geistliche Behandlung der Gewissensfrage „Darf ich für den deutschen Sieg beten, Bischof Huber?" BILD, 24.06.2006, S. 13. Ferner: „WM-Jubel-Bußgeldkatalog" mit detaillierter Aufzählung der Kosten für verschiedenes Fehlverhalten, meist im Straßenverkehr. BILD, 26.06.2006, S. 2/3.

Kalauern[705], sowie eine Reihe von Kooperationen mit anderen Unternehmen. Mit LIDL bot BILD ab dem 7. Juni den „WM-Knaller" an, bestehend aus „6 Flaschen Bier/ + 1 Tüte Erdnuß-Flips/ + 1 Deutschland-Fahne/ nur 99 Cent!"[706], mit T-Com ab dem 8. Juni „Tor-Lotto", das halbseitig als das „größte WM-Gewinnspiel aller Zeiten"[707] angepriesen wurde, und mit McDonald's loste BILD die „McDonald's Fußball-Eskorte"[708] aus: „Unsere 11 Glücks-Kinder", die mit der deutschen Mannschaft einlaufen durften.[709]

Die Slogans, die bestimmte Themen einrahmten und teilweise über mehrere Ausgaben immer wieder aufgegriffen wurden, muteten zuweilen dadaistisch an, zumal bei mehrfacher Wiederholung innerhalb eines Artikels, wie es bei „Aua-Ballack"[710], „Alahm um unseren Zauber-Zwerg"[711] oder „Ecuatooooor"[712] der Fall war. Möglicherweise sah BILD sich unter Druck, die in der Vergangenheit bisweilen erfolgreiche Prägung geflügelter Wörter zu wiederholen.[713] Weitere Beispiele fanden sich in der Kritik an „Klinsis Schlappwehr"[714] mit „Per Schlappacker", „Jens Schlappny", „Christoph Schlappzelder", im Jubel über einen „Baller-Knaller-Sieg!"[715], im Begrüßen der zurückkehrenden Form des Mannschaftskapitäns mit „Es ballackt wieder"[716], oder auch in Bezug auf andere Teams: „Caramba, Toracho/ Gewinnen die Spanier jetzt alles?"[717] sowie „Tobago war nur noch Triniplatt".[718] Der Slogan „Schwarz-Rot-Geil" bot sich freilich besonders an, so dass BILD nach dem Ende der Fußball-WM dazu überging, alternative Weltmeistertitel für Deutschland von Rennfahrer Michael Schumacher bzw. dem Boxer Felix Sturm unter den Slogans „Schwarz-rot-brumm!" respektive „Schwarz-rot-bumm!"[719] zu fordern.

Im Grunde aber gehörten sprachliche Neuschöpfungen zum Repertoire und wurden oft gar nicht mehr kenntlich gemacht. Die Wendungen „Mini-Boss" Schweinsteiger, „Sahne-Freistoß" und „schweini-ballaktisch" wurden innerhalb eines Artikels beiläufig im Text eingestreut.[720] Auch die Texte zu den Seite-1-Mädchen waren ohnehin berüchtigt; hier ist vor allem auf den recht konsequenten Einsatz von Fußball-Kalauern hinzuweisen.[721]

---

705 „Die große BILD-Single-Aktion zur WM / Wer geht mir ins Netz?"; Auszüge: „ihr persönlicher Libero", „frischeingewechselter Single", „Kleine Bälle? Nichts für Sportskanone Stephan", etc. Letztmalig am 06.06.2006.
706 Titelseitenaufmacher in BILD vom 07.06.2006; die Fahne beschrieb BILD dort: 74x47 cm, mit Aufschrift: „Hier feiern Weltmeister".
707 BILD, 08.06., S. 29.
708 BILD, 09.06., S. 10.
709 Des Weiteren konnten BILD-Leser WM-Karten und, in Hamburg, Rundflüge über die Stadt mit dem so genannten „Blue-Goal-Flieger" gewinnen.
710 BILD, 07.06.2006, S. 19; „Aua-Ballack" war die Schlagzeile, zusätzlich wurden wiederholt Fragen damit eingeleitet: „Aua-Ballack! Ist unser Kapitän zu anfällig?" etc.
711 Gegenstand war das Interesse ausländischer Vereine an Spieler Philipp Lahm. BILD, 14.06.2006, S. 23.
712 Schlagzeile: „ECUATOOOOOR schockt Polen". BILD, 10.06.2006, S. 5 der WM-Beilage.
713 Wie „Schummel-Schumi", „Boxenluder", „Titan" oder „Wir sind Papst".
714 BILD, 01.06.1974, S. 1 und 25.
715 BILD, 10.06., S. 1 der WM-Beilage.
716 BILD, 13.06.2006, S. 1.
717 BILD, 15.06.2006, S. 27.
718 BILD, 21.06.2006, S. 21. Ähnlich: „Figo, das war Portuqual", 12.06.2006, S. 4 der WM-Beilage.
719 BILD, 15.07.2006, S. 17.
720 BILD, 03.06.2006, S. 19.
721 Beispiele: „Claudia hält alle Bälle" (03.06.), „Juhu, jetzt wird gekickt! [...] Beim BILD-WM-Lotto will sie jetzt so richtig abräumen und sich und ihre beiden dicksten Freunde ins Endspiel tippen!" (08.06.), „Spezialistin, wenn es um Bälle geht" (13.06.), „Bälle müssen ins Netz" (zum Bild einer in ein Netz gehüllten Frau; 15.06.), „Zugegeben: Diese Bälle sind wirklich weltmeisterlich, aber nichts ist so steil wie unsere Elf von Schwarz-Rot-Geil" (22.06.). Auch: BILD-Tattoos auf Körper und Gesicht, am 14.06., 20.06., 24.06., 30.06.2006.

Sportliche Nachrichten lieferte BILD ebenfalls zu einem großen Teil in durch Rubriken geregelter Form: Unter „Nationalelf intern" fand sich je eine Reihe von Kurzmeldungen; „INSIDE NATIONALELF" hingegen umfasste einen etwas längeren Beitrag. Täglich fanden sich außerdem die aktuellen „WM TABELLEN" und die „Torjäger-Tabelle".[722]
Inhaltlich fand sich wenig Fundiertes über die deutsche Elf, die offensichtlich ebenfalls nicht so eng mit BILD kooperierte wie andere Teams zuvor. Die wiedergegebenen Aussagen beschränkten sich im Wesentlichen auf allgemein zugängliche Informationen.[723] Was das Blatt über den Hintergrund der Spieler berichtete, war kaum mit Zitaten belegt, die vorhandenen teilweise anderen Medien entnommen.[724] Artikel über die Stimmung in der Mannschaft blieben spekulativ und wirkten teils arg konstruiert. So überschrieb BILD einen Artikel mit „Klinsi gegen Ballack/ Wie ehrlich ist diese Umarmung?"[725] Die Zitate jedoch gaben nicht mehr als eine kleinere Meinungsverschiedenheit um den Einsatz des kürzlich noch verletzten Ballack her, die BILD mittels suggestiver Fragen und Behauptungen zu einem Machtkampf aufbauschte:

„[...] Beim ersten deutschen Tor umarmten sich Jürgen Klinsmann (41) und Michael Ballack (29) kurz. Aber war das wirklich ehrlich gemeint? Nach dem Schlusspfiff gingen sie ohne Abklatschen auseinander... / Der Bundestrainer und sein Kapitän – es tobt ein Machtkampf! / [...] / Ist das Verhältnis noch zu kitten? / Klinsi: ‚Wir freuen uns auf Michaels Einsatz am Mittwoch gegen Polen.'"

Bei anderen Gelegenheiten bereitete BILD spärliche Informationen boulevardistisch auf: Mit der Schlagzeile „So will der Wunder-Guru Ballack helfen"[726] ließ sie eine Behandlung eines Bio-Energetikers etwas spannender klingen; hinzu kam der Bericht eines BILD-Reporters, der auch schon einmal bei einem Bio-Energetiker gewesen war. Zu fehlenden Torerfolgen des Stürmers Podolski fragte BILD mit Blick auf dessen durchweg als „schöne Monika" bezeichnete Freundin: „LIEBESNACHT FÜR ALLE SPIELER/ Richtet SIE Poldi wieder auf?"[727] Und unter der Überschrift „BALLACK in der Gelb-Falle"[728] wurde ein nahezu unlösbares Dilemma aus einer gelben Karte konstruiert, die Ballack bereits erhalten hatte: „Er muß kämpfen, aber darf nicht foulen [...]. Kann man Vollgas geben und gleichzeitig mit angezogener Handbremse spielen? / Nein! [...]". Nichtsdestoweniger wurde vor allem durch die inflationäre Verwendung des Wortes „geheim" Exklusivität suggeriert. Von einem „GEHEIM"-Stempel-Faksimile über dem Artikel „'Engländer' trifft für USA"[729] über „Klinsis geheime Kabinen-Hymne"[730], an der nichts geheim war, bis zu der sich kurze Zeit später als völlig haltlos erweisenden Behauptung „Der geheime Klinsi-Plan/ Noch 2 Siege, dann bleibt er bis 2008"[731] suchte BILD den Anschein von Enthüllungen zu vermitteln.[732]

---

722 Die „Form-Ampel" (Rot=schwach, Grün=stark) hatte sich nach dem 03.06., S. 19 offenbar nicht durchgesetzt.
723 Presseinformationen im sportlichen Bereich, über Verletzungen, Genesungen etc.
724 Kenntlich gemacht z.B. ein Zitat der „Bunten". BILD, 13.06.2006, S. 20.
725 BILD, 10.06.2006, S. 2 der WM-Beilage.
726 BILD, 08.06.2006, S. 24.
727 BILD, 15.06.2006, S. 25.
728 BILD, 20.06.2006, S. 20.
729 Über ein Trainingsspiel der US-Mannschaft unter erhöhten Sicherheitsvorkehrungen: „BILD sah das Spiel heimlich von einem Anwohner-Balkon". BILD, 06.06.2006, S. 23.
730 Gemeint war das Stück „Dieser Weg", das Xavier Naidoo Trainer und Mannschaft öffentlich gewidmet hatte. BILD, 12.06.2006.
731 „BILD erfuhr Klinsis persönlichen (und noch geheimen) Plan". Die deutsche Mannschaft gewann im Anschluss noch drei Spiele; Klinsmann blieb nicht Bundestrainer. BILD, 17.06.2006, S. 15.
732 Auch: „Argentinien-Star Tevez/ Das Geheimnis seiner Hals-Narbe". BILD, 24.06.2006, S. 19.

Im Übrigen wurde auf Expertenmeinungen zurückgegriffen, die den größten Teil der auf sportliche Aspekte bezogenen Berichterstattung über die deutsche Elf ausmachten. Neben Franz Beckenbauer mit „FRANZ / Meine WM"[733] und Günter Netzer[734] war auch Mario Basler[735] regelmäßiger Kolumnist. Die drei lieferten Analysen und Prognosen zu den Spielen der deutschen Mannschaft. Ferner versuchten sich auch BILD-Redakteure gelegentlich an Prognosen, meist durch pseudo-statistische Daten gestützt. So schaffte es die „1. WM-Hochrechnung/ Wir schlagen Costa Rica 5:0" im Vorfeld auf die Titelseite.[736] Später fand BILD im Artikel „BILD vergleicht Mann gegen Mann"[737] vor dem Spiel Deutschland – Schweden heraus: „Bei den Knack-Duellen sind wir besser", die Chancen stünden 6:1 für Deutschland, unter Einbeziehung der Fans sogar 7:1. Auch mit dem „Spieler-Zeugnis"[738], wahrte die Zeitung die Rolle der Autorität auf sportlichem Gebiet, ebenso mit der wiederkehrenden Formel „BILD erklärt".[739]

Da BILD über den Hintergrund der deutschen Mannschaft wenig Greifbares erfuhr, rückten andere Akteure ins Blickfeld, die bereit waren, einen Artikel für das Blatt zu verfassen wie Schiedsrichter Markus Merk[740], Einblicke in ihr Privatleben zu gewähren wie der holländische Nationalspieler und HSV-Spielmacher Rafael van der Vaart[741], oder gar BILD-Redakteure zum Fernsehen zu empfangen wie Gerd Müller[742], Dieter Bohlen[743] oder Franz Beckenbauers Lebensgefährtin.[744]

Unter den Kontakten, über die BILD verfügte, war Beckenbauer sicher der wertvollste: Nicht nur war er eine zentrale Figur der gesamten Weltmeisterschaft, er gewährte BILD auch zuverlässig sowohl das ganzseitige „große Liebes-Interview exklusiv in BILD" mit Partnerin[745], als auch die exklusive Berichterstattung über die Trauung. „FRANZ & HEIDI/ Heimliche Hochzeit!" war selbstverständlich Titelseitenaufmacher[746]; zusätzlich gab es ei-

---

733 Spätestens ab 01.06.2006, S. 26.
734 NETZER sagt, was Sache ist".
735 „SUPER MARIO gibt Gas", ab 09.06.2006, S. 6 der WM-Beilage. Wo Netzer und Beckenbauer sachlich analysierten, war Basler für unterhaltsam-derbes Schimpfen zuständig.
736 BILD, 06.06.2006, S. 1. Weiter hinten im Blatt folgte die eigentliche Rechnung: „Wie bei Bundestags- oder anderen wichtigen Wahlen natürlich mit einer Ergebnis-Prognose". Ebenda, S. 22.
737 BILD, 24.06.2006, S. 16.
738 2006 mit Schulnoten-System, anders als 1974 war 1 die beste, 6 die schlechteste Note.
739 Neben sportlichen Themen - „BILD erklärt das beste Sturm-Duo der WM" am 26.06., S. 20, nachdem das Blatt die gemeinten Stürmer Klose und Podolski eben in „King Knall" und „Prinz Peng" umzubenennen versucht hatte - ‚erklärte' BILD im Regionalteil auch Außersportliches: „Bild erklärt die geilste Glotze der Stadt", 09.06.2006, S. 9, sowie „[…] Hamburg, die fröhlichste Stadt der Welt". 16.06.2006, S. 2, etc.
740 BILD, 08.06.2006, S. 25.
741 Dieser wurde im WM-Zeitraum dankbarerweise auch noch Vater, was zu zahlreichen Wortspielen führte wie „Sylvies erste Baby-Vaart" über seine Ehefrau samt Sohn am 13.06.2006, S. 28, oder „Süß! Hier strahlt Familie van der Glück" am 30.06.2006, S. 32.
742 „Ich guckte WM beim Bomber der Nation"; Schlusssatz: „Ich weiß jetzt: Seine Bescheidenheit macht Gerd Müller zum Größten. Da kann ein Ronaldo so viele Tore schießen wie er will." BILD, 14.06., S. 25.
743 „BILD guckte WM mit Bohlen". BILD, 23.06.2006, S. 30.
744 „BILD guckte WM mit der Kaiserin". Untertitel: „Sie hat richtig Ahnung vom Fußball". Klassische Geschlechterrollen zum Schluss: „‚Guck mal, wie die nassen Trikots auf der Haut [der Togolesen, KSD] kleben. Das muß feine Synthetik sein.' Das hätte der Franz nicht erkannt. Dazu braucht's halt eine Kaiserin." BILD, 21.06.2006, S. 23.
745 BILD, 03.06.2006, Titelseitenaufmacher: „FRANZ & HEIDI / So schön wird unsere Hochzeit". Das Interview folgte weiter hinten: „Wir heiraten ganz still und leise. Und schön." S. 10.
746 „Während der WM verkündete er [BILD-Sportchef Draxler, KSD] exklusiv die Hochzeit des Kaisers. Aufmacher, Seite eins. Da hätte Ottfried Fischer Bruno durchs Bordell peitschen können - keine Chance." Löwisch, in taz.

nen wiederum ganzseitigen Bericht: „Wir sind einfach nur glücklich!"[747] BILD diente sich entsprechend an. Neben Franz Josef Wagner[748] pries auch Kommentator Michael Backhaus Beckenbauer als Visionär, dem „wir" die Wandlung Deutschlands zu einem „Paradies" in erster Linie zu verdanken hätten.[749] Jener, stets als „Franz" oder „Kaiser" tituliert, werde demnach hoffentlich als Beckenbauer wiedergeboren: „Damit Deutschland ein Paradies bleibt!" Entsprechend wohlwollend wurde auch seine Frau aufgenommen: „FRAU KAISER!/ Ihr 1. Auftritt war schwarz-rot-goldig"[750] hieß es. Hier wie bei der Hochzeit war die WM-Variante der Rubrik „In / Out" an den von Beckenbauers gesetzten Standards orientiert.[751]

Im Übrigen nahmen boulevardistische Geschichten und Enthüllungen recht breiten Raum ein, in der Regel sexuell aufgeladen: Unter „Hier sehen wir Ronaldinhos Sohn/ BILD lüftet das süßeste WM-Geheimnis"[752] berichtete BILD vor allem über die Affäre, aus der dieser hervorgegangen war; mit „Unsere heiße Nacht mit Ronaldo & Co."[753] hatte BILD die Geschichte dreier Brasilianerinnen vom Schweizer ‚Blick' übernommen; in den Artikeln „Ronaldo und seine Nackt-Schnecken"[754] und „Ich bin die GELIEBTE von Ronaldinho"[755] dominierten vor allem große Abbildungen der jeweiligen Frauen.

Erotik im weitesten Sinne bildete einen weiteren wesentlichen Faktor, der unter verschiedenen Gesichtspunkten eine Rolle spielte. Zum einen bemühte sich BILD im Regionalteil, die Stimmung anzuheizen und den Lesern nahezulegen, die WM möglichst intensiv zu zelebrieren, was sich in Ausgehtipps[756], Flirtleitfäden[757] und Ratgebern zur passenden Garderobe[758] manifestierte. Über die Feiern wurde entsprechend berichtet: „da öffnen sich Herzen und Blusen wie von selbst."[759] Hin und wieder bemühte sich BILD vordergründig auch um die gezielte Ansprache von Frauen, sei es durch ihre explizite Einbeziehung in die Gemeinde der Fußballanhänger[760] oder durch erotikbetonte Präsentation von Fußballern: „HEUTE

---

747 BILD, 24.06.2006, S. 1 und 22.
748 Auszug: „Franzsein ist wie Deutschsein. Niemals wird Klinsmann ein Deutschmann sein. Es fehlen ihm die weiblichen Züge zum Ball. Franz Beckenbauer liebt den Ball wie eine Frau. Klinsmann liebt den Ball wie ein Vorstandsvorsitzender. Ich weiß nicht, wie die WM enden wird, aber ohne Franz würde es regnen, regnen, regnen." BILD, 13.06.2006, S. 2.
749 „Danke, Kaiser Franz", in BILD, 17.06.2006, S. 2.
750 BILD, 26.06., S. 30.
751 „In" unter dem Foto Frau Beckenbauers mit schwarz-rot-goldenen Ohrringen: „Deutschland am Ohr tragen – Shirts hat mittlerweile doch jeder" Ebenda, ähnlich 24.06.2006, S. 22. Die WM-Variante von „In/Out" hatte ihren festen Platz auf der letzten Seite der WM-Beilage; BILD suchte hier Trends zum WM-Wohlverhalten vorzugeben.
752 BILD, 02.06.2006, S. 27.
753 BILD, 03.06.2006, S. 20.
754 BILD, 09.06.2006, S. 10 der WM-Beilage.
755 BILD, 27.06.2006, S. 28. Der Umstand, dass es sich überdurchschnittlich oft um Brasilianer handelte, über die sexuell konnotiert wurde, wird später zu behandeln sein.
756 Beispielsweise „Hier gibt's WM für alle". BILD, 07.06.2006, S. 6.
757 „Was heißt ‚Du bist wunderschön' auf Portugiesisch?" Diverse Übersetzungen in die Sprachen der in Hamburg gastierenden Mannschaften; bezeichnenderweise ausschließlich an Frauen gerichtete Sätze. BILD, 14.06.2006, S. 6.
758 Auch dies nur für Frauen: Unter „Was ziehe ich an zur WM?" hieß es: „Und auch viele HamburgerINNEN wollen ihre Fußball-Freude nach außen tragen, sich für die WM so richtig in (Fan-) Schale werfen." Präsentation diverser Kombinationen in unterschiedlichen Preislagen. BILD, 09.06.2006, S. 8.
759 Weiter: „Die Augen […] hängen tief im Dekolleté einer drallen blonden Polin, seine Hände entdecken den Ball als solchen ganz neu […] und viele weibliche Fans aus aller Herren Länder entdecken lustvoll, daß wirklich was dran ist am ‚steifen' Hamburger. Nur eben ganz anders als sie dachten. […]" BILD, 26.06.2006, S. 2.
760 Expertengestützt im Artikel „Sind Frauen fußballverrückter als Männer". BILD, 20.06.2006, S. 6.

WM-FRAUENTAG/ Sind Sie Beckham oder Ballack?"[761] bzw. „Jetzt vernaschen wir die SCHWEDEN-HAPPEN"[762]. Im Normalfall allerdings nutzte die BILD-Zeitung weiterhin vor allem Frauen als erotische Komponente, die zu jedem beliebigen Thema eingesetzt werden konnte.[763]

Klassische Spannungserzeugung vor den Spielen fand in der BILD-Berichterstattung 2006 nicht mehr statt. Statt dessen wurde in der Vorrunde ein fordernder Ton angeschlagen, regelhaft in Form von Wortspielen[764] wie „Poldi/ Klose/ Schweini/ Spielt sie kurz und kleini!"[765], „Klinski, putz die Polski"[766] oder „DEUTSCHLAND VOR, VOLLES ROHR/ Poldi, mach dein EcuaTOR!"[767] Nach den ersten Erfolgen trat BILD siegessicher auf: „Klinsi, knautsch die Gauchos!/ Heute lassen wir Argentinien weinen!"[768]; „Die Hand Gottes zittert vor uns"[769]; „Heute gibt's was auf die Nudel/ Arrivederci ITALIA!"[770]

Ebenso siegessicher wurden die jeweiligen Gegner dargestellt, meist höhnisch und mit konstruierten Aussagen. So veranlasste BILD zwei Spieler Costa Ricas, sich als Gladiatoren zu verkleiden, und setzte die Überschrift „Costa Rica plötzlich ganz mutig/ Wir sind WM-Krieger/ Wir schlagen Deutschland"[771] darüber, um sich ungeachtet des im Artikel zitierten Lobs der Fußballer für die deutsche Elf über deren Siegesgewissheit lustig zu machen. Ähnlich verfuhr das Blatt auch mit anderen Mannschaften:

„Schweden drohen: Er wird der Deutsch-Killer / [...] Ausgerechnet Torwart Isaksson? Da lachen ja sogar die Elche! [...] Isaksson ist eher Fliegenfänger als Deutsch-Killer! BILD meint: Klose und Poldi hauen ihm die Hütte voll."[772]

In den Spielberichten fielen im Vergleich zu 1974 mehr wertende Ausdrücke wie „leider" und „zum Glück", je aus der deutschen Perspektive.[773] Auch simplifizierende Parolen – wie

---

761 BILD, 20.06.2006, S. 28. Vergleichsparameter waren u. a. „Körper", „Lifestyle", „Sex-Faktor", „Geld", „Liebe"; hier wurden weniger nationale Stereotypen bedient als Klatsch und Geschlechterklischees.
762 Drei schwedische Spieler mit dem Text: („Vorsicht, alle weiblichen Leser, die länger nicht mehr richtig genascht haben [...]". BILD, 22.06.2006, S. 30.
763 Ausdrücklich und häufig mit ‚Bewertung': „Fan-Kurven/ Wer hat die schönsten?", 23.06.2006, S. 29; Bewertung von Frauen aktuell spielender Fußballer, 01.07.2006, S. 24. Teilweise auch ohne Anlass: Am 28.06.2006, S. 21, zeigte BILD („imPOsant") eine Fotostrecke einer Frau, deren Rock im Fußballstadion hochgeblasen worden war; eine weitere Frau im Bikini und mit schwarz-rot-goldenen Tattoos von BILD stand aus unerfindlichen Gründen mitten im Bild zum so genannten „Schwarz-Rot-Geil-Atlas".24.06, S. 3. Vgl. zur Rolle von Frauen im Fußball auch den Aufsatz von Michael Meuser: It's a Men's World. Ernste Spiele männlicher Vergemeinschaftung. In: Ders./Gabriele Klein (Hrsg.): Ernste Spiele. Zur politischen Soziologie des Fußballs. Bielefeld 2008. S. 113-134.
764 Dies galt auch schon für die WM 2002; aus diesem Zeitraum stammen BILD-Schlagzeilen wie „Haudi Saudi" etc. Vgl. Thomas Horky (Hrsg.): Die Fußball-Weltmeisterschaft als Kommunikationsthema. Hamburg 2003. S. 3.
765 Titelseitenaufmacher in BILD vom 09.06.2006.
766 Titelseitenaufmacher am 14.06.2006.
767 BILD, 20.06.2006, S. 19.
768 Titelseitenaufmacher, 30.06.2006.
769 Ebenda, S. 19. Die „Hand Gottes", eine Anspielung auf ein legendäres Handspiel des Argentiniers Maradona, kam auch in dem triumphierenden Äußerungen nach dem Sieg wieder zum Einsatz, hier mit Verweis auf den deutschen Torwart Lehmann. Vgl. Titelseitenaufmacher in BILD vom 01.07.2006.
770 Titelseitenaufmacher vom 04.07.2006. Auf Seite 21 hieß es weiter: „Heute verputzen unsere Jungs Pizza/ Arriverderci!". Auf Seite 26 stellte BILD die italienischen Spielerfrauen auf abwertend-anzügliche Weise vor, unter dem Titel: „Ciao Belle! / Schade, daß Ihr heute fliegt".
771 BILD, 07.07.2006, S. 20.
772 BILD, 23.06.2006, S. 25.
773 BILD, 10.06.2006, S. 2 der WM-Beilage.

„Wusch und drin" für ein Tor – gehörten zu den Mitteln der Emotionalisierung, ebenso Kombinationen aus diversen emotionsgeladenen Wörtern. „DAS TRÄNEN-JUBEL-FINALE IN HAMBURG" wurde entsprechend geschildert: „Tränen der Trauer. Tränen der Freude. [...] Tränen der Freude. Tränen der Trauer."[774]

Bezüglich der Spiele, vor allem aber der Feiern im Rahmen des *Public Viewing* war die BILD-Zeitung bemüht, die Stimmung anzuheizen: Ausgedehnt wurde über die fabelhafte Stimmung berichtet; nach Spielen brachte BILD in der Regel zwei ganze Seiten mit Fotos von jubelnden Fans in einem vorgezogenen Regionalteil. Die Stimmung einzufangen bildete einen Schwerpunkt; zusätzlich versuchte BILD, ihr den eigenen Stempel aufzudrücken, sei es mit verteilten Gratis-Tattoos in Schwarz-Rot-Gold, dem ewig wiederholten „Schwarz-Rot-Geil" oder der Aufforderung zum Mitsingen der Nationalhymne vor jedem Spiel der deutschen Mannschaft. Deutlich wurde dies auch in der Folge noch einmal in einem Versuch, die WM-Stimmung weiter zu dehnen. Am 17. Juli machte BILD ohne erkennbaren Anlass, abgesehen vom Wetter, mit der schwarz-rot-gold gelayouteten Schlagzeile auf: „Super-Sonne!/ Super-WM!/ Super-Laune!/ Wollen wir uns alle DUZEN?". Nachdem diese Idee einige Tage lang verfolgt worden war, musste BILD sie schließlich aufgeben.[775]

Neben der Abbildung von diversen Fußball-Fans, teilweise mit Zitaten oder Anekdoten und manchmal in einer Reihe mit Prominenten, hatte BILD ein weiteres Moment der Partizipation eingeführt: den „BILD-WM-Reporter", der später als „BILD-Leserreporter" weitergeführt wurde. Von Lesern geschossene und eingeschickte Fotos von Prominenten im Fußball-Zusammenhang prämierte BILD mit 1000 Euro.[776] Des Weiteren sorgte die BILD-Zeitung regional selbst für Prominenten-Klatsch, indem sie sich in der so genannten „Velux-Lounge" installierte[777], in der Hamburger Wirtschafts- und Mediengrößen zu den Fußballspielen zusammenkamen. Über die internationale Fußball-Prominenz wurde täglich auf der letzten Seite der WM-Beilage berichtet, die für die Rubrik „WM-Klatsch" reserviert war.

4.3.2.3 „Unsere schöne WM": Deutschland und die Deutschen

Der während dieser Weltmeisterschaft von allen Seiten diagnostizierte so genannte unverkrampfte Patriotismus, der sich optisch in zahllosen deutschen Fahnen niederschlug, und im Übrigen vor allem darin, dass dabei die Verbindung zur nationalsozialistischen Vergangenheit Deutschlands nicht mehr hergestellt wurde, wurde von BILD gründlich aufgegriffen. Schon im Vorfeld beschworen, entwickelte er sich bald zum Hauptmerkmal der gesamten Berichterstattung.

Von Anfang an dominierte in der Ansprache die nationale Vergemeinschaftung in der Fußballmannschaft, die nahezu durchgehend als „wir" oder „Deutschland" bezeichnet wurde, mindestens aber als „unsere Jungs". Auch darüber hinaus wurden alle Deutschen – und im Regionalteil verstärkt alle Hamburger – zusammengefasst: Es war „unsere" WM, Gast-

---

774 Darunter waren zwei Spiele gefasst: USA – Ghana in Nürnberg sowie Tschechien – Italien in Hamburg. BILD, 23.06.2006, S. 28/29.
775 Letzter Artikel: „BILD macht den DUZ-Test", BILD 19.07.2006, S. 8.
776 Zusätzlich ein Fotohandy, spätestens ab 10.06.2006, S. 1.
777 Mit einem Platz für Interviews, der „BILD-Box". Von dort wurde regelmäßig berichtet.

geber wahlweise „Deutschland einig Party-Land"[778], „Deutschland einig Knutschi-Land"[779] oder „Deutschland einig Klinsi-Land".[780]

Im Vorfeld hatte Claus Jacobi in seiner Kolumne „Mein Tagebuch" bedauert, ohne Ideologie gehe „es in Deutschland einfach nicht". Zwar seien „zwei besonders fatale Spielarten" von den Deutschen „weitgehend abgeschüttelt" worden.

„Ganz ohne aber geht es bei ihnen einfach nicht. Die neue Version unserer politischen Klasse heißt ‚Political Correctness'. Das Kainsmal aller Ideologien zeichnet auch sie aus: Intoleranz gegenüber jenen, die sich nicht zu ihr bekennen."[781]

Das war ein gewagter Vorwurf, wenn man näher betrachtet, wie intolerant die BILD-Zeitung in den folgenden Wochen gegenüber jenen auftrat, die sich nicht zu der von ihr ausgerufenen – und sicher vom einen oder anderen als politisch inkorrekt empfundenen – Schwarz-Rot-Geil-Ideologie bekennen mochten.

So kanzelte BILD in der Rubrik „In / Out" regelmäßig fehlendes Fußballinteresse als Verweigerung der Teilnahme an der kollektiven Begeisterung ab. „Out" war zum Turnierstart unter anderem: „Heute GAR NICHT unsere jungs gucken und mental zum Sieg tragen wollen – was soll DAS denn, bitteschön? Wir sind ab sofort alle Balla-Balla!"[782], später „Snobs, die zu eitel sind, sich die Deutschland-Fahne ins Gesicht zu malen. Es ist WM, Leute!"[783] Auch Moderatorin Sarah Kuttner als WM-Reporterin genügte den Ansprüchen nicht und wurde zum „Verlierer des Tages" gekürt: „liegt mit ihren Beiträgen daneben. Die Ironie wirkt sehr aufgesetzt." Ihre Erklärung, sie interessiere sich nicht so für Fußball, kommentierte BILD humorlos: „Dann ist das wohl der falsche Job!"[784] Im Verlauf des Turniers bezogen sich die Aburteilungen zunehmend deutlich auf den nationalen Enthusiasmus: „Out" war, leicht variiert, gleich mehrfach: „Immer noch keine schwarz-rot-geile Deutschland-Fahne zu haben."[785]

Hingegen erwies sich Fußballbegeisterung als sicherer Weg für Politiker, sich als volksnah zu profilieren und von BILD entsprechend dargestellt zu werden.[786] Angela Merkel – „Auch die Kanzlerin schreit für Deutschland"[787] – stieß ebenso auf Begeisterung wie im Regionalteil der Hamburger Bürgermeister Ole von Beust: „So herrlich normal feiert unser Ole in der Turmbar"[788]. Bejubelt wurde, wer sich der Beflaggung anschloss: „SUPER! Erste Politiker hissen die Fan-Flagge!"[789]

---

778 BILD, 01.07.2006, S. 1.
779 BILD, 26.06.2006, S. 2/3.
780 BILD, 07.07.2006, S. 24.
781 BILD, 03.06.2006, S. 2.
782 BILD, 09.06.2006, S. 22.
783 BILD, 10.06.2006, S. 10 der WM-Beilage.
784 BILD, 15.06.2006, S. 1.
785 U. a. BILD, 30.06.2006, S. 32.
786 Oswald bemerkt die Wiederkehr der Indienstnahme des Sports für die Politik insbesondere nachdem dies nach der politischen Brachialinszenierung des Sports im NS-Regime jahrzehntelang tabu war, nennt dies aber "lediglich Zitate des Vergangenen". S. 309. Vgl. auch Gabriele Klein: Fußball, Politik, Vergemeinschaftung. Zur Einführung. In: Dies./Meuser 2008. S. 7-16. Dort heißt es: "Vertreter der politischen Klasse nutzen den Fußball im Kampf um die Gunst der Wähler und setzen medienwirksam ihre Verbundenheit mit dem Bangen und Hoffen der Fußballfans in Szene". S. 7.
787 Großer Artikel mit Statements der Kanzlerin und Foto. BILD, 16.06., S. 4.
788 Beim Fußballgucken. Ebenda, S. 8. Von Beust trat noch mehrfach in Erscheinung, u.a. 05.07.2006, S. 3.
789 BILD, 13.06.2006, S. 2.

Mitmachen, „Flagge zeigen" und „Farbe bekennen"[790] wurde begrüßt und von BILD unterstützt. Die Zeitung lobte WM-Balkon-Wettbewerbe aus[791], half mit Gratis-Tattoos in Schwarz-Rot-Gold nach[792] und lobte vorbildliche Fans, die mit ihrem in die Nationalflagge gehüllten Haus oder entsprechend angestrichenem Auto in BILD vorgestellt wurden.[793] Die permanente Wiederholung des „Schwarz-Rot-Geil"-Slogans, der Umstand, dass alles auf die Nation gemünzt wurde, vor allem aber der dem gegenübergestellte „Miesmacher"-Vorwurf an alle, die sich nicht vollständig zum gepredigten Enthusiasmus bekennen mochten, erweckten den Eindruck eines autoritär verordneten Zwangsnationalismus. Selbst der Kapitän der Nationalelf Ballack wurde abgekanzelt, als er sich zur WM-Zeit in einem T-Shirt mit „ITALIA"-Aufdruck sehen ließ: „BALLACK/ Was soll DAS?"[794] war die Schlagzeile; darunter hieß es: „Ganz Deutschland schwarz-rot-gold – und unser Kapitän trägt ein Italien-Shirt [...] Unser Kapitän sollte doch Schwarz-Rot-Gold tragen! Gerade jetzt...". Dabei blieb es freilich, was den populären Spieler betraf.

Auch dem Foto der jubelnden Kanzlerin wurden auf der gleichen Seite die Negativbeispiele entgegengehalten: „...aber einige haben immer was zu meckern/ Jetzt kommen die Miesmacher"[795]. Zitiert wurden Dieter Hildebrandt, Heiner Geißler und Hans-Christian Ströbele. Der hier lobend erwähnte Grüne Daniel Cohn-Bendit sollte wohl verdeutlichen, dass man sich auf einer breiten Ebene auf jenen neuen Patriotismus einigen konnte.

Nun waren der WM bereits einige patriotische Vorboten vorausgegangen, insofern war diese Stimmung wohl zumindest in Ansätzen zu erwarten gewesen. Es ist dennoch bemerkenswert, dass BILD-Kommentator Norbert Körzdörfer sich bereits vor dem Turnierstart in weitreichendem Deutschlandlob erging, als er in seinem Kommentar „Ja zu uns!" mit lyrischem Pathos die totale Affirmation einforderte:

„Nur noch 1 Tag! / Dann sind wir die Welt! / Die Sonne geht auf. Die Schatten sind weg. Millionen Freunde kommen zu uns. Alles wird rund. / Die Welt kommt zu uns. / Wer sind wir? / Wir sind wir! / Wir sind Deutschland. / Ja zu Schwarz-Rot-Gold! / Ja zum singenden Fußball! / Ja zu Deutschland-Socken! / Ja zu Deutschland-Make-up! / Ja zu Deutschland-Fahnen am Auto! / Ja zu deutschem Bier! / Ja zur deutschen Hymne! / Ja zu Olé-Olé! / Ja zur deutschen Frau, die lächelnd zuschaut! / Ja zum Umarmen! / Ja zum Fan-Sein! / Ja zum Wunder! / Wunder muß man wollen, wünschen und erträumen. / Ja zu uns selbst!"[796]

Die neoliberal angehauchte Botschaft, man müsse nur „wollen", wurde von anderen Kommentatoren durch eine Art Erweckungsrhetorik ergänzt. Vor dem düsteren Bild mangelnden Nationalstolzes und fiktiver Verbote jeder affektiven Regung bezüglich der eigenen Heimat wurde ein „neues, schönes Deutschland"[797] ausgemalt und fortgesetzt begrüßt, dass „wir" nun „wieder stolz aufs eigene Land" seien:

„Früher, da haben die Übervorsichtigen gemahnt, mit erhobenem Zeigefinger: So was ist nationalistisch, das verletzt andere, das weckt Allmachtsphantasien, das verzeiht uns niemand. / Früher hatte man schon Angst,

---

790 Beispielsweise 20.06.2006, S. 1.
791 BILD, 07.06.2006, S. 6.
792 BILD verteilte nach eigenen Angaben insgesamt 15 Mio. Stück. Vgl. BILD, 06.07.2006, S. 1.
793 Beispielsweise „Dieser Fan macht Deutschland alle Ehre" (Haus in Deutschlandflagge eingehüllt). BILD, 14.06.2006, S. 15.
794 BILD, 12.06.2006, S. 2 der WM-Beilage; ein Teaser fand sich schon auf der Titelseite (vgl. Abb. 5).
795 BILD, 16.06.2006, S. 4.
796 BILD, 08.06.2006, S. 2. Zum Frauenbild vgl. Beate Brüggemann/Rainer Riehle: „Wir" und „die Anderen". Eine Pressedokumentation zu Integrations- und Ausgrenzungsprozessen während der Fußball-WM. Berlin 2006. S. 70-78.
797 Franz Josef Wagner: „Liebesbrief an Deutschland". BILD, 14.06.2006, S. 2.

von einer Auslandsreise nach Hause zu kommen und nur mal zu denken: Schön ist es hier, hier lebe ich gern!"[798]

Das aber, hieß es weiter, sei „endlich" vorbei und „wir" nunmehr „wie befreit von einer Last. [...] Deutschland tut wieder gut. Denn du bist Deutschland, ich bin Deutschland, wir dürfen wieder Deutschland sein."

Auf die Frage „Woher kommt unser neues schönes Nationalgefühl?"[799] gab Spiegel-Kulturchef und Autor eines Patriotismus-Buches Matthias Matussek in einem Interview mit einer Deutschlandflagge als Bildhintergrund seine Antworten. Inhaltlich überraschten diese wenig, bemerkenswert waren allenfalls die typographisch hervorgehobenen Passagen:

„Auf einmal steht die Nie-wieder-Deutschland-Fraktion als verkrampft und spießig da.[...] Das ist das moderne, das schöne und das begeisterungsfähige Deutschland. Da macht man gerne mit."[800]

Und auch Kommentator Oliver Santen zufolge war Deutschland ein „Land des Lächelns" geworden, die Deutschen optimistisch. Sie bräuchten „Optimismus, Schwung und guten Mut. Die immer schlecht gelaunten Miesmacher brauchen wir nicht", urteilte Santen und schloss mit der Hoffnung, die „positive Stimmung im Land mitzunehmen in die Zeit nach der WM".[801] War dies der wirtschaftsliberale Aspekt im Lob des Patriotismus gewesen, so nahm sich Franz Josef Wagner im halbseitigen und schwarz-rot-gold umrahmten „Liebesbrief an Deutschland" der romantisch-gefühligen Seite an, nicht ohne zunächst jeden Verdacht des Nationalismus von sich zu weisen[802]:

„[...] Seit ich Deutscher bin, geboren 1943, mag ich Bahnhöfe nicht. Lieber fahre ich mit dem Auto. Bahngleise führen mich noch heute nach Theresienstadt. So wuchs ich auf. Wir haben in der Schule niemals die Nationalhymne gesungen. Alle Bob-Dylan-Songs sang ich auswendig, meine Freundin sah aus wie Audrey Hepburn. Ich war froh, daß sie nicht blond war und blaue Augen hatte. Ich war froh, daß sie nicht wie eine Deutsche aussah. / Ich denke, daß wir alle Heimweh haben, pures Heimweh, Heimweh zueinander. Heimweh zu seiner [sic!] Frau, zu seinem Kind, zu seiner Familie, Heimweh zu seinem Land. / Wir haben nun ein Land, daß [sic!] so schön ist, daß einem die Tränen kommen. Das Land der Burgen, das Land der vier Jahreszeiten, das Land von Luther. Die Uno hat Beethoven zu ihrer Hymne erkoren, Schiller hat den Text geschrieben. Wir haben unser Deutschland vergessen. Nun zeigt es sich wieder aufregend wie eine Frau. Ich glaube, man muß sein Land lieben wie eine Frau. / Was für ein Land lieben wir. Ein Land ist zunächst einmal eine Landschaft. In der Landschaft steht eine Kirche, an der ein Bach vorbeirauscht. Ich sehe Blätter und kleine Zweige und Forellen, die man angeln kann. [...] Die Landschaft ist leicht hügelig, spät kommt die Abendsonne. Die Menschen falten friedlich ihre Hände. Es sind Hände, die gearbeitet haben, die in nassen Schlamm gegriffen haben, faule Blätter aussortierten. / Ich liebe diese Hände, weil sie Deutschland sind."[803]

Wagner trug so dick auf, dass es im Grunde am nächsten läge, seine Ausführungen schlicht nicht ernst zu nehmen. Es ist aber zu berücksichtigen, dass ihm in den Springer-Blättern, insbesondere in BILD, nun einmal täglich ein prominenter Platz auf Seite 2, in die-

---

798 Kommentator Willi Schmitt, BILD, 10.06.2006, S. 2.
799 BILD, 12.06.2006, S. 4.
800 Im Original gesperrt und unterstrichen. Ebenda. Auf der gleichen Seite befand sich ein lobender Kommentar zu den Deutschlandfahnen an Autos.
801 BILD, 13.06.2006, S. 2. "Die immer schlecht gelaunten Miesmacher brauchen wir nicht" im Original unterstrichen.
802 Interessanterweise tat er das mit dem Verweis auf sein eigenes Leiden unter dem Nationalsozialismus, eigentlich ein obsoleter Topos, doch immer noch gerne einer der Rechtslastigkeit verdächtigen Äußerung vorbeugend vorausgeschickt. Vgl. Schneider, S. 203f. Der Widerspruch hier: einerseits wird die Erinnerung an NS zum Zweck der Relativierung betont, andererseits jede Diskussion darüber abgelehnt.
803 BILD, 14.06.2006, S. 2. Es sei erwähnt, dass es die Hymne der Europäischen Union ist, nicht der UNO, die von Beethoven stammt, und dass es sich um die Fassung ohne Schillers Text handelt.

sem Falle gleich eine halbe Seite, zur Verfügung stand, ohne dass seine Kolumne als Satire gekennzeichnet gewesen wäre. Der verschiedentlich als „Gossen-Goethe" bezeichnete Wagner äußerte sich zu tagesaktuellen Themen auf eine betont subjektive Weise, die möglicherweise polarisieren sollte, aber durchaus einen gewissen Allgemeinvertretungsanspruch signalisierte.[804]

Gegenüber der Entdeckung und Gutheißung der neuen Liebe zur Nation folgten die Miesmacher-Vorwürfe durchgehend der Darstellung missgünstiger Spaßverderber. Diese, folgte man dem BILD-Tenor, wollten nun, da die Deutschen „endlich" einmal wieder „unverklemmt" Stolz auf ihr Land zeigten, diesen mutwillig die „WM-Laune verderben".[805] Der Vorwurf wiederholte sich, leicht abgewandelt, unentwegt.

Ein ähnliches Muster war bezüglich der deutschen Nationalhymne zu beobachten. BILD druckte vor jedem Spiel der deutschen Mannschaft den Hymnentext ab und forderte permanent zum Mitsingen auf. Damit begann das Blatt schon vor Turnierbeginn, als es ein „Problem" bei den Nationalspielern diagnostizierte: „Zuletzt hatten wir viele Sing-Muffel in der Startelf"[806]. Die Lösung wurde gleich mitgeliefert: „Deshalb greift nun der Kaiser ein." Mit der Begründung „Unsere Hymne schweißt Fans und Spieler zusammen", forderte Beckenbauer daher: „Singt und siegt für Deutschland!"[807] Auf der gleichen Seite belehrte der „Hymne-Knigge von BILD für alle Fans" die Leser über die richtige Körperhaltung, Lautstärke und übrige Etikette: „SO singe ich richtig mit". Auch eine kurze Geschichte des Deutschlandliedes war hinzugefügt, die von seiner Entstehung 1841 und der ersten Einführung als Nationalhymne 1922 direkt in die Bundesrepublik sprang: „Nach dem Krieg gab Kanzler Adenauer den BRD-Deutschen das Lied zurück."[808] Der berühmte Sarah-Connor-Fauxpas[809] blieb ebenfalls nicht unerwähnt, und eine Verkäuferin aus Düsseldorf äußerte ihre Absicht, die Hymne am nächsten Tag mitzusingen.[810]

Am folgenden Tag legte BILD in Form eines Seite-2-Kommentars nach. Unter der Überschrift „Heute 17.56 bitte singen" wurde erneut der Hymnentext als Kommentartext abgedruckt, als Verfasser „Hoffmann von Fallersleben"[811] genannt.

Der Text der Nationalhymne hatte vor den Spielen der deutschen Elf seinen festen Platz auf Seite 1 der WM-Beilage, jeweils unter dem Motto „Singen und siegen"[812]. Dazu zitierte die BILD-Zeitung Unterstützer ihrer Haltung:

> „Verteidiger Christoph Metzelder (25) fordert vor dem zweiten WM-Spiel am Mittwoch gegen Polen: ‚Wenn wir das Turnier erfolgreich gestalten wollen, brauchen wir eine gute Vorbereitung, guten Teamgeist,

---

804 So wenn er häufig von „Wir" spricht, u.a. bei der Einordnung der Deutschen gemeinsam mit den Italienern als große Kulturnationen. BILD, 04.07.2006, S. 2.
805 Alle Zitate hier: BILD, 15.06.2006, S. 4.
806 BILD, 08.06.2006, S. 23. Den fortgesetzten Versuch der nationalen Identitätsstiftung und den Rekurs auf eine nationale Imagination kontrastiert Gabriele Klein mit der zunehmenden Multikulturalität, die de facto in Gesellschaft und (durch Spieler mit "hybriden kulturellen Herkünften") DFB-Auswahl herrscht. In: Dies./Meuser 2008. S. 37.
807 Ebenda.
808 Ebenda.
809 Die Sängerin hatte sich öffentlich vor einem Fußballspiel im Text geirrt: „Brüh im Lichte".
810 Die Bürgernähe der BILD-Zeitung in Sachen Nationalhymne gipfelte später im Abdruck von BILD-Lesern eingeschickter selbstgedichteter Hymnentexte, später auch Texte von Prominenten wie Heino (24.06.2006, S. 10) und Juliane Werding. Auf Vorschlag von Wolfgang Thierse. Aufruf: BILD, 21.06.2006, S. 4.
811 BILD, 09.06.2006, S. 2.
812 „Heute wieder singen und siegen…", vor jedem Spiel der deutschen Mannschaft auf Seite 1 der WM-Beilage; gelegentlich abgewandelt: „Heute wieder Singen für den Klinsieg".

viel Glück und ein großes Maß an Patriotismus.' Er fordert die Fans auf, sich bei der Hymne wie die Spieler die Arme auf die Schultern zu legen. Der neue Klinsi-Patriotismus. [...]"[813]

Spieler, die sich daran nicht beteiligten, ging BILD zwar nicht so hart an wie andere Kritiker, äußerte sich aber dennoch mit einiger Skepsis:

> „Poldi, das war das letzte Mal! Als der Kölner Opernsänger Andreas Hörl uns die Hymne trällert, ‚schweigt' Neu-Bayer Podolski wieder als einziger (‚Ich singe erst bei der WM')"[814]
> „[...] Alle unsere Spieler [...] umarmten sich bei der Nationalhymne fest an den Schultern. Alle sangen laut mit (nur Poldi könnte noch etwas mehr Druck auf die Stimme geben). [...]"[815]

Auch zur Hymne äußerten sich Kritiker, und auch hier wurden sie gerüffelt. Die Gewerkschaft Erziehung und Wissenschaft hatte eine kritische Broschüre zum Deutschlandlied verteilen lassen und war damit nach Ansicht vieler über das Ziel hinaus geschossen, was sie später selbst einräumte.[816] In BILD löste dies nicht nur die bereits oben beschriebenen Reflexe aus – „Lehrer-Gewerkschaft macht unsere Nationalhymne mies" bzw. „will uns das Singen der deutschen Nationalhymne vermiesen"[817] –, sondern veranlasste Kommentator Einar Koch auch zu dem Bekenntnis: „Wir sind stolz auf unsere Hymne!"[818] Deren kritische Betrachtung verwies er als völlig überholt ironischerweise ausgerechnet in die kritikscheuen frühen 1950er Jahre zurück:

> „Ausgerechnet jetzt kommt uns die miesepetrige Lehrer-Gewerkschaft GEW mit einer Deutschstunde aus den frühen 50er Jahren: Es sei nationalistisch, wenn die Deutschen von ‚Einigkeit und Recht und Freiheit' singen. [...] Kaum daß sich die Menschen hierzulande endlich einmal unverklemmt zu ihren Nationalsymbolen bekennen – da wollen uns die selbsternannten Volkserzieher von der GEW die WM-Laune verderben. [...] In der Geschichte gab es wohl kaum einen stolzeren Grund für ‚Einigkeit und Recht und Freiheit' als im November 1989. [...] Wir brauchen keine Deutschstunde von der GEW – aber die Lehrer-Gewerkschaft braucht dringend Nachhilfe in Geschichte!"[819]

Auch Claus Jacobi spottete in seiner Kolumne „Mein Tagebuch" und reihte sich nebenbei in die „Schwarz-Rot-Geil"-Linie der BILD-Zeitung ein:

> „Patriotismus light schwappt durch das Land. Die Schar seiner Sänger reicht von Franz Josef Wagner [...] bis Michael Jürgs [...]. Aus Schwarz-Rot-Gold wurde Schwarz-Rot-Geil, die Farbenlehre des modernen Deutschland: Schwarz-Rot = Große Koalition, Geil = Lage der Nation. Die Lehrer-Gewerkschaft Erziehung und Wissenschaft drängt es in diesem schicksalsschweren Moment, ‚Geschichte und Gegenwart des Nationalismus... kritisch zu hinterfragen'. Was täten wir nur ohne diese Gewerkschaft?"[820]

Der spöttische Ton legt nahe, dass BILD, zumindest aber Jacobi sich seiner Sache in der Hinsicht sehr sicher war, dass kritische Äußerungen mit Bezug auf die NS-Vergangenheit von einem recht breiten Publikum als lächerlich empfunden würden. Nach über sechzig Jahren nun wieder damit anzufangen, schien lästig zu werden.[821] Und das bezeichnenderweise

---

813 Dem folgten die Vorwürfe an Ballack wegen des Italien-T-Shirts. BILD, 12.06.2006, S. 2 der WM-Beilage. Auch Klinsmann wurde mit Hymnen-Zustimmung zitiert. Vgl. 14.06.2006, S. 22.
814 BILD, 03.06.2006, S. 19.
815 BILD, 10.06.2006, S. 1 der WM-Beilage.
816 Abrufbar auf der GEW-Homepage www.gew.de.
817 BILD, 15.06.2006, S. 1. Es widersprach einmal mehr M. Matussek: „‚Kompletter Schwachsinn!'" Ebd.
818 Ebenda, S. 4.
819 Ebenda.
820 BILD, 17.06.2006, S. 2.
821 Zumindest legte BILD eine ähnliche Haltung in der Diskussion um die Verhüllung der Skulpturen des u. a. wegen seiner nationalsozialistischen Vergangenheit umstrittenen Bildhauers Arno Breker an den Tag. Lea

auch schon mit Jacobis Formulierung, „'[...] Nationalismus... kritisch zu hinterfragen'", die hinter der GEW-Initiative zurückblieb[822] – obwohl genau das doch stets Gegenstand der auch in BILD vielgerühmten intensiven deutschen Auseinandersetzung mit der Vergangenheit gewesen war und so eigentlich auch in eine positive nationale Identität zu integrieren gewesen sein müsste.

Kritik jedoch war mindestens in diesem Zusammenhang die Sache der BILD-Zeitung nicht. Mit der Bezeichnung „Patriotismus light" wurde die nationale Begeisterung als unbedenklich markiert, hier und da wurde auf die Friedlichkeit der WM hingewiesen[823]. Und die Bildauswahl beschränkte sich, sofern die WM-Feiern mit schwarz-rot-gold gekleideten und angemalten Fans gezeigt wurden, nahezu ausschließlich auf junge Frauen (vgl. Abb. 5 und 6) – wohl ebenso wegen der friedlich-harmlosen Suggestivkraft wie aus Gründen der Erotik.

Dies geschah besonders im Regionalteil, der häufig vorgezogen wurde und die ausgelassenen Feiern bzw. den nationalen Enthusiasmus dokumentierte. Häufig wurde eine Doppelseite den Feierlichkeiten gewidmet, so wie gleich nach dem Eröffnungsspiel: Mit den Artikeln „Hamburg rauscht sich in die WM" sowie „Reeperbahn/ Erst tote Hose, dann schwarz-rot-geil!"[824] stellte BILD zwei Seiten unter das Motto Schwarz-Rot-Gold, mit Fotoreihen von beflaggten Autos und bemalten Menschen. Ganz im Sinne der „Du-bist-Deutschland"-Kampagne propagierte die Hamburger Ausgabe der BILD-Zeitung einen Lifestyle-Patriotismus mit besonderer Betonung der Weltoffenheit. Unter „Jetzt sind wir alle Deutschland!"[825] wurden „Hamburger mit ausländischer Herkunft" gezeigt, die Deutschland unterstützten. In die gleiche Richtung ging: „Fußball verbindet/ Hier sehen Sie die erste Deutürk-Fahne"[826] Was Hamburg betraf, so betonte BILD stets zugleich die Weltoffenheit und Toleranz und die Schwarz-Rot-Gold-Begeisterung. Auf die Titelschlagzeile „Hamburg im WM-Rausch/ Schwarz/ Rot/ Geil!"[827] folgte zwei Seiten weiter das Lob der Weltoffenheit und Hilfsbereitschaft der Hamburger: „Die ganze Welt genießt Hamburg"[828]. Im Artikel „Hamburg geht in die Verlängerung", einem Bericht über nunmehr zwei Fan-Feste in der Stadt, ebenso:

> „Alles Negative ist verschwunden, existiert nicht mehr: Die Angst vor der Niederlage, die Zweifel am Weltmeistertitel – und die Skepsis gegenüber der eigenen Nation. Ganz Hamburg fühlt um 19.44 Uhr nur noch schwarz-rot-gold! [...] Deutsche und Türken tanzen [...]"[829]

Rosh, die die Verhüllung der Statuen forderte, „behauptet" dem BILD-Artikel „Ist das Nazi-Kunst?" zufolge Brekers Nazi-Vergangenheit lediglich; mit der Kompetenz suggerierenden Formel „Internationale Fachleute wie der Wiener Kunstprofessor und Breker-Experte Ernst Fuchs" leitete BILD dessen Widerspruch ein, ohne dabei seine persönliche Freundschaft zu Breker zu erwähnen. Der Artikel schloss mit einer typographisch hervorgehobenen Stellungnahme von Brekers Witwe, die den Bildhauer mit der an Leni Riefenstahl erinnernden Haltung zitierte: „'Mein Mann meinte immer: Ich habe Kunst geschaffen und nichts Unrechtes getan. Also muß ich mich auch nicht verteidigen.'" BILD selbst ergriff in den Bildunterschriften Partei: „Genie seiner Zeit, von den Nazis verehrt und vereinnahmt. BILD, 01.06.2006, S. 2.

822 Die Broschüre mit dem Titel „Argumente gegen das Deutschlandlied. Geschichte und Gegenwart eines furchtbaren Lobliedes auf die deutsche Nation" stammte aus dem Jahr 1989/90 und forderte in der Quintessenz die Verwerfung des Deutschlandliedes als Nationalhymne aufgrund der Verbindung zum Nationalsozialismus. Abrufbar unter www.gew.de.

823 U. a. „No Nazis, no Hooligans", Franz Josef Wagner in BILD vom 13.06.2006, S. 2. Dies hinderte BILD im Übrigen nicht daran, über die „1. RANDALE" in Dortmund recht groß zu berichten. 15.06.2006, S. 25.

824 BILD, 10.06.2006, S. 2/3.

825 Ebenda, S. 3.

826 Eine Deutschland-Fahne mit Halbmond. BILD, 27.06.2006, S. 8. (Regionalteil)

827 Titelseitenaufmacher zumindest in der Hamburger Ausgabe (Abb. 5). BILD, 12.06.2006.

828 Ebenda, S. 3. Vgl. Abbildung, S. 101.

829 BILD, 01.07.2006, S. 2.

Unter „Schwarzer, Roter, Geiler / Hamburg ist jetzt schon Weltmeister, weil..."[830] fand BILD die Gründe in Form diverser Fans – fünf junge Frauen, darunter eine Schwangere, sowie ein Kind! –, die, mit Attributen wie „Schwarz-Rot-Stolz", „Schwarz-Rot-Rund", „Schwarz-Rot-Schön" etc. belegt, die BILD-Ideologie stützten. Die eigene Profilierung nicht aus den Augen verlierend achtete BILD darauf, breite Unterstützung für ihre Kampagne zu suggerieren. „Der erste offizielle Schwarz-Rot-Geil-Atlas von BILD" beispielsweise führte in diesem Sinne eine Pseudo-Statistik über die Zahl der deutsch beflaggten Autos auf Hamburgs Hauptverkehrsstraßen.[831]

Ausländische Stimmen wurden in BILD zitiert, um das positive Selbstbild der Hamburger[832] oder der Deutschen insgesamt[833] zu stärken. Im Artikel zur schwarz-rot-goldenen Schlagzeile „Die Welt bewundert unsere Jungs"[834] wurden Pressestimmen kommentiert mit der Ansicht, es sei fast besser, sich bewundern zu lassen als WM zu feiern: „Zu genießen, wie uns die ganze Welt wieder bewundert. Oh, tut das gut!"

Das Ausscheiden der deutschen Mannschaft tat der Vergemeinschaftung keinen Abbruch. Nachdem BILD im Titelseitenaufmacher „IHR SEID TROTZDEM HELDEN!/ 0:2/ Wir weinen mit Euch!"[835] Nationalelf und Volk solidarisiert hatte, unterstützt von Horst Köhler – „Bundespräsident lobt alle Deutschen/ Ich bin stolz auf dieses Land"[836] – nutzte sowohl dieser als auch Ole von Beust im Regionalteil[837], tags darauf Franz Beckenbauer[838], und nach dem Ende des Turniers Bundeskanzlerin Merkel[839] die Plattform BILD, um den Deutschen Lob und Dank auszusprechen.

---

830 Ebenda, S. 3. Vgl. Abb. 6.
831 BILD, 24.06.2006, S. 3.
832 Beispielsweise in „Besucher aus der ganzen Welt in Hamburg / Was denkt ein Tourist aus Japan über uns?" Touristenstimmen, 06.06.2006, S. 3. In „Wie hilfsbereit sind wir Hamburger?" waren Touristen nicht einmal mehr nötig, um das gleiche Ergebnis zu erzielen: BILD-Reporter testeten als Touristen verkleidet Hilfsbereitschaft und Weltoffenheit der Hamburger, mit äußerst positivem Ergebnis. 29.06.2006, S. 6.
833 „Ihr Deutschen seid Schwarz/Rot/Geil". BILD, 13.06.2006, S. 2. Ähnlich im Deutschland lebende, gut integrierte und für Deutschland erfolgreiche ‚Vorzeige-Ausländer' wie Wladimir Klitschko im Interview: „Klitschko/ Die Deutschen können stolz auf diese WM sein". BILD, 19.06., S. 25
834 BILD, 22.06.2006, S. 21. Ein Teaser („Die ganze Welt bewundert unsere schwarz-rot-geilen Jungs!") befand sich außerdem auf der Titelseite.
835 05.07.2006, S. 1.
836 Ebenda. Dem folgte ein zweiseitiges Interview mit Köhler auf S. 2-3. Des Weiteren auf Seite 1: „Dannis finaler WM-Strip" und „Unser deutscher Astronaut / Schwarz, Rot, Geil im Space Shuttle".
837 Ebenda, S. 4.
838 BILD, 06.07.2006, S. 2.
839 „Hier dankt die Kanzlerin Klinsi und den Deutschen", schwarz-rot-gold eingerahmt. BILD, 10.07.2006, S. 4.

Abbildung 5: Titelseite der Hamburg-Ausgabe von BILD am 12.06.2006.

Abbildung 6: Seite 3 im Regionalteil der Hamburg-Ausgabe von BILD am 01.07.2006.

Derweil wendete Kommentator Jörg Quoos den im Vorfeld der WM geprägten Begriff der „No-go-areas" im Sinne des „Miesmacher"-Vorwurfs zynisch gegen mangelhafte Patrioten:

> „Was war das für ein Genörgel ... / Die WM wird zu teuer! Die Stadien sind gefährlich! Ausländische Fans sind bei uns nicht überall sicher – Deutschland als No-Go-Area! So versauten uns die Berufspessimisten noch kurz vor der WM die Laune. / Und jetzt? / Die Deutschen haben es allen Nörglern und Bedenkenträgern kräftig gezeigt! [...]Aufbruchstimmung, Selbstvertrauen, die gute Laune – all das müssen wir in den Alltag retten. Es ist genau der Schwung, den wir für die schwierigen Aufgaben der Zukunft so dringend brauchen. / Und ganz Deutschland muß nach der WM endlich zur No-Go-Area werden. Für all die Miesmacher, die alles besser wissen und nix besser können!"[840]

Dominierte am Tag nach dem Ausscheiden der deutschen Mannschaft im Regionalteil Hamburg eher die positive Sicht auf die Feiern, auch gemeinsam mit den Italienern, wurde in der Bundesausgabe der Enttäuschung und Wut nachgegeben, gemischt mit einer Haltung des Jetzt-erst-recht. Während BILD ganzseitig über die Frings-Sperre berichtete und die Frage aufwarf: „Warum werden SIE nicht gesperrt?"[841] wurde auf der letzten Seite einmal mehr als „Out" gebrandmarkt: „Immer noch keine Auto-Fahne haben. Nur Spielverderber fahren Nackt-Autos."[842] Und einen Tag später widmete BILD die gesamte Titelseite dem Trost des Kollektivs: „Trocknet Eure Tränen! / WIR stehen wieder auf!" und erkannte, halb scherzhaft, „50 Gründe, warum wir doch die Besten sind".[843]

Darin wurden „wir" exzessiv gelobt und fußballerisch nun doch zur Weltspitze erklärt:

> „Weil Klinsi unser Team besser vorbereitet hat als jeder andere Trainer"; „Weil wir weitergekommen sind als die Brasilianer"; „Weil keiner einen so erfrischenden Offensiv-Fußball gezeigt hat wie wir".

Nicht genug damit, wurden „wir" auch für die größte Nationalbegeisterung gelobt[844], für die moralische Integrität[845] und klischeelastigen Tugenden: „Weil wir wie Männer spielen – und nicht wie Waschweiber, die bei jeder Berührung schreiend umfallen (wie die Italiener)". Das Lob ging mit Hohn über klassische Rivalen einher („Weil wir immer besser sein werden als die Holländer") sowie mit Eigenwerbung („Weil es nirgendwo eine Zeitung gibt, die ihren Lesern 15 Millionen Gratis-Tattoos schenkt (wie BILD)"). Auch die Botschaft des ‚wir müssen nur wollen' fehlte nicht: „Weil wir jetzt wissen, daß Träume wahr werden können", „Weil wir wissen, daß man an Niederlagen wächst". Kurz und ganz allgemein: „Weil die WM uns jetzt wirklich zu einem schwarz-rot-geilen Volk gemacht hat". Verbildlicht wurde die Gemeinschaft der Trauer in einer mehrseitigen Kopfzeile, in der Prominente berichteten: „So habe ich den TOR-Schock erlebt".[846]

BILD verkündete nach dem Ausscheiden der deutschen Elf: „Wir machen weiter" und startete trotzig eine Aufkleberkampagne unter dem Schwarz-Rot-Geil-Motto: „Ab morgen gibt's die neuen Aufkleber von BILD – gratis!"[847] Und: „Wir sind SCHWARZ-ROT-

---

840 BILD, 05.07.2006, S. 2.
841 BILD, 05.07.2006, S. 20.
842 Ebenda, S. 26.
843 BILD, 06.07.2006, S. 1.
844 „Weil wir jetzt alle die Nationalhymne auswendig können", „Weil jetzt jeder Deutsche eine Fahne zu Hause hat", ganz zu schweigen von der schönsten Fahne und Hymne.
845 „Weil wir niemanden anschwärzen, wenn er nach dem Spiel mal ausrastet", „Weil wir auch ohne zu spucken und zu treten verlieren können".
846 BILD, 05.07.2006.
847 BILD, 06.07.2006, S. 3. Möglicherweise waren die Aufkleber auch einfach schon bestellt worden.

STOLZ und lassen die Fahne dran!"[848] Die Zeitung leistete ausführliche Trauerarbeit, erklärte: „Jungs, Ihr seid unsere Herzmeister!"[849] und begann damit, Klinsmann zum Bleiben aufzurufen. Die „10 Gründe, warum Klinsi bleiben muß" ähnelten den oben genannten fünfzig: „Er hat Deutschland schwarz-rot-geil gemacht", er stehe für „ein weltoffenes, sympathisches Deutschland, das in der Welt dank dieser WM sein Ansehen nochmal gesteigert hat", er singe „die Hymne so kraftvoll mit wie kein anderer" und derlei mehr.[850] Klinsmann nahm für BILD nun die Rolle der Mannschaft ein, insofern ihm die kollektiven Gefühle der Nation zuteil werden sollten.

Die BILD-Zeitung versuchte deutlich, die nationale Begeisterung über die Weltmeisterschaft hinaus aufrechtzuerhalten, obwohl sie nach Ende der WM mit einem schwarz-rotgoldenen „DANKE für die geile Zeit"[851] aufgemacht hatte, das auch abschließend hätte gemeint sein können. Im Regionalteil ging BILD in einem fiktiven Interview mit Hamburg unter der Überschrift „Wie geht's dir, meine Perle?" der Frage nach, was von der WM bleibe, und legte der Hansestadt die Meinung in den Mund:

> „'Ich kann meinem guten Freund, dem langjährigen Michel-Pastor Helge Adolphsen, nur zustimmen: ‚Das intellektuelle Gerede über Nationalismus hat aufgehört', wir lassen meinen Emotionen freien Lauf. Das tut sehr gut.'"[852]

Das „DU" in der Duz-Kampagne, die BILD im Anschluss lostrat, war stets in den Nationalfarben gehalten; ferner begann drei Tage nach dem Finale eine Serie über international tätige deutsche Firmen auf Seite 2, wohl ebenfalls zum Zweck der nationalen Identifikation. Der Titel: „Die Weltmeister ‚Made in Germany'"[853]. Später kam BILD in unregelmäßigen Abständen bisweilen auf den WM-Nationalstolz zurück.[854]
Die Darstellung der Spieler schwankte etwas zwischen Distanz – etwa wenn Franz Josef Wagner über ihr Quartier im Luxushotel herzog und Neid und Verbitterung bediente[855] – und Nähe durch Anfeuerung, Verwendung von Spitznamen, demonstrativer Solidarisierung[856] und der bodenständigen Darstellung, verglichen mit Beckham oder Ronaldo.[857]

---

848 Ebenda.
849 Ebenda, S. 21.
850 BILD, 08.07.2006, S. 1.
851 Titelseitenaufmacher in BILD vom 10.07.2006.
852 BILD, 10.07.2006, S. 7. Zuvor hatte BILD erklärt: „AUS, AUS, das Spiel ist aus... Hamburg ist Weltmeister". Ebenda, S. 6.
853 Beginn am 12.07. mit Lufthansa, im Folgenden Post, Deutsche Bank, Bahn, T-Com (17.07.), je S. 2.
854 „Deutsche Männer besonders treu" hieß es in einem kleinen Artikel auf Seite 1 in BILD vom 20.07.2006, der begann mit den Worten: „Wenn das kein Grund ist, mal wieder ein bißchen stolz auf Deutschland zu sein". Zum Nationalfeiertag am 3. Oktober unternahm BILD erneut einen Versuch, den Enthusiasmus heraufzubeschwören – mit der Schlagzeile „Wir sind wieder schwarz-rot-geil" - , was aber misslang. BILD, 02.10.2006, abrufbar unter: http://www.bild.t-online.de/BTO/news/aktuell/2006/10/02/tag-der-einheit/tag-der-einheit.html.
855 „Liebe deutsche Fußballer de luxe [...] Es fehlt nur noch, daß Ihr Herzoginnen im Bett habt. [...] In so einer Umgebung verlernt man, böse zu sein. Zu schwitzen, zu kämpfen, zu bluten. In einem Wort: zu siegen./ Ich denke, daß man in so einem Luxushotel ein Dickwanst wird." BILD, 06.06.2006, S. 2. Der Artikel „Gestern, 14.49 Uhr, Berlin Grunewald / Deutschland zieht ein / So leben unsere Stars im Klinsi-Palast" war trotz Schlagworten wie „Luxuriös", „Teuer", „Vornehm", „Abgeschottet" eher auf Details bedacht und schürte weniger Neid. BILD, 06.06.2006, S. 21.
856 BILD hatte bereits zuvor über die satirische WDR-Radiosendung „Lukas' Tagebuch" berichtet; im Artikel „Will die ARD Poldi kaputt machen?" hieß es: „ER WIRD WEITER VERHÖHNT", und BILD forderte den WDR auf, die Serie abzusetzen. BILD, 22.06.2006, S. 22. Dort wie im „ARD-Skandal weitet sich aus! Klagt auch MV?" vom 23.06.2006, S. 24, druckte BILD jeweils mehrere Podolski verspottende Auszüge ab, um dann moralisierend zu schließen: „Lustig ist das nicht." Ebenda.

Teilweise versuchte BILD, Privates[858] oder emotionale Spannungen innerhalb der Mannschaft[859] zum Thema zu machen, doch fehlte dafür wohl die Nähe und damit die Grundlage. Der Tenor war jedoch vor allem in den Spielberichten, wenig überraschend beim wichtigsten Objekt der Berichterstattung, durchweg positiv.[860]

4.3.2.4 Pointierte Häme: Die „Anderen"

Franz Josef Wagner verlieh der von BILD stets beteuerten WM-Stimmung eigenen Ausdruck, als er in seiner Kolumne tatsächlich das Ende der Nachkriegszeit ausrief:

> „Der Stammtisch-Krieg ist vorbei, keine Krauts, keine Blitz-Kriege, keine holländischen Käsefresser, keine Itaker, keine Froschfresser. [...] Die Nachkriegszeit ist endgültig zu Ende. Wir sind tatsächlich keine Feinde mehr."[861]

Es ist richtig, dass weder „Itaker" noch „Froschfresser" in der WM-Berichterstattung auftauchten. Statt dessen konnte BILD allerdings mit anderen Stereotypen aufwarten. Diese zeichneten sich streckenweise durch eine recht pointierte Häme aus, wenn sie Klischees in den Fußballkontext übertrugen. Vor dem Spiel gegen Polen forderte BILD: „Klinski, putz die Polski"[862] und spottete nach dem Sieg: „TSCHÜSSIKOWSKI, POLEN!"[863]. Über Spanien hieß es, weniger hämisch, „Olé, Torres!" und: „Sturm-Stier ballert Spanien ins Achtelfinale"[864]; es handelte sich auch nicht um einen Gegner des deutschen Teams. Bei Schweden wiederum sehr wohl; unter Bezug auf einen bekannten Werbeslogan fragte BILD: „Wohnt ihr noch oder packt ihr schon?/ BILD erklärt, wie man die IKEA-Truppe auseinander nimmt"[865]. Auch zuvor, im Artikel „Geile Fans feiern Dusel-Elche"[866], hatten bereits sämtliche Stereotype Verwendung gefunden: „Knappe T-Shirts, Wikinger-Helme, Mädels knusprig wie Knäckebrot. Alter Schwede, das hat lange mehr Spaß gemacht als das Spiel."[867]

---

857 Beispielsweise im Vergleich Beckham vs. Ballack. S.o.
858 Dies suggerierte zumindest eine Schlagzeile wie „Wer hat in der letzten Nacht ein WM-Baby gemacht?" BILD, 17.06.2006, S. 16. Im Artikel jedoch fanden sich nur dünne Angaben über die Aktivitäten am freien Tag.
859 Die Konkurrenzsituation zwischen Kahn und Lehmann beispielsweise. BILD dichtete die Schlagzeile „Oliver Gries-Kahn", und behauptete: „Jetzt bricht der ganze Nr. 2-Frust raus", musste sich dann aber darauf beschränken, ein Spiegel-Interview zu zitieren. BILD, 26.06.2006, S. 22. Später gaben die Torwarte tatsächlich ein Interview: „Kahn & Lehmann / In BILD reden sie über den schönsten Händedruck der WM", das letztlich aber auch eher unspektakuläre Aussagen enthielt. BILD, 03.07.2006, S. 20. Franz Josef Wagner dazu: „Liebe ‚Freunde' Jens Lehmann und Oliver Kahn, Frauen werten Eure Umarmung [...] sicher anders als Männer [...]. Für mich war die Umarmung die Zärtlichkeit von Wölfen in Gefahr. [...] Verzeihung, Frauen. In der Beziehung Kahn & Lehmann geht es nicht um Liebsein. Es geht um das nackte Überleben und nicht um Kuscheln. [...]". Ebenda, S. 4.
860 „Deutschland verknallt in Klinsis Jungs" (15.06., S. 24) – Porträts von Odonkor, Neuville, Lahm... im Sinne der Weltoffenheit... Fleißig: „So quält er sich fürs nächste Tor", 28.06., S. 17 (Podolskis Training) Nicht erwähnt wurde 2006 die Fairness: Die FIFA-Statistik führte die deutsche Elf als diejenige mit den meisten begangenen Fouls.
861 BILD, 22.06.2006, S. 2.
862 Titelseitenaufmacher am 14.06.2006.
863 Titelseitenaufmacher am 15.06.2006.
864 BILD, 20.06., S. 26.
865 „Sturmleuchte FREDRIK", „Abwehrsschrank OLOF" etc. BILD, 22.06.2006, S. 23.
866 BILD, 16.06.2006, S. 27.
867 Auch hier „Ikea-Kicker". Foto u. a. zwei sich küssende Frauen im Schweden-Bikini. Ebenda.

Ebenfalls auf gängigen Vorstellungen basierend, beantwortete BILD vor dem Halbfinale gegen die deutsche Elf im Regionalteil teils unsinnige Fragen zu Italienern in Hamburg. „Der ultimative Hamburg-Italien-WM-Halbfinale-Führer" leitete diese je mit pseudoitalienischen Formeln ein:

„O sole mio, wie viele [Italiener in Hamburg, KSD] gibt's denn überhaupt? [...] Pizza Pasta, wieviel Restaurante [sic!]? [...] Randalusi, gibt's heut Ärger? [...] Tutti frutti, darf man sich heute Pizza bestellen? [...] Habe fertig, Flasche leer."[868]

Des Weiteren gab es Sticheleien vor dem Hintergrund traditioneller Fußballrivalität beispielsweise gegen Holland[869], in Fangesängen und Ähnlichem bereits etabliert, oder gegen England: „England in Deutschland/ Als erstes übten sie Elfer".[870] Die BILD-Zeitung bediente Standards der Rivalität wie die Behauptung der eigenen Überlegenheit: „Die Engländer haben Angst. Weil wir Deutschen an diesem Punkt viel besser sind...".[871] Nach Englands Ausscheiden höhnte sie nicht nur neben Fotos weinender Spieler und Fans: „Bye, Bye, Flennland!/ Dabei ist Elevenmeter-Schießen doch so einfach"[872], sondern setzte mit entsprechender Grafik hinzu: „This is the Ball/ This is the Tor/ The Ball must go into the Tor".[873] Ähnliches folgte über Bier, ein weiteres Objekt deutschen Traditionsstolzes.[874]

Was den Star-Status betraf, erfüllte der Engländer David Beckham samt illustrer Familie 2006 eine ähnliche Funktion wie Cruyff 1974. „BILD erklärt die Beckham-Family / Willkommen in Germany", titelte BILD bei deren Ankunft auf der für Klatsch reservierten letzten Seite der WM-Beilage, um zunächst allen Familienmitgliedern kalauernde Namen zu verpassen[875] und unter der Gürtellinie fortzufahren:

„Nix Flodders. Nix Addams-Family. Deutschland hat – die Beckhams! Welcome to Bratwurst. Welcome to Germany. [...] Weiter zum robusten Teil der Familie [sic!]. DAS ist England! [...] Superstar-Mutti mit dem Landwirt-Lächeln. Ex-Frisöse, Robbie-Williams-Fan. [...] Ups, ist die [Beckhams Schwester Joanne, KSD] mollig. Arm, Busen, Popo very british. Joanne ist eine, die am Mallorca-Strand Sangria aus Eimern trinkt. Und danach als erste auf dem Tisch tanzt – oben ohne. [...]"[876]

---

868 BILD, 04.07.2006, S. 9. Im ständigen Bezug auf Pizza oder Pasta – „Heute gibt's was auf die Nudel", S. 1, oder „Heute verputzen unsere Jungs Pizza/ Arrivederci!", S. 21, waren die von Wagner als passé bezeichneten Klischees im Übrigen doch gegenwärtig.
869 Zuletzt nach dem Ausscheiden der deutschen Elf, BILD, 06.07.2006, S. 1.
870 BILD, 07.06.2006, S. 22.
871 Ebenda.
872 BILD, 03.07.2006, S. 22.
873 Ebenda.
874 „[...] die Fans genießen es, mal gutes Bier zu kriegen statt die dünne [sic!] Insel-Plörre". BILD, 17.06.2006, S. 22. Nachdem der englische Star David Beckham sich nach einem Spiel noch auf dem Platz erbrochen hatte, spottete BILD über „David Brechham" größtenteils eher personenbezogen, vergaß aber auch nicht, zu erörtern, ob er möglicherweise „englisches Bier getrunken" habe: „Dünne, miese Plörre ohne Schaumkrone statt leckerem deutschen [sic!] Bier". Zu allem Überfluss hatte BILD ferner einen Redakteur auf die Suche nach Resten geschickt, was aufgrund des nächtlichen Regens allerdings ergebnislos blieb. 27.06.2006, S. 23.
875 „Popham", „Miniham", „Süßham", „Mamaham" und boshafter: „Speckham". BILD, 12.06.2006, S. 12, WM-Beilage.
876 Ebenda. Nach empörten Reaktionen englischer Zeitungen verteidigte sich BILD mit Blick auf Beckhams Schwe-ster Joanne: „Dabei hatte BILD doch nur über ihren niedlichen Babyspeck geschrieben." BILD, 14.06.2006, S. 30.

Ernsthaftere Kritik übte BILD vor allem an Dingen, für die auch Deutsche berüchtigt waren.[877] Die Schlagzeile „Welcome Mr. Beckham! / Aber ER kann ruhig zu Hause bleiben..."[878] bezog sich auf das Bild eines britischen Hooligans. Ferner warnte BILD auch vor polnischen Hooligans, ohne die deutsche Problematik in die Kritik einzubeziehen. Es ist ohne entsprechende Medienberichte schwer nachzuvollziehen, ob einschlägige Berichterstattung insgesamt nach Möglichkeit gering gehalten wurde, um die Gesamtstimmung nicht zu beeinträchtigen.[879]

Mit „Wer soll uns noch stoppen?"[880] kommentierte BILD das Ausscheiden Englands, Argentiniens und Brasiliens, und leitete die jeweiligen Textabschnitte mit einem hämischen „Adios, Argentina!", „Adeus, Brasilien!" und „Good bye, England!" ein. Im Übrigen gewann man den Eindruck eines natürlichen Anrechts der Deutschen auf den Titelgewinn: „Sie wollten uns den Titel wegschnappen. Und nun sind sie da, wo sie hingehören – auf dem Heimweg...".[881] BILD fügte höhnisch hinzu: „Ach ja, war Holland eigentlich auch dabei?"

Umgekehrt freilich vertrug man Spott schwerer; dies stellte ein geläufiges Moment der Stimmungsmache dar. BILD empörte sich: „Engländer verhöhnen Schweini als Mr. Klobürste" und stellte die Zugehörigkeiten klar: „Unser Schweini – beschimpft und verhöhnt...".[882] Nach ein paar markigen Worten eines argentinischen Spielers titelte BILD: „Argentiniens Stürmer droht unserer Elf/ Ich schieße Lehmann den Kopf weg!"[883] und ließ sich auch weiter hinten im Blatt über „diesen fiesen Satz" aus. Im Artikel „Skandal um Narben-Argentinier"[884] hieß jener schon bald: „Der Narben-Gaucho aus den Slums. Seine Sätze sind wirklich unterste Schublade [...]. Am besten geben unsere Jungs die Antwort auf dem Platz: Hart, aber fair."[885] Schließlich schlug BILD nach der – in der Tat umstrittenen – Sperre des deutschen Spielers Frings in alle Richtungen um sich und prangerte Argentinier[886], Mitglieder der FIFA-Disziplinarkommission[887] und „die Italiener"[888] gleichermaßen an.

Kritik an mangelnder sportlicher Qualität anderer Teams wurde regelhaft mit Kalauern und Sticheleien versehen. „WM-Rekord gegen Costa Gurka?"[889] fragte BILD vor dem ersten Gruppenspiel und kündigte die Erläuterungen der Schwächen Costa Ricas mit dem Satz an: „BILD erklärt, warum Klose und Poldi denen heute die Kiste voll hauen müssen"[890]. Die Brasilianer wurden zunächst als die "genialen Ball-Zauberer"[891] angekündigt; als sie die Erwartungen nicht erfüllten, hagelte es Schelte, deren Zielscheibe vor allem der wenig

---

877 Dies galt im Übrigen auch für das Klischee des Ballermann-Briten, bei dem das deutsche Pendant aus dem Blickfeld geriet.
878 BILD, 06.06.2006, S. 23.
879 Vgl. zu Auslassungen in der Berichterstattung Brüggemann/Riehle, S. 80-82.
880 BILD, 03.07.2006, S. 17.
881 Ebenda.
882 BILD, 08.06.2006, S. 23.
883 BILD, 29.06.2006, S. 1.
884 Ebenda, S. 24.
885 Ebenda. Die Sätze waren zwar etwas vulgär, aber wenig spektakulär: u.a. „Wir brauchen Eier. Das heißt, wir müssen für den Sieg kämpfen." Ebenda.
886 „BILD beweist: Er wurde zuerst geschlagen" BILD, 04.07.2006, S. 20.
887 „SIE haben ihn verurteilt". Ebenda.
888 „So ‚sauber' sind die Italiener", diverse Foul-Fotos. Text: „Ausgerechnet die Italiener, die unseren Frings angeschwärzt haben, haben selber eine Menge Dreck am Stecken!". Erwähnt: Liga-Skandal und Fouls. Ebenda.
889 BILD, 09.06.2006, WM-Beilage, S. 4. Spott vorher: 07.06., S. 20.
890 Ebenda.
891 In: „CIRCUS BRASILIA / Tore, Trickser, Sensationen". BILD, 13.06.2006, S. 22.

durchtrainierte Star Ronaldo war. Der Spottname „Pummelnaldo"[892] fand vielfache Verwendung, im Artikel „BILD schlägt vor, wer noch für Brasilien stürmen könnte" machte sich das Blatt mit Fotomontagen der korpulenten Prominenten Dirk Bach, den Wildecker Herzbuben und Rainer Calmund in Brasilien-Trikots lustig, je verballhornt zu „Bachinho", „Wildecker Herzbubinhos" und „Callinho".[893] Nach dem Ausscheiden schließlich war der spöttische Ton dahin; BILD wütete: „Zu fett/ Zu faul/ Zu arrogant/ Ihr Versager habt es nicht anders verdient"[894]. Den Gruppengegnern der deutschen Mannschaft Costa Rica und Polen hingegen konnte die Zeitung höhnisch hinterhertiteln: „Ab nach Hause und danke für die Punkte!"[895] Und dass die Schweizer sich über parteiische deutsche Fans beschwert hatten, nahm BILD übel: „Sie geben deutschen Fans die Schuld", hieß es nach deren Ausscheiden, daneben Fotos der drei verschossenen Elfmeter, jedes mit dem Vermerk: „Nix Törli".[896]

Ließen sich diese Äußerungen aufgrund ihres direkten Bezugs auf Fußballer noch mehr oder minder im Bereich des Sportlichen ansiedeln und drückten im europäischen Raum wenig ernsthafte Abwertung aus, verhielt sich dies bei der Darstellung einiger außereuropäischer Länder anders. Zwar äußerte sich BILD nicht offen rassistisch, doch ließ der Ton keinen Zweifel daran, dass manche Kulturen als rückständig empfunden wurden. Dabei ist es fraglich, ob die Unsensibilität darin bestand, dass ein Hotel in Hamburg zum Empfang des Teams der Elfenbeinküste Bananenstauden zur Dekoration importierte, oder darin, dass BILD diese in der Überschrift zum Artikel so herausstellte: „Bananen für Stars aus Afrika".[897] Der Streik der togolesischen Spieler für die ihnen zugesagten Prämien veranlasste BILD zur Prägung des Begriffs „Togowabohu".[898] Helfen konnte eine deutsche Institution: „Das irre Togowabohu/ Sparkasse verhindert den 1. WM-Streik".[899]

Die Teams aus den muslimisch geprägten Ländern wären grundsätzlich eine nähere Betrachtung wert, doch für den Iran wie für Saudi-Arabien stand bereits früh das Ausscheiden nach der Vorrunde fest; so gaben beide quantitativ schlicht wenig her. Im Wesentlichen handelte es sich um Titel wie „Mini-Bar leer! Keine Bibeln! Heute kommen die Saudis![900]" und weitere Bezüge auf strenge muslimische Sitten in der Erwähnung von Gebetsräumen, Bekleidungsvorschriften für Hotelangestellte und Ähnlichem. Dies wurde hier nicht explizit bewertet, doch damit stellte der WM-Zeitraum mutmaßlich eine Ausnahme dar. Regelmäßigen BILD-Lesern dürfte das Schema geläufig gewesen sein.[901]

Eine komische Note hatte die BILD-Berichterstattung über die ecuadorianische Delegation, die einige Wochen vor der Weltmeisterschaft durch Deutschland gereist war, um für das

---

892 Beispielsweise 14.06.2006, S. 26.
893 BILD, 15.07.2006, S. 26.
894 BILD, 03.07.2006, S. 21.
895 BILD, 21.06.2006, S. 21.
896 BILD, 28.06.2006, S. 18.
897 BILD, 09.06.2006, S. 9.
898 Stereotyp von den unorganisierten Afrikanern, erstmals verwendet 14.06.2006, S. 26.
899 BILD, 19.06.2006, S. 21.
900 BILD, 16.06.2006, S. 27.
901 U.a. Kolumnist Wagner bald nach der WM zum Kofferbomben-Attentäter: „[…] Wir werden uns in Zukunft daran gewöhnen müssen, niemandem zu vertrauen. Weder dem braven Asyl-Studenten, dem Döner-Koch und dem Kellner mit seinen arabischen Augen. Es bereitet mir Unbehagen, meine Freunde von gestern zu umarmen. Ali in der Paris-Bar, Muhamad in der Döner-Kneipe. Haben sie zwei Gesichter?/ Ich habe Angst vor ihren Augen. Ich weiß nicht, wo sie nachts hingehen und beten. Ich weiß überhaupt nichts von meinen muselmanischen Mitbürgern. Fakt ist, dass viele Deutsche sterben sollten. Und der Tod trug ein Ballack-Trikot./ Gibt es etwas Zynischeres als das?" BILD, 21.08.2006, S. 2. In der Berichterstattung zu den Fällen El-Masri und Kurnaz stellte BILD beide als potenziell gefährlich dar. Vgl. zur einschlägigen Berichterstattung im WM-Umfeld auch Presseschau, S. 68-69.

Tourismusziel Ecuador zu werben; darunter befanden sich eine Schönheitskönigin und ein Schamane. Über den „Friedenszauber", den Letzterer vor den WM-Stadien vollführte, war breit berichtet worden[902]; BILD zog das Thema unmittelbar vor der Begegnung Deutschland – Ecuador heran, und zwar: „Schamane hext gegen Klinsi".[903] BILD hatte gar einen „Voodoo-Experte[n]" samt Voodoo-Puppe aufgetrieben:

> „Die kleine Stoff-Figur hat er aus Venezuela mitgebracht. ‚Die hat Power! Ich habe sie gleich noch mit einer Beschwörung belegt, der [sic!] die Beine der Ecuadorianer schwer macht. [...]"[904]

Ob es sich hier um die Darstellung Ecuadors als rückständige Kultur handelte, oder lediglich um eine Gelegenheit, die boulevardistische Voodoo-Geschichte unterzubringen, ist schwer zu beurteilen.[905] Allgemein fehlte Berichten über Aberglauben der „Anderen" der ironische Ton, der hier für BILD angewandt wurde.[906] Im Lichte der Beschwörung deutsch-italienischer Gemeinsamkeiten als „zwei majestätische Gipfel" im „Gebirgs-massiv der Weltkultur"[907] wirkten jene Nationen in BILD kulturell wenig entwickelt.

War die Darstellung der Mannschaften und mancher Kulturen ambivalent, so wurde der Jubel der Anhänger ausländischer Teams nahezu immer als positiv dargestellt, insbesondere allerdings im sich ohnehin weltoffen gerierenden Hamburg-Teil. Dabei legte BILD Wert auf die Harmonie, die zwischen Deutschen bzw. Hamburgern und den Touristen herrschte. Die Deutschen konnten sich in der eigenen Toleranz und Offenheit sonnen, wenn BILD sich stellvertretend freute: „Einfach geil. Die Sonne strahlte, die Fans machten unsere Stadt so bunt wie sie noch nie war".[908] Bald schon seien Ecuador und Costa Rica „zu Gast bei uns, bei Freunden...".[909] Ferner: „So bunt feiert die Welt zu Gast bei Hamburger Freunden"[910] oder „Tutto Amburgo una festa italiana".[911] Auch diese Berichte waren allerdings nicht unvoreingenommen. Stereotype, die vordergründig positiv klangen, fanden sich zum Beispiel im hier vermittelten Image Brasiliens: Im Artikel „Heißer als Rio/ Brasilien versext Hamburg"[912] waren „nackte Haut" und „knappbekleidete Mädels" allgegenwärtig; ein Psychologe bestätigte die Assoziation mit „Leidenschaft, Freiheit und Samba". Eingerahmt war diese Darstellung von der an Klose und Podolski, den beiden gebürtigen Polen in der deutschen Elf entzündeten BILD-Debatte über die unterschiedlichen erotischen Qualitäten polnischer

---

902 Auch in Springers „Hamburger Abendblatt".
903 „Ecuador [...] zieht alle Register! Ein Schamane hat das Olympiastadion verhext." BILD, 20.06.2006, S. 1. Die Fortsetzung lautete: „Ecuador-Schamane hat unser Stadion verhext! [...] Unser letzter Gruppengegner Ecuador greift zu faulen Tricks, um erfolgreich zu sein. [...]" Ebenda, S. 21.
904 „BILD hat den Gegenzauberer!" Ebenda.
905 Ebenfalls schwer einzuordnen: Ob BILD mit dem Abdruck der durch fehlerhafte Übersetzung teils brachial anmutenden Übersetzung des ecuadorianischen Hymnentextes vor dem Spiel Deutschland – Ecuador deren Kultur nahezubringen suchte, oder ob mit ein Eindruck vorzivilisatorischer Brutalität geschaffen werden sollte. Beispiel: „Dios miró y aceptó el holocausto", eigentlich: „Gott sah und nahm das Opfer an"; in BILD: „der Herr sah und akzeptierte den Völkermord". BILD, 20.06., S. 20.
906 Wie „Der Frankreich-Trainer und sein Astro-Tick/ Bei mir spielen keine Skorpione". BILD, 05.07.2006, S. 21. Siehe auch Presseschau... S. 46.
907 „Wir Italiener und Deutsche sind [...] zwei majestätische Gipfel. [...]" Wagner berief sich auf Goethe, Dürer, Kant, Marx, Grönemeyer u. a.; für Italien Dante, Michelangelo, Verdi etc. BILD, 04.07.2006, S. 2.
908 BILD, 12.06.2006, S. 6.
909 Ebenda.
910 Ecuador, Elfenbeinküste, Argentinien. BILD, 22.06.2006, S. 6.
911 BILD, 23.06.2006, S. 6.
912 BILD, 14.06.2006, S. 6.

und deutscher Frauen. Äußerten sich zunächst die Spieler[913], fanden sich nach der Niederlage Polens gegen Deutschland einige Polinnen, die sich unter der Schlagzeile „Wir haben verloren/ Aber wir sind viiiel schöner"[914] entsprechend in Szene setzten.

Es fand also eine Unterscheidung statt zwischen den Fans auf den Feiern und den Mannschaften, obwohl beide mit Stereotypen belegt wurden. Zweck und möglicherweise Ergebnis dürfte gewesen sein, einerseits Parteinahme und emotionales Engagement für die deutsche Mannschaft zu unterstützen, um eine Zugehörigkeit in der Gemeinschaft zu finden, andererseits aber sich, wie in allen Medien vielfach im Vorfeld und im Nachhinein betont, zu „präsentieren": als gute Gastgeber, friedlich und weltoffen und weniger freudlos als der deutsche Ruf. Dabei bliebe noch zu prüfen, welches Bild sich in anderen Regionalausgaben ergab; die positiv bewerteten Feiern fanden sich hier nahezu ausschließlich im Hamburg-Teil. Dort wurde auch stets die Vergemeinschaftung mit den in Hamburg lebenden, integrierten und in schwarz-rot-gold jubelnden Ausländern betont. In diesem Sinne schien sich der Standortpatriotismus als Konzept weitgehend durchgesetzt zu haben.

Nahezu uneingeschränkt gut kamen im Übrigen die US-Amerikaner weg, die ihr Quartier in Hamburg hatten. Diese wurden in großen Schlagzeilen herzlich willkommen geheißen: „Hamburg begrüßt das Team der USA"[915], und bei ihren Aktivitäten wohlwollend begleitet.[916] Kritik fand allerdings zuweilen der teilweise als überzogen empfundene Sicherheitsaufwand. Fußballerisch spielten die USA in dem Turnier keine große Rolle, so dass die Berichterstattung bald endete: Unter der großen Schlagzeile „Bye, bye, Boys!"[917] berichtete BILD, zum Abschied sei es „noch mal richtig auf den Kiez" gegangen. Dies war geradezu mustergültig konform mit den Leitlinien des Springer Verlags, ebenso wie die enthusiastische Darstellung der Geste eines ghanaischen Spielers, der, bei einem israelischen Verein unter Vertrag, sein Tor mit einer Israel-Flagge bejubelte: „Schöne WM / ER jubelt sich in unsere Herzen".[918]

So richtig gönnen konnte BILD hingegen der italienischen Mannschaft den Weltmeistertitel nicht. Der „Glückwunsch zum 4. Titel!" nach dem Finale fiel deutlich kleiner aus als die darunter platzierte Schlagzeile: „Aber nicht alles war Bella Italia".[919] BILD zählte dort noch einmal mit Foulspiel, Elfmeterschinden, dem Verursachen der Sperre Frings' und der Provokation Zidanes die Sünden des Weltmeisters auf:

> „Auch BILD sagt Glückwunsch [...] Aber man muß auch festhalten [...] Keine Frage: Italien ist verdient Weltmeister. Doch der schöne WM-Pokal hat ein paar Kratzer abbekommen..."

---

913 „SIE TREFFEN DEUTSCH UND LIEBEN POLNISCH / Klose & Poldi / ‚Polnische Frauen sind erotischer als deutsche'" BILD, 13.06.2006, S. 20.
914 BILD, 15.03.2006, S. 3.
915 Layout mit US- und HH-Flaggen. BILD, 03.062006., S. 16/17.
916 „Amis entdecken Hamburg", BILD, 06.06.2006, S. 24.
917 BILD, 24.06.2006, S. 21.
918 BILD, 19.06.2006, S. 20.
919 BILD, 11.07.2006, S. 14.

5. Auswertung

Bevor ich in der Schlussbetrachtung die eingangs gestellten Fragen wieder aufgreife, möchte ich hier noch einmal die bisherigen Befunde für die drei Weltmeisterschaften zusammenfassen und zueinander in Beziehung setzen.

Dass die BILD-Zeitungen und die jeweilige WM-Berichterstattung der verschiedenen Jahrgänge sich in Umfang und Optik stark voneinander unterschieden, ist wohl in erster Linie den technischen und ökonomischen Rahmenbedingungen geschuldet. Das Blatt wuchs insgesamt; Farbdruck und Fotos wurden im Lauf der Jahre zu großzügig eingesetzten Selbstverständlichkeiten. Doch auch im Verhältnis wuchs die WM-Berichterstattung: 1954 noch mit nur 12% beziffert und weitgehend in den regulären Sportteil integriert, nahmen die gesonderten WM-Seiten 1974 bereits etwa ein Viertel des Gesamtumfangs ein. Zusätzlich gab es bisweilen Berichte weiter vorne im Blatt, ebenso 2006, als die WM-Beilage regelhaft 1/3 des Gesamtumfangs betrug. Auch thematisch dehnte sich der Sport aus, wenn auch nahezu unverändert mit dem Fokus auf der deutschen Elf. Einige neue Themenfelder eröffnete dabei die Funktion der Bundesrepublik als Ausrichter 1974 und 2006: die Organisation und deren Kritik, die Frage nach Prominenten im Stadion – bei Spielen vor Ort wahrscheinlicher – und Ähnliches. Mit immer mehr Information zum Randgeschehen, besonders über das Privatleben der Stars, sowie Pseudostatistiken und Expertenmeinungen, bot die Berichterstattung in BILD den Lesern Anknüpfungspunkte für weitere Kommunikation, die ihrerseits die Bedeutung der WM als Thema weiter beförderte, so dass auch ihr Stellenwert in BILD gefestigt wurde. Mit zunehmender Verbreitung weiterer Medien und damit flächendeckender Information über das Spielgeschehen geriet die Spielberichterstattung in BILD mehr zur unterhaltenden Ansammlung von Highlights zum erneuten Durchleben als zur eigentlichen Information, wofür sich Sport als Unterhaltungsthema per se freilich anbot. Schon 1974 waren vor allem Schlagzeilen teilweise in Form prägnanter Slogans verfasst, allerdings nicht annähernd vergleichbar mit 2006, als die Sloganisierung die gesamte Berichterstattung erfasst hatte, deren Konsumierbarkeit kaum zu überbieten war.

War die Begeisterung 1954 noch spontan während des Turniers entstanden und begann auch BILD mit Berichten über Spielerpersönlichkeiten erst allmählich, war all dies 1974 bereits fester Bestandteil. Die gezielte Produktion von Stars, die Konzentration auf die Spieler nicht nur als ‚Aufhänger', sondern auf unterschiedliche Facetten ihres Privatlebens, ist wohl unter dem Begriff „Boulevardisierung"[920] zusammenzufassen. Die sportlichen Abläufe und ihre Analyse traten in den Hintergrund. Noch 1974 hatte beides eine etwa gleichwertige Bedeutung mit den Boulevardelementen besessen, 2006 dominierte die direkte Emotionalisierung: Wo Berichte über die Mannschaft der Grundlage entbehrten, dienten das „Wir", die Nation und die Feiern als Träger des Enthusiasmus.

Die Berichte über die Weltmeisterschaften wurden zunehmend professionalisiert und von vornherein auf Stimmungsproduktion ausgerichtet. 1954 noch dem klassischen Prozess verpflichtet, nach dem Stattfinden eines Ereignisses darüber zu berichten, was zur erwähnten relativ eintönig wellenförmigen Berichterstattung mit wiederkehrenden Mustern führte, ging BILD 1974 jeweils bereits vor den Spielen mit gezielter Spannungserzeugung und extensiver Rundum-Information in die Offensive. 2006 schließlich mobilisierte sie zu den Fan-Festen und verlangte ohnehin herrschende nationale Begeisterung, um anschließend darüber zu berichten. Dazu kam auch die verstärkte Serviceorientierung schon 1974, 2006 folgten

---

920 Auch vom BILD-Sportredakteur Eilers so zusammengefasst. Jürgen Eilers: Sport in 12 Cicero: Gesetze der Boulevardpresse. In: Hackforth/Weischenberg 1978. S. 215-224, hier S. 217.

zusätzlich diverse gemeinsam mit Firmen initiierte Aktionen. Die wachsende Bedeutung, die der WM in BILD beigemessen wurde, verdeutlichen auch die Seite-2-Kolumnen: War „Hans im Bild" noch kaum an dem Thema interessiert, schrieb Franz Josef Wagner nahezu täglich darüber.

Das Bild der deutschen Fußballspieler verlagerte seinen Schwerpunkt. Die Mannschaft, die in der Berichterstattung 1954 den höchsten Stellenwert eingenommen hatte, trat mit dem Boulevard-Trend gegenüber Einzelpersonen zurück. Dennoch blieb die Darstellung beim Tenor ‚einer von uns': Sportler waren nicht so weit weg von der eigenen Lebenswelt wie Mitglieder von Königshäusern, Aristoteles Onassis oder Paris Hilton; sie waren nicht in ihre privilegierte Situation hineingeboren, sondern hatten ‚es geschafft'. Dies galt auch 2006 noch. Ballack wie die übrigen deutschen Spieler wurden stets bodenständiger dargestellt als Beckham, Ronaldo und andere ausländische Stars mit ihren ebenfalls glamourösen Frauen – ein ähnliches Negativbeispiel war 1974 der als raffgierig geschilderte Johan Cruyff gewesen.

Analog wurden 1954 und 1974 besonders „deutsche" Eigenschaften wie Disziplin, Fleiß und Kampfgeist betont, die auch 2006 noch gültig waren, aber nunmehr hinter der „Spielfreude" zurückblieben. Dies passte zum gleichzeitig konstatierten spielerischen oder „unverkrampften Patriotismus". 1974 fand ferner eine starke Typisierung innerhalb der Mannschaft statt; so etwas wie ein ‚Nationalcharakter' konnte spätestens hier nicht wirklich entstehen. Interessant ist allerdings, dass 1974 mit der Individualisierung der bundesdeutschen Spieler der noch 1954 hochgelobte Einsatz für die Mannschaft geradezu zum Klischee in der Darstellung von Teams aus sozialistischen Staaten wurde.

Das Verhältnis zur eigenen Nation, auch unter Einbeziehung der NS-Vergangenheit, hatte sich in BILD generell verändert. Der Umstand, dass nationalistische Töne und Ausschreitungen 1954 von offizieller Seite unterbunden wurden, verdeutlichte einen gemäßigteren Umgang mit nationalen Erfolgen. BILD schloss sich dem zwar einerseits an, nahm aber andererseits eine stillschweigend schonende Haltung ein und suchte die Deutschen insgesamt so positiv – hier bescheiden, diszipliniert, zurückhaltend – darzustellen wie möglich. Die jüngste Geschichte wurde trotz ihrer relativen Aktualität nicht erwähnt. Zwanzig Jahre später spielte der Nationalsozialismus ebenfalls keine Rolle, stand aber aufgrund des größeren zeitlichen Abstands auch nicht so im Raum wie zuvor. Insgesamt fanden sich 1974 nur wenig explizite nationale Bezüge, abgesehen vom Zeitpunkt des Titelgewinns. Offenbar waren die Gepflogenheiten nicht danach, auch die Nationalelf sang die Hymne nicht mit. Nationales Selbstbewusstsein manifestierte sich eher in Abgrenzung insbesondere zum System der DDR: in der Vermittlung des Gefühls, besser zu sein, unter Beibehaltung der gesamtdeutschen Idee. 2006 stieß das Nicht-Mitsingen der Nationalhymne in BILD auf scharfe Kritik. Ausdrücklich forderte das Blatt nun Bekenntnisse zur Nation, Abweichungen ließ es nicht durchgehen. Wo 1954 Skepsis gegenüber den Deutschen nicht sein durfte, ließ das Blatt sie hier gegenüber den „Patrioten" nicht gelten; Einwände wurden 1954 verschwiegen, 2006 aggressiv abgekanzelt. Vom Nationalsozialismus mochte BILD 2006 ebensowenig hören wie von aktuellen Problemen des Rassismus oder Nationalismus. Zwar nahm die Zeitung die deutsche Auseinandersetzung mit der Vergangenheit für sich in Anspruch, doch nur um sie als erledigt, passé und spielverderberisch zu ächten.

Aggressiver war auch die Vorberichterstattung zu den Spielen 2006, in der die Spannungserzeugung durch breitbeinige Siegessicherheit ersetzt wurde. Was 1974 noch anderen vorgeworfen wurde – „Sprüche" und Provokationen – praktizierte BILD nun selbst, ohne sich jedoch daran hindern zu lassen, es bei anderen weiterhin zu monieren.

Die Stimmung in der Bevölkerung war schon 1954 in BILD – wie offenbar in der gesamten Presse – Inhalt der Berichterstattung gewesen, spätestens mit den Jubelfeiern bei der

Rückkehr der Mannschaft geriet sie zum Hauptthema. Die ‚virtuelle Gemeinschaft', die damals spontan entstand, versuchte die Zeitung so lange wie möglich aufrechtzuerhalten – und sie in den folgenden Jahren künstlich zu reproduzieren; das ‚Wunder von Bern' wurde dadurch erst recht mythisiert. Freilich hatte BILD zwar Einfluss auf den selbstgeschaffenen Berichterstattungsanlass in Form der eigenen Stammtische 1974, nicht aber auf die Stimmung angesichts des schlechten Wetters oder des schwachen Spiels der deutschen Mannschaft, so dass sie die WM-Berichte nach Wochen der enthusiastischen Einstimmung schließlich etwas einschränkte, bis die Stimmung zum Finale ohnehin wieder stieg. Auch 2006 scheint BILD nur bedingt kausal an der Feierstimmung beteiligt gewesen zu sein. Da sie nun aber einmal herrschte, unter anderem dank des guten Wetters, vereinnahmte das Blatt sie für sich, prägte einen eingängigen Slogan und berichtete der Stimmung entsprechend.

Im Vergleich zu anderen Nationen wurden die Deutschen stets positiv dargestellt. Sportlich wurde die saubere und faire Spielweise betont, als es sich 1954 und 1974 anbot; bei anderen wurden eher Verfehlungen bemängelt. Im Übrigen bediente sich das Blatt zu jeder Zeit verschiedener Klischees oder Stereotypen. Diese waren nicht immer abwertend, jedoch zumindest simplifizierend; 2006 allerdings wurde in klischeelastigen Slogans formulierte Häme gegenüber anderen Teams zum Stilmittel. Die antikommunistische Zielrichtung wandelte sich naturgemäß: 1954 bestand sie vorwiegend in spöttischen bis gefühligen Bemerkungen über die materiellen Sehnsüchte der Ungarn, 1974 in Stichelein gegen die DDR bzw. deren politisches System; auch hier waren materielle Unzulänglichkeiten das Leitmotiv. 2006 war dieses Thema obsolet.

Zu jedem Zeitpunkt waren ausländische Meinungen von großer Bedeutung, auch wurden jeweils fast ausschließlich positive Stimmen zitiert. 1954 spielten diese Stellungnahmen allerdings zur Selbstbestätigung noch eine deutlich größere Rolle; 2006 trat BILD im Namen von ganz Deutschland ohnehin so aggressiv auf, dass die mit Lob für die deutsche Fröhlichkeit zitierten Touristen eher Beiwerk waren. Hier wurde vielmehr die vorbildliche Integration der für Deutschland jubelnden Migranten betont, und als ‚nützlich' erkannte Vorzeigeausländer wie beispielsweise der populäre Wladimir Klitschko mit lobenden Worten zitiert.

6. Schlussbetrachtung

Auf die Fragen zurückkommend, auf welche Weise BILD den Sportteil für sich nutzte und inwieweit in den WM-Berichterstattungen Möglichkeiten der nationalen Selbstpositionierung angeboten wurden, ist zunächst der strategische Ausbau des Sportressorts zu bemerken, der von dessen Bedeutung für die BILD-Zeitung zeugte. In der von ihr gespiegelten Begeisterung von 1954 hatte sie wohl – eher als eine Manifestation deutscher Tugenden – die Gelegenheit erkannt, bei internationalen Turnieren dieser Art sich selbst als Nation zu bestätigen. Da 1974 die Mehrheit bereits in der Lage war, die Spiele live zu verfolgen, genügte die bloße Sportberichterstattung nicht mehr, so dass BILD im Sinne weiterer verkaufsfördernder Anreize ihre eigenen Interessen verfolgte, indem sie den Kontakt zu den prominenten Akteuren suchte. Dies scheint, betrachtet man die Kolumnen der Spieler von 1974, gelungen zu sein. Die Vormachtstellung im Sportbereich verteidigte BILD vehement: Dass Klinsmann sich 2006 dem Blatt nicht unterordnete, wurde mit einer Kampagne bestraft – diese ließ sich freilich angesichts anhaltender Begeisterung nicht aufrechterhalten.

Der hierin verdeutlichte Stellenwert von Sport für BILD bestand in verschiedenen Aspekten. Das Renommee ihrer Sportberichterstattung war stets groß: BILD hatte für sich ein Thema gefunden und ausgebaut, das sich für Anschlusskommunikation gut eignete und sich im Alltag auch zunehmend etablierte. Mit dem durch den umfassenden und immer weiter ausgebauten Sportteil vermittelten Gefühl, gut informiert zu sein, das sich in alltäglicher Unterhaltung widergespiegelt haben dürfte, schuf BILD zumindest zum Teil ihre eigene Existenzberechtigung. Das Gefühl, auf einem Gebiet Bescheid zu wissen und ‚mitreden zu können', ließ sich im Sport leichter und immer weiter reproduzieren als dies in anderen Themengebieten der Fall gewesen wäre.

Auch Werte und weltanschauliche Positionen ließen sich über das Vehikel des Sports transportieren. Die Mannschaft von 1954, als verschworene Gemeinschaft, erfolgreich und doch zurückhaltend präsentiert, ging einher mit vorsichtiger Begeisterung und gleichzeitiger Darstellung der bescheidenen und duldsamen Deutschen. Die nationalsozialistische Vergangenheit wurde trotz ihrer zeitlichen Nähe nicht thematisiert – BILD tat alles, damit die Leser sich als Deutsche gut repräsentiert fühlen konnten. Auch 1974 verfügte die bundesdeutsche Elf über die in der BILD-Darstellung positiveren Charaktere, verglichen mit den anderen Teams. Das Kollektiv allerdings war hier hinter die Individualisierung zurückgetreten, womit BILD dem Zeitgeist entsprach. Die Stars sprachen unterschiedliche Emotionen an, von Bewunderung über Identifikation bis zur Verurteilung. Maßgebend dafür war ihr Wohlverhalten im Urteil von BILD: Jemand, der sich hochgearbeitet hatte oder bei einfacher Herkunft über besonderes Talent verfügte, konnte vom Publikum als der eigenen Lebenswelt zugehörig empfunden werden. Löste er sich aber davon, wie Günter Netzer mit seinem Auslandsengagement, wurden ihm die bis dato errungenen Privilegien verübelt. 2006 schließlich dominierte das „Wir". Deutschland feierte in Schwarz-Rot-Gold, und die BILD-Zeitung, schon früh Fürsprecherin eines neuen Patriotismus, feierte „schwarz-rot-geil" mit. In zahlreichen Aktionen suchte sie sich in der national-enthusiastischen Stimmung zu profilieren, ebenso in der permanenten Einforderung des Mitmachens. Eine nationale Vergemeinschaftung wurde hier nicht mehr subtil mittransportiert, sondern explizit und aggressiv verlangt.

Das nationale Positionierungsangebot bestand stets im Wesentlichen in der Versicherung, auf der richtigen Seite zu stehen. Über den Nationalsozialismus schwieg BILD 1954, dafür wurde der Sozialismus mit Verweis auf die Sehnsüchte der Ungarn nach materiellem Wohlstand als verlogen diskreditiert. Der bei der Berner Elf gepriesene Mannschaftsgeist kennzeichnete 1974 als Aufgabe des Ichs die Mannschaften der sozialistischen Staaten, gegenüber den Einzelcharakteren des bundesdeutschen Teams. Die Verweise auf die mangelhaften Konsummöglichkeiten vor allem der DDR signalisierten wiederum die Zugehörigkeit zur richtigen Seite. 2006 lag diese bei der national-enthusiastisch feiernden Menge, von BILD abgegrenzt zu den als „Miesmacher" bezeichneten Skeptikern. Dies überwand teilweise auch Grenzen der Nationenzugehörigkeit – für Deutschland jubelnde Migranten wurden in die Vergemeinschaftung mit einbezogen, ganz im Sinne des neuen Lifestyle-Patriotismus. Nebenbei waren die vermittelten Weltbilder stringenter geworden. Unstimmigkeiten wie 1954 in der Darstellung der Ungarn erst als Gefangene des Kommunismus, dann als im Vergleich zur militärischen Disziplin der Deutschen freier und zwangloser, kamen in den späteren Jahren nicht mehr vor. Man kann von einer Professionalisierung der klaren Antworten sprechen, wiederum ein Element in der Vermittlung des Gefühls, informiert zu sein.

Daraus vorherrschende Diskurse zur nationalen Identität abzulesen, bleibt freilich einem spekulativen Moment unterworfen, zumal die Rezeption sich nicht erfassen lässt. Geht man davon aus, dass BILD sich in erster Linie an der Verkäuflichkeit orientierte, lässt sich zumindest feststellen, womit sie diese zu erreichen glaubte – dass ihr das immerhin in recht hohem Maße auch gelang, spricht für ein gewisses Maß an „Adäquanz". Die Schwankungen innerhalb der Berichterstattungen lassen darauf schließen, dass BILD sich in erster Linie der aktuellen Stimmung anzupassen suchte. In diesem Sinne passte die Nichtthematisierung nationalistischer Entgleisungen und der NS-Vergangenheit 1954 zur allgemeinen politischen Abstinenz der Zeit. Zudem dürfte es sich auch um einen nicht unerheblichen Teil der Leserschaft gehandelt haben, der zumindest mittelbar belastet war, und dessen Gemüt geschont werden sollte. Gab es 1974 eine recht große Einigkeit in der antinationalistischen Linie und ein besonders unter Jüngeren verbreitetes eher distanziertes Verhältnis zur Nation, obwohl sicher nicht von der gesamten Bevölkerung geteilt, war Nationalstolz 2006 nun offensichtlich kein strittiges Thema mehr, im Gegenteil. Dessen Hinterfragung wurde in derart aggressiver Manier abgewatscht, dass der Eindruck entstehen konnte, jegliche Form kritischer Haltungen sei nun wirklich von gestern. Ob BILD damit den Mainstream vertrat, auch angesichts der sinkenden Auflage, lässt sich hier nicht feststellen. Die offensive Haltung mag auch darauf zurückzuführen sein, dass BILD die eigene Position als Meinungsführerin zu wahren suchte, oder dass den Lesern eine klare Linie vermittelt werden sollte. Schon 1954 mochte die BILD-Leserschaft sich Nationalismus-Vorwürfe wohl ungern gefallen lassen, und BILD schwieg eher, als zu kritisieren. Wie 2006 aber den Spieß umzudrehen und auf antinationalistische Bemühungen zu schimpfen, wäre noch wenige Jahre zuvor wohl nicht möglich gewesen. Das Blatt schien sich auf den Bedeutungsverlust der NS-Geschichte mit wachsendem zeitlichem Anstand verlassen zu können. Dass es sich dabei auf die Erinnerungspolitik der Bundesrepublik berief, an der es selbst wohl zumal beim unbequemen Thema deutscher Schuld keinen großen Anteil hatte, um diese selbst bzw. ihre Fortsetzung ins Negative zu wenden, war perfide und trug vermutlich eher nicht zu einer Normalisierung der Debatte bei – sofern darunter eine Integration der deutschen Geschichte in eine dennoch positive kollektive Identität verstanden wird.

In ihre Ausrichtung auf unmittelbare Gratifikation schloss die BILD-Zeitung damit auch das jeweilige nationale Positionierungsangebot ein. Die bequeme und unmittelbare Vermittlung des Gefühls, besser zu sein – oft auch im Vergleich mit anderen Nationen, durch eine überlegene Kultur, ein überlegenes politisches System oder überlegene Fußballspieler – stand dabei stets im Vordergrund. Der Zeitraum der Weltmeisterschaften war allerdings nicht unbedingt typisch für die BILD-Berichterstattung insgesamt. Im zeitlichen Umfeld geäußerte oder unterschwellig vorhandene Ressentiments wurden dort eher ausgelassen oder demonstrativ widerlegt. Das harmonische Verhältnis zu anderen Nationen wurde anlässlich jeder WM betont, sei es die 1954 geäußerte Anerkennung anderer, die gemeinschaftlichen Feiern von Deutschen und Holländern nach dem Finale 1974 – und zuvor mit Touristen aus anderen Ländern – oder 2006 die fortwährende Betonung, wie fröhlich, herzlich und weltoffen „wir" uns „präsentiert" hätten. Während der Weltmeisterschaften feierte BILD zumal 1974 und mehr noch 2006 die eigene Weltoffenheit. Es bleibt zu untersuchen, inwieweit tatsächlich ein längerfristiger Wandel in der Berichterstattung stattfand, doch ich vermute, dass die Zeitung die WM jeweils gerade als Ausnahmezustand zelebrierte, um dann wieder zum regulären Tagesgeschäft zurückzukehren.

Inwieweit das „Wunder von Bern" tatsächlich als ein Faktor psychischer Aufrichtung für die deutsche Bevölkerung fungierte, bleibt angesichts seiner Mythisierung offen. Für BILD bot es die Möglichkeit, der Leserschaft in einem Rahmen von politischer Abstinenz und Konsummodernität mit der vermittelten Harmonie Seelenbalsam zu liefern. 1974 bot BILD ein vergleichsweise gelassenes Selbstbewusstsein an, 2006 schließlich mündete die Berichterstattung in die Einforderung totaler Affirmation. An einem Strang zu ziehen und, teilweise offen geäußert, die anstehenden Einschnitte in der staatlichen Fürsorge mitzutragen, ließ sich scheinbar mit entsprechender emotionaler Bindung der Bevölkerung an die Nation besser einfordern.

Möglicherweise war ebendies stets ein entscheidender Erfolgsfaktor für sowohl BILD als auch den Mediensport: In ihrer Kombination ergaben sie Affirmation der herrschenden Verhältnisse par excellence. Für eine auf Emotionalisierung ausgerichtete Boulevardzeitung, die im und vom kapitalistischen System komfortabel existierte, bot der emotional besetzte Sportbereich eine hervorragende Möglichkeit, vorhandene Leidenschaften und Gefühle zu kanalisieren. Die emotionale Befriedigung besaß das Potenzial, von Unzufriedenheit mit den Gegebenheiten abzulenken. BILD schwor so die Leserschaft auf den Konsum von Sport und damit auf sich selbst ein. Das vermittelte Gefühl der Orientierung in der Welt des Sports, und damit in einem häufig thematisierten Gegenstand alltäglicher Kommunikation, konnte Sicherheit geben und weitere Fragen gar nicht erst aufkommen lassen. Dazu trug jeweils auch die Darstellung der Deutschen sowie der „Anderen" bei: Durch die vorhandene Normen bestätigende Verwendung von Klischees und Stereotypen und im sicheren Gefühl, sich selbst auf der besseren Seite zu befinden, konnte sich der Leser in der von BILD geschaffenen Welt zu Hause fühlen, ohne durch Widersprüche, Skepsis oder Hinterfragung von Gegebenheiten gestört zu werden.

Die Macht von BILD lag demnach weniger im Potenzial, die öffentliche Meinung kurzfristig in eine bestimmte politische Richtung zu beeinflussen, auch wenn das dem Blatt über Jahre, in Grenzen sicher auch zu Recht, vorgehalten wurde: Am Ende musste es sich doch den Spielergebnissen, dem Wetter oder der kollektiven Begeisterung für einen missliebigen Bundestrainer anpassen. Die sich immer wieder in ähnlicher Weise wiederholende BILD-Zeitung funktionierte längerfristig. Sie verpflichtete ihr Publikum vielmehr auf das bestehende System, auf den Konsum und auf sich selbst. Dies – namentlich die eigene Verkäuflichkeit – war wohl zu jeder Zeit das oberste Ziel und wohl auch jenes, das das Blatt in erster Linie erreichte.

Literaturverzeichnis

Quellen:
BILD, Hamburger Ausgabe. Axel Springer Verlag. Mai bis Juli 1954.
BILD, Hamburger Ausgabe. Axel Springer Verlag. Mai bis Juli 1974.
BILD, Hamburger Ausgabe. Axel Springer Verlag. Mai bis Juli 2006.

BILD-Chronik: http://www.axelspringer.de/inhalte/ pressese/frame.htm
Qualitative Analyse der BILD-Zeitung. Axel Springer Verlag, Hamburg 1966.
Noelle, Elisabeth/Neumann, Erich Peter (Hrsg.): Jahrbuch der öffentlichen Meinung 1947-1955. Allensbach 1956.
Dies.: Jahrbuch der öffentlichen Meinung 1968-1973. Allensbach 1974.
Noelle-Neumann, Elisabeth (Hrsg.): Allensbacher Jahrbuch der Demoskopie 1974-1976. Band VI. Wien; München; Zürich 1976.
„tageszeitung" vom 04.07.2006: Georg Löwisch; URL: http://www.taz.de/index.php?id=archivseite&dig=2006/07/04/a0146.
„Süddeutsche Zeitung" vom 21.05.2007. URL: http://www.sueddeutsche.de/kultur/ artikel/27/114912/.

Literatur:
Bairner, Alan: Sport, Nationalism, and Globalization. European and North American Perspectives. Albany 2001.

Bajohr, Frank: „Mof" versus „Kaaskopp". Der deutsch-niederländische Fußball-Nationalismus als Seismograph nationaler Selbst- und Fremdbilder. In: Zeitgeschichte in Hamburg 2006.

Balbier, Uta Andrea: Kalter Krieg auf der Aschenbahn: der deutsch-deutsche Sport 1950-1972. Eine politische Geschichte. Paderborn 2007.

Balbier, Uta Andrea: „Zu Gast bei Freunden". Wie die Bundesrepublik lernte, den Sport politisch ernst zu nehmen. In: Mittelweg 36, Zeitschrift des Hamburger Instituts für Sozialforschung 2/15. Jahrgang. Hamburg April/Mai 2006. S. 62-75.

Bergem, Wolfgang: Identitätsformationen in Deutschland. Wiesbaden 2005.

Bitzer, Dirk/Wilting, Bernd: Stürmen für Deutschland: die Geschichte des deutschen Fußballs von 1933-1954. Frankfurt/Main 2003.

Bösch, Frank/Borutta, Manuel (Hrsg.): Die Massen bewegen. Medien und Emotionen in der Moderne. Frankfurt/Main 2006.

Braun, Jutta/Hagemann, Ulrich (Hrsg.): Deutschland - einig Fußballland? Deutsche Geschichte nach 1949 im Zeichen des Fußballs. Berlin 2008.

Bruck, Peter A./Stocker, Günther: Die ganz normale Vielfältigkeit des Lesens. Zur Rezeption von Boulevardzeitungen. (Medien & Kommunikation, Bd. 23.) Münster 1996.

Brüggemann, Beate/Riehle, Rainer: „Wir" und „die Anderen". Eine Pressedokumentation zu Integrations- und Ausgrenzungsprozessen während der Fußball-WM 2006. Berlin 2006.

Brüggemeier, Franz-Josef: Eine virtuelle Gemeinschaft. Deutschland und die Fußballweltmeisterschaft 1954. In: Geschichte und Gesellschaft 4/31. Jg. 2005. S. 610-635.

Brüggemeier, Franz-Josef: Zurück auf dem Platz. Deutschland und die Fußball-Weltmeisterschaft 1954. München 2004.

Brumm, Dieter: Sprachrohr der Volksseele? BILD. In: Thomas, Michael Wolf (Hrsg.): Porträts der deutschen Presse. Politik und Profit. Berlin 1980. S. 127-143.

Büscher, Hartmut: Emotionalität in Schlagzeilen der Boulevardpresse. Theoretische und empirische Studien zum emotionalen Wirkungspotential von Schlagzeilen der BILD-Zeitung im Assoziationsbereich „Tod". Frankfurt/Main 1996. Zugl.: Diss., Univ. Bielefeld 1995.

Crawshaw, Steve: Ein leichteres Vaterland. Deutschlands Weg zu einem neuen Selbstverständnis. Frankfurt/Main 2005.

Daalmann, Angela: Fußball und Nationalismus: Erscheinungsformen in Presse- und Fernsehberichten in der Bundesrepublik Deutschland und den Vereinigten Staaten von Amerika am Beispiel der Fußball-Weltmeisterschaft 1994.

Deutscher Fußball-Bund (Hrsg.): 100 Jahre DFB. Die Geschichte des Deutschen Fußball-Bundes. Berlin 1999.

Digel, Helmut/Burk, Verena: Sport und Medien. Entwicklungstendenzen und Probleme einer lukrativen Beziehung. In: Roters et al. 2001. S. 15-31.

Donsbach, Wolfgang: Medienwirkung trotz Selektion. Einflussfaktoren auf die Zuwendung zu Zeitungsinhalten. Köln 1991.

Dubiel, Helmut: Niemand ist frei von der Geschichte. Die nationalsozialistische Herrschaft in den Debatten des Deutschen Bundestages. München/Wien 1999.

Duderstadt, Jochen: Die Kommentare der BILD-Zeitung. In: liberal, Heft 5 1975 (Jg. 17). S. 368-383.

Eilers, Jürgen: Sport in 12 Cicero: Gesetze der Boulevardpresse. In: Hackforth/Weischenberg 1978. S. 215-224.

Eisenberg, Christiane (Hrsg.): Fußball, soccer, calcio. Ein englischer Sport auf seinem Weg um die Welt. München 1997.

Eisenberg, Christiane: Medienfußball. Entstehung und Entwicklung einer transnationalen Kultur. In: Geschichte und Gesellschaft 4/31. Jahrgang 2005. S. 586-609.

Faulstich, Werner (Hrsg.): Die Kultur der 50er Jahre. München 2002.

Faulstich, Werner (Hrsg.): Die Kultur der 70er Jahre. München 2004.

François, Etienne/Siegrist, Hannes/Vogel, Jakob: Nation und Emotion. Deutschland und Frankreich im Vergleich 19. und 20. Jahrhundert. (Kritische Studien zur Geschichtswissenschaft, Bd. 110.) Göttingen 1995.

Führer, Karl Christian: Erfolg und Macht von Axel Springers „Bild"-Zeitung in den 1950er-Jahren, in: Zeithistorische Forschungen/Studies in Contemporary History, Online-Ausgabe, 4 (2007), www.zeithistorische-forschungen.de/16126041-Fuehrer-3-2007.

Führer, Karl-Christian: Medienmetropole Hamburg. Mediale Öffentlichkeiten 1930-1960. Hamburg 2008.

Gerhard, Ute/Link, Jürgen: Zum Anteil der Kollektivsymbolik an den Nationalstereotypen. In: Link/Wülfing (Hrsg.): Nationale Mythen und Symbole in der zweiten Hälfte des 19. Jahrhunderts. Stuttgart 1991. S. 32-33.

Giulianotti, Richard: Football. A Sociology of the Global Game. Oxford/Malden, MA 1999.

Gleich, Uli: Sportberichterstattung in den Medien: Merkmale und Funktionen. Ein Forschungsüberblick. In: Roters et al. 2001. S. 167-182.

Greiffenhagen, Martin/Greiffenhagen, Sylvia: Ein schwieriges Vaterland. Zur politischen Kultur im vereinigten Deutschland. München 1993.

Greiffenhagen, Martin/Greiffenhagen, Sylvia (Hrsg.)/Neller, Katja: Handwörterbuch zur politischen Kultur der Bundesrepublik Deutschland. 2. völlig überarbeitete und aktualisierte Auflage. Wiesbaden 2002.

Grube, Frank/Richter, Gerhard: Fußball-Weltmeisterschaft 1974: Dokumentation, Bilanz, Analyse. Hamburg 1974.

Habermas, Jürgen: Strukturwandel der Öffentlichkeit. Frankfurt/Main 1990.

Hackforth, Josef/Weischenberg, Siegfried (Hrsg.): Sport und Massenmedien. Bad Homburg 1978.

Häusler, Alexander: Die „Nationalstolz"-Debatte als Markstein einer Rechtsentwicklung der bürgerlichen Mitte. In: Christoph Butterwegge et al.: Themen der Rechten – Themen der Mitte. Zuwanderung, demografischer Wandel und Nationalbewusstsein. Opladen 2002. S. 123-146.

Havemann, Nils: Fußball unterm Hakenkreuz. Der DFB zwischen Sport, Politik und Kommerz. Frankfurt/Main 2005.

Hobsbawm, Eric J.: Nationen und Nationalismus. Bonn 2005. (^{1}1991)

Hoffmann, Jochen/Sarcinelli, Ulrich: Politische Wirkungen der Medien. In: Wilke 1999. S. 710-748.

Thomas Horky (Hrsg.): Die Fußball-Weltmeisterschaft als Kommunikationsthema. Hamburg 2003.

Jacobi, Claus: 50 Jahre Axel-Springer-Verlag: 1946-1996. 50 Jahre Zeitzeuge. Berlin 1996.

Jacobi, Claus: 50 Jahre BILD, unter http://www.axelspringer.de/inhalte/pressese/ inhalte/fotolounge/texte_bild/jacobi.htm, auf der Homepage des Axel Springer Verlags.

Jansen, Bernd/Klönne, Arno (Hrsg.): Imperium Springer. Macht & Manipulation. Köln 1968.

Jørgensen, Thomas Ekman: Friedliches Auseinanderwachsen. Überlegungen zu einer Sozialgeschichte der Entspannung 1960-1980. In: Zeithistorische Forschungen/Studies in Contemporary History 3 (2006) (3. Jahrgang). (Göttingen.) S. 363-380.

Kalinowski, Ulf: Waren wir wieder wer? – Fußball und Politische Kultur: Die Bundesrepublik Deutschland als Fußballweltmeister 1954. In: Michael Krüger/Bernd Schulze (Hrsg.): Fußball in Geschichte und Gesellschaft. Tagung der dvs-Sektionen Sportgeschichte und Sportsoziologie vom 29.9.-1.10.2004 in Münster. Hamburg 2006. S. 21-32.

Kasza, Peter: 1954 – Fußball spielt Geschichte. Das Wunder von Bern. Bonn 2004.

Klein, Gabriele/Meuser, Michael (Hrsg.): Ernste Spiele. Zur politischen Soziologie des Fußballs. Bielefeld 2008.

Klein, Marie-Luise/Pfister, Gertrud: Goldmädel, Rennmiezen und Turnküken. Die Frau in der Sportberichterstattung der BILD-Zeitung. Berlin 1985.

Kleßmann, Christoph: Das Sparwasser-Tor 1974 – Sieg über den Klassenfeind, Ende der „Alleinvertretung", Zufallstreffer oder was sonst? In: Zeitgeschichte in Hamburg 2006.

Klingemann, Hans-Dieter/Klingemann, Ute: BILD im Urteil der Bevölkerung. Materialien zu einer vernachlässigten Perspektive. In: Publizistik. Vierteljahreshefte für Kommunikationsforschung. Jahrgang 28, Wiesbaden 1983. S. 239-259.

Knoch, Habbo: Gemeinschaft auf Zeit. Fußball und die Transformation des Nationalen in Deutschland und England. In: Lösche/Ruge 2002. S. 117-153.

Köcher, Renate: Ein neuer Patriotismus? In: Frankfurter Allgemeine Zeitung Nr. 189, 16.08.2006, S. 5.

Kolpatzik, Andrea: "Die Waden der Nation". Fußballweltmeisterschaft als deutschdeutscher Erinnerungsort. (Zeitgeschichte - Zeitverständnis, Bd. 20.) Berlin 2009.

Korte, Karl-Rudolf: Was denken die anderen über uns? Fremdbilder als notwendiges Korrektiv der deutschen Außenpolitik. In: Internationale Politik Nr.2/Jg. 52 (1997), S. 47-54.

Köstner, Manuela: Werte, Moral und Identifikation im Sportressort. Eine vergleichende Inhaltsanalyse der Süddeutschen Zeitung mit der Bild Zeitung. Pulheim 2005. (Zugl.: Phil. Diss. Ludwig-Maximilian-Univ. München.)

Krüger, Michael: Fußball in Deutschland: Von der „Fußlümmelei" zum nationalen Kulturereignis Nr. 1, WM 2006. In: Ders./Bernd Schulze (Hrsg.): Fußball in Geschichte und Gesellschaft. Tagung der dvs-Sektionen Sportgeschichte und Sportsoziologie vom 29.9.-1.10.2004 in Münster. Hamburg 2006. S. 9-20.

Kruip, Gudrun: Das „Welt"-BILD des Axel Springer Verlags. Journalismus zwischen westlichen Werten und deutschen Denktraditionen. München 1999.

Laaser, Erich: Die Fußballweltmeisterschaft 1978 in der Tagespresse der Bundesrepublik Deutschland. Berlin 1980.

Lösche, Peter/Ruge, Undine/Stolz, Klaus: Fußballwelten. Zum Verhältnis von Sport, Politik, Ökonomie und Gesellschaft. Opladen 2002. (Hrsg.: Zentrum für Europa- und Nordamerika-Studien)

Loosen, Wiebke: „Das wird alles von den Medien hochsterilisiert". Themenkarrieren und Konjunkturkurven der Sportberichterstattung. In: Roters et al. 2001. S. 133-147.

Ludes, Peter: Programmgeschichte des Fernsehens. In: Wilke, Jürgen (Hrsg.): Mediengeschichte der Bundesrepublik Deutschland. Bonn 1999. S. 255-276.

Luhmann, Niklas: Öffentliche Meinung. In: Ders.: Die Politik der Gesellschaft. Frankfurt/Main 2000. S. 274-318.

Mittag, Jürgen/Nieland, Jörg-Uwe (Hrsg.): Das Spiel mit dem Fußball. Interessen, Projektionen und Vereinnahmungen. Essen 2007.

Mittelberg, Ekkehart: Wortschatz und Syntax der Bild-Zeitung. Marburg 1967. (Zugl.: Phil. Diss. Marburg 1966)

Möbius, Ben: Die liberale Nation. Deutschland zwischen nationaler Identität und multikultureller Gesellschaft. Opladen 2003. (Zugl.: Phil. Diss. Univ. Hamburg 2002)

Müller, Hans Dieter: Der Springer-Konzern. Eine kritische Studie. München 1968.

Nusser, Peter: Trivialliteratur. Stuttgart 1991.

Opaschowski, Horst W.: Show, Sponsoren und Spektakel. Sportaktivität und Zuschauersport im Zeitalter der Event-Kultur. In: Roters et al. 2001. S. 77-96.

Oswald, Rudolf: Das „Wunder von Bern" und die deutsche Fußball-Volksgemeinschaft 1954. In: Johannes Paulmann: Auswärtige Repräsentationen. Deutsche Kulturdiplomatie nach 1945. Köln 2005. S. 87-103.

Oswald, Rudolf: "Fußball-Volksgemeinschaft". Ideologie, Politik und Fanatismus im deutschen Fußball 1919-1964. Frankfurt/Main 2008.

Planert, Ute: Nation und Nationalismus in der deutschen Geschichte. In: APuZ B 39/2004. S. 11-18. (Bonn, 20.09.2004)

Pollack, Detlef: Wie ist es um die innere Einheit Deutschlands bestellt? In: ApuZ, Nr. 30-31/2006, 24.07.2006.

Quanz, Lothar: Der Sportler als Idol. Sportberichterstattung, Inhaltsanalyse und Ideologiekritik am Beispiel der ‚Bild'-Zeitung. Gießen 1974.

Raithel, Thomas: Fußballweltmeisterschaft 1954. Sport – Geschichte – Mythos. München 2004.

Reichel, Peter: Vergangenheitsbewältigung in Deutschland: die Auseinandersetzung mit der NS-Diktatur von 1945 bis heute. München 2001.

Roters, Gunnar/Klingler, Walter/Gerhards, Maria (Hrsg.): Sport und Sportrezeption. (Schriftenreihe Forum Medienrezeption, Bd. 5) Baden-Baden 2001.

Saxer, Ulrich/Märki-Koepp, Martina: Medien-Gefühlskultur. Zielgruppenspezifische Gefühlsdramaturgie als journalistische Produktionsroutine. München 1992.

Schaffrath, Michael: „Wir sind wieder wer". Die wachsende Bedeutung der Sportkultur. In: Werner Faulstich (Hrsg.): Die Kultur der 50er Jahre. München 2002. S. 145-157.

Schaffrath, Michael: „The games must go on" – Sport zwischen Terroranschlägen, Korruptionsskandalen und Wettkampfpleiten. In: Faulstich, Werner (Hrsg.): Die Kultur der 70er Jahre. München 2004. S. 175-192.

Schildt, Axel: Massenmedien im Umbruch der fünfziger Jahre. In: Wilke, Jürgen (Hrsg.): Mediengeschichte der Bundesrepublik Deutschland. Bonn 1999. S. 633-648.

Schildt, Axel: Moderne Zeiten. Freizeit, Massenmedien und „Zeitgeist" in der Bundesrepublik der 50er Jahre. Hamburg 1995.

Schirmer, Stefan: Die Titelseiten der BILD-Zeitung im Wandel. Eine Inhaltsanalyse unter Berücksichtigung von Merkmalen journalistischer Qualität. München 2001.

Schneider, Jens: Deutsch sein. Das Eigene, das Fremde und die Vergangenheit im Selbstbild des vereinten Deutschland. Frankfurt/Main 2001.

Schornstheimer, Michael: Bombenstimmung und Katzenjammer. Vergangenheitsbewältigung: Quick und Stern in den 50er Jahren. Köln 1989. (Zugl.: Phil. Diss. FU Berlin 1988)

Schroeder, Klaus: Die veränderte Republik: Deutschland nach der Wiedervereinigung. Stamsried 2006.

Schulte-Willekes, Hans: Schlagzeile. Ein Zeitungsreporter berichtet. Reinbek bei Hamburg 1977.

Schulze-Marmeling, Dietrich (Hrsg.): Die Geschichte der Fußball-Nationalmannschaft. Göttingen 2004.

Schulze-Marmeling, Dietrich: Die Geschichte der FIFA-Fußballweltmeisterschaft. In: APuZ 19/2006. Bonn, 08.05.2006. S. 10-17.

Smith, Anthony D.: Nationalism. Theory, Ideology, History. Cambridge/Malden 2001.

Steininger, Christian: Die freie Presse: Zeitung und Zeitschrift. In: Werner Faulstich (Hrsg.): Die Kultur der 50er Jahre. München 2002. S. 231-248.

Sternberger, Dolf: Unter uns Weltmeistern gesagt... in: Die Gegenwart 9. 1954, S. 461-464.

Stiftung Haus der Geschichte der Bundesrepublik Deutschland (Hrsg.): Wir gegen uns. Sport im geteilten Deutschland. Darmstadt 2009.

Stöber, Rudolf: Axel Springer. Ein Medienunternehmer mit Fortune. In: Günther Schulz (Hrsg.): Geschäft mit Wort und Meinung. Medienunternehmer seit dem 18. Jahrhundert. München 1999.

Stöber, Rudolf: Deutsche Pressegeschichte. Einführung, Systematik, Glossar. Konstanz 2000.

Tomlinson, Alan/Young, Christopher: National Identity and Global Sports Events. Culture, Politics, and Spectacle in the Olympics and the Football World Cup. New York 2006.

Voss, Cornelia: Textgestaltung und Verfahren der Emotionalisierung in der BILD-Zeitung. Frankfurt/Main 1999.

Weber, Klaus: Die Sprache der Sexualität in der BILD-Zeitung. Ein interdisziplinärer Versuch über formal-synthetische Literatur. Berlin 1980. (Zugl.: Phil. Diss. Univ. Hamburg 1978)

Weidinger, Dorothea (Hrsg.): Nation – Nationalismus – nationale Identität. Bonn 2002.

Weischenberg, Siegfried: Von der Turnfachpresse zum „aktuellen Sportstudio". Zur Enstehung und Entwicklung der Sportberichterstattung in den Massenmedien. In: Hackforth/Weischenberg. S. 11-37.

Wernecken, Jens: Wir und die anderen... Nationale Stereotypen im Kontext des Mediensports. Berlin 2000. (Zugl.: Phil. Diss. Univ. Münster 1999)

Werron, Tobias: "Der Weltsport und seine Medien". In: Felix Axster et al. (Hrsg.): Mediensport. Strategien der Grenzziehung. (Schriftenreihe "Mediologie" des Kulturwissenschaftlichen Forschungskollegs "Medien und kulturelle Kommunikation", Bd. 19.) München 2009. S. 23-42.

Westle, Bettina: Kollektive Identität im vereinten Deutschland: Nation und Demokratie in der Wahrnehmung der Deutschen. Opladen 1999.

Wilke, Jürgen: Imagebildung durch Massenmedien. In: Völker und Nationen im Spiegel der Medien. Bonn 1989. S. 11-21.

Wilke, Jürgen (Hrsg.): Mediengeschichte der Bundesrepublik Deutschland. Bonn 1999.

Wilke, Jürgen: Massenmedien und Zeitgeschichte. Konstanz 1999.

Wilke, Jürgen: Die Tagespresse der siebziger Jahre. Ein „altes" Medium im politischen, gesellschaftlichen und technischen Wandel. In: Faulstich, Werner (Hrsg.): Die Kultur der 70er Jahre. München 2004. S. 81-98.

Wodak, Ruth et al.: Zur diskursiven Konstruktion nationaler Identität. Frankfurt/Main 1998.